Mein Leben auf See

ist eine lose gesponnene „Geschichte", die gewisse Erinnerungen an die Übergangszeit von der Segel- zur Dampfschifffahrt in der britischen Handelsmarine (1863-1894) festhalten soll.

William Caius Crutchley

Writat

Diese Ausgabe erschien im Jahr 2024

ISBN: 9789359948164

Herausgegeben von
Writat
E-Mail: info@writat.com

Inhalt

VORWORT

Mein guter Seemannsfreund Captain Crutchley hat mich gebeten, ein Vorwort zu seiner Autobiographie zu schreiben. Es ist mir eine Freude, dieser Bitte nachzukommen.

Der Autor begann sein Leben auf See auf Segelschiffen, im Zeitalter der Black Ball Liner, der Baltimore-Klipper und jener perfekten Beispiele der Schiffsarchitektur, die in Aberdeen für den chinesischen Teehandel gebaut wurden.

Kapitän Crutchley berichtet von den Strapazen der See. Er gibt bewegende Beschreibungen der Leistungen der Schiffe, auf denen er segelte. Sein Bericht kann vielleicht kurz ergänzt werden. Sir George Holmes zitiert in seinem Buch über alte und moderne Schiffe viele Beispiele von Rekordfahrten. 1851 erreichte die *Nightingale* bei einem Rennen von Shanghai nach Deal einmal 336 Knoten in 24 Stunden. Im selben Jahr erreichte die *Flying Cloud* auf einer Reise von New York nach San Francisco 427 Knoten an einem Tag. Die *Thermopylæ*, 886 Registertonnen, gebaut von Messrs. Steel aus Greenock, erreichte 354 Knoten in 24 Stunden. Die Aberdeen-Klipper der 60er Jahre leisteten hervorragende Arbeit. Unter Segeln starteten die *Ariel*, *Taeping* und *Serica* am 30. Mai 1866 gemeinsam von Foochow. Sie trafen sich am 6. September vor Lizard. und am selben Tag trafen die *Taeping um 21.45 Uhr und die Ariel um 22.15 Uhr* im East India Dock ein – ein Unterschied von einer halben Stunde, nachdem die Schiffe über drei Monate lang ununterbrochen Rennen gefahren waren.

Der Autor dieser Zeilen erinnert sich an ein ähnliches persönliches Erlebnis aus jüngerer Zeit. Im Jahr 1905 wurde von Sandy Hook nach Lizard ein Rennen um einen vom deutschen Kaiser gestifteten Pokal gesegelt. Bei dieser Gelegenheit ankerten das Vollschiff *Valhalla*, die zweimastigen Schratschoner *Hildegarde* und *Endymion sowie die* dreimastige Topprahschoner *Sunbeam bei derselben Flut vor* Cowes. Die Strecke von mehr als 3300 Meilen von Sandy Hook aus wurde in vierzehn Tagen zurückgelegt.

Nach Jahren des Dienstes auf See wechselte Kapitän Crutchley vom Segelschiff zum Dampfschiff. Er übernahm wichtige Kommandos mit großem Erfolg. Er begann mit der vergleichsweise einfachen Reise zum Kap. In den späteren

Jahren seiner Karriere auf See war er an Australasienreisen beteiligt, wobei ihm seine Erfahrung mit Segelschiffen durch die kombinierte Kraft von Segel- und Dampfschiffen erfolgreiche Reisen ermöglichte.

Zu Kapitän Crutchleys Zeiten waren Schiffe, die direkt aus der Heimat kamen, die Bande des Empire. Sie wurden bei ihrer Ankunft in den fernen Häfen Neuseelands und Australiens herzlich empfangen. Kapitän Crutchley erwarb sich als repräsentativer Seemann verdientermaßen große Popularität. Er begann seine Arbeit als Empire-Erbauer, während er auf See diente. Diese setzte er viele Jahre lang an Land in seiner Funktion als Sekretär der Navy League fort.

Crutchley kommandierten Schiffe waren glückliche Schiffe.

Es bleibt nur, diesen Band als interessante Lektüre all jenen zu empfehlen, die das Meer lieben und die robuste Spezies von Männern bewundern, die auf großen Gewässern Geschäfte machen.

"BRASSEY".

7. März 1912.

KAPITEL I

„Reite mit einer ungenutzten Peitsche, reite mit einer
unbenutzten Ferse ,
doch irgendwann wird der Tag kommen,
an dem das Fohlen lernen muss, die Peitsche zu spüren
, die fällt, den Zügel, der schmerzt,
und den Stich der mit Rädchen versehenen Ferse." –
KIPLING.

Anfang des Jahres 1863 wurde in den kleinen Hafen von
Margate ein Schiff namens *Figaro* von Narbonne gebracht, ein
kleines Boot mit einer Ladung Wein. Es war auf einer der
vielen vorgelagerten Sandbänke in Schwierigkeiten geraten, die
die Einfahrt in die Themse zu einem erheblichen Problem für
jedes Schiff machen, das nicht für Notfälle durch Wind oder
Wetter geeignet ist. Was die genaue Ursache dieses Unfalls war,
entgeht meiner Erinnerung, aber was auch immer der Grund
war, er war ausschlaggebend dafür, dass ich zur See ging, denn
er brachte mich in engen Kontakt mit einem Londoner
Kaufmann, Mr. Trapp, der an ihrer Ladung interessiert war
und gekommen war, um ihre Reparaturen zu überwachen.
Dieser Kaufmann war auch Schiffseigner und war während der
französischen Kriege zu Beginn des Jahrhunderts zur See
gefahren. Er war so freundlich, mir viele Geschichten über
Kaperfahrten und die Gebräuche der See zu erzählen, denen
ich gierig zuhörte, denn ich war mit dem Rauschen des Meeres
in meinen Ohren geboren und hatte mich von frühester
Erinnerung an für das einzig lebenswerte Leben als Seemann
entschieden. Leider teilten weder mein Vater noch meine
Mutter diese Ansicht, denn beide hatten sich vorgenommen,
mich zum Bauingenieur zu machen. Mein Schulleiter war
hinsichtlich meiner Zukunft derselben Meinung wie ich, aber
wir gelangten, wie sich zeigen wird, auf etwas
unterschiedlichen Wegen zu derselben Schlussfolgerung.

Ich glaube kaum, dass ich als Schuljunge lenkbar war. Ich kann
mich deutlich daran erinnern, dass ich von meinem zehnten bis
zu meinem vierzehnten Lebensjahr immer das „schreckliche
Beispiel" war, und ich habe den Eindruck, dass ich mit großer
Regelmäßigkeit dreimal täglich den Stock bekam. Im Alter von
vierzehn Jahren gab es eine ernsthafte
Meinungsverschiedenheit zwischen dem Schulleiter und mir;
er meinte, mein Verhalten im Unterricht sei zu viel für ihn, und

ich, der sein Verhalten ebenfalls für verwerflich hielt, drückte meine Ansicht aus, indem ich ihm ein Buch nach dem Kopf schleuderte. Als ich mich umdrehte, um zu fliehen, gab es für mich kein Entkommen; ich wurde von Lehrern weiter unten im Raum abgefangen und in die Enge getrieben. Und mit dem Gesicht nach unten auf einem Tisch liegend hörte und fühlte ich die besten Argumente, die in solchen Situationen verwendet werden können. Als ich nach Hause kam, waren diese Argumente nur allzu greifbar, und meine nachsichtigen Eltern beendeten meine Laufbahn an dieser Schule abrupt. Trotzdem hegte ich keinen Groll gegen den alten Jungen, denn er war ein guter Richter über die Natur eines menschlichen Jungen. Als er mich eines Tages fragte, was ich werden wollte, antwortete ich: „Bauingenieur", worauf er erwiderte: „Sie werden nie einen Soldaten oder Seemann aus Ihnen machen", und ich muss zugeben, dass dies eine ziemlich akkurate Vorhersage war, obwohl die Prophezeiung offensichtlich nicht als Kompliment für das Heer oder die Marine gedacht war.

Nach dieser Episode schien es mir klar zu werden, dass es Zeit war, etwas zu lernen, und ich wurde als Privatschüler zu einem Mann geschickt, dessen Andenken ich immer in Ehren halten werde (später Leetham von Thanet House), denn er hatte die große Gabe, die Begeisterung seiner Schüler für das Fach zu wecken, das er unterrichtete. Wir begannen immer recht früh am Morgen, vor dem Frühstück, nahmen uns mittags Zeit zur Erholung und nahmen uns abends wieder der Arbeit an. Bei einer dieser Mittagsfreizeiten traf ich zufällig, als ich den unteren Pier entlangging, meinen alten Freund, den Schiffseigner . Ich beschloss bald, zur See zu fahren, und erkannte , dass dies das Mittel war, mit dem mein Wunsch erfüllt werden konnte. Sofort begann eine stetige Belagerung.

Mein lieber alter Vater wollte sich diesen Plan keine Sekunde lang anhören; Salzwasser hatte für ihn keinen Reiz. Doch er selbst hatte mir den Umgang mit mathematischen Instrumenten beigebracht und mir eine gute Grundlage im Planzeichnen und ähnlichen Dingen gegeben. Sein Heiligtum war jedoch das von Brunel und den großen Ingenieuren, die damals die Wunder der angewandten Wissenschaft entdeckten. Meine Mutter hingegen, die sah, dass ich mich entschieden hatte, leistete keinen weiteren Widerstand und schaffte es, mir die nötige Hilfe zu geben, als die Zeit gekommen war.

Der Plan, der schließlich ausgearbeitet wurde, war folgender: Mein Freund Mr. Trapp hatte zu dieser Zeit ein Schiff im Hafen, an dem er Miteigentümer war, und da es Lehrlinge an Bord hatte, sollte ich auf ihrer nächsten Reise meinen Platz unter ihnen einnehmen, aber es wurde auch vereinbart, dass eine Prämie gezahlt werden musste. Ich frage mich, wie oft Jungen von den alten Seebären verspottet wurden, als wären sie „Söhne von dummen Herren, die dafür bezahlen, zur See zu fahren", und wenn man später an die Strapazen eines Segelschiffs denkt, erscheint ein solcher Brauch sicherlich humorvoll.

Nun, der festgesetzte Tag kam und meine Mutter und ich machten uns auf den Weg nach London, um die notwendigen Vorbereitungen zu treffen. Mein Vater hatte auf eine Art heimliche Art und Weise Geld zur Verfügung gestellt, denn als die Würfel gefallen waren, akzeptierte er die Situation, obwohl er sich nie wirklich damit abfand. Jungen sind in der Regel herzlose Bestien, was ihre Neigungen betrifft, und legen wenig Wert auf die Wünsche derer, die die Mühe hatten, sie großzuziehen. Aber schließlich wird keiner von uns gefragt, ob er auf die Welt kommen möchte. Wir werden ohne Rücksicht auf die Rolle, die wir spielen sollen, auf die Bühne geschoben und es wird von uns erwartet, dass wir dem Souffleur bedingungslos gehorchen. Das erschien mir unvernünftig, und so fand ich mich schließlich in den Londoner Docks wieder, an Bord der *Alwynton*, einer Segelbark mit 491 Registertonnen. Meines Wissens nach war sie eines von mehreren Fremdschiffen, die von der Orient Line gechartert wurden. Es war ein robustes, solides Schiff, das auf seine Art auch gut aussah.

Auf der anderen Seite des Kais lag das Segelschiff *Orient*, das erste seiner Art und ein berühmter Klipper. Die Offiziere und Mannschaften dieses Schiffes hielten sich für weitaus überlegenere Wesen als jene, die nicht das Glück hatten, unter dem blauen Andreaskreuz zu segeln ; aber sie wiederum wurden von den Männern, die auf den Schiffen von Green, Dunbar, Wigram & Smith fuhren, herabgewürdigt. Damals hätte es eines sehr sorgfältigen MC bedurft, um den verschiedenen Dienstgraden der Handelsschiffe die ihnen gebührende Rangfolge zu geben.

Wir wurden von einem sehr dunkelhaarigen, gutaussehenden Mann empfangen, von dem man uns sagte, er sei einer der

Eigner des Schiffes, und eine seiner ersten Bemerkungen nach der Vorstellungszeremonie war, dass es ungerecht sei, dass ich Samthandschuhe trage. Unnötig zu sagen, dass ich sofort jegliche Absicht verneinte, dies in Zukunft zu tun, da ich befürchtete, dass eine so schädliche Angewohnheit meine Chancen, eine Einheit der Schiffsbesatzung eines so besonders korrekten Schiffes zu bilden, bereits beeinträchtigt haben könnte. Lassen Sie mich hier sagen, dass dieser Herr, als ich ihn das letzte Mal traf, von gebeugter Statur war und ganz weiß auf der Galionsfigur; es war im Trinity House, und dieses Mal trafen wir uns auf Augenhöhe. Ich erinnerte ihn an den besonderen Vorfall und er war sehr amüsiert. Ich bedauere, dass er sich nun der Mehrheit angeschlossen hat und einen Namen hinterlässt, der für seine gute und philanthropische Arbeit, wo immer es um Seeleute geht, lange in Erinnerung bleiben wird. Ich beziehe mich auf Kapitän David Mainland.

Meine ersten Zweifel kamen auf, als ich den zweiten Maat traf, der mir, wie ich heute sagen würde, besonders „kräftig" vorkam. Er trug keine aufwendige Uniform, eigentlich weder Mantel noch Weste, und war sehr damit beschäftigt, dabei zu helfen, Vorräte hereinzuholen und sie in einer Luke im hinteren Teil der Kabine, einem als Lazarette bekannten Behälter, zu verstauen . Viele Monate lang war dieser Ort danach für mich unbequem, denn es war gleichzeitig der Segelraum , und für jemanden, der den Geruch „unter Deck" nicht gewohnt war, war die Arbeit des Verstauens und Neuordnens der Segeltücher unbequem. Es war jedoch insbesondere die Art von Arbeit, die eine unerfahrene und ungeübte Hand nützlich finden konnte, und dementsprechend fiel mir ein großer Teil davon zu.

Unmittelbar hinter dieser Luke befanden sich zwei sogenannte Kabinen, schöne, luftige Kabinen, von denen eine die Wohnung von Kapitän Hole war, dessen Bekanntschaft ich nun machen sollte. Ich möchte versuchen, ihn zu beschreiben. Er war ein Mann von überdurchschnittlicher Größe und enormem Brustumfang; sein Gesicht war nicht so wettergegerbt wie man hätte erwarten können, sondern eine einzige Masse von Sommersprossen, und es war von sandfarbenem Haar bedeckt, das von gleichfarbigen Koteletten gesäumt war . Er hatte mächtige Hände und besaß enorme Kraft, wie ich später herausfinden sollte. Darüber hinaus strahlte der Mann eine rauhe *Gutmütigkeit* aus, die auf ihre Art anziehend war, und um ihm gerecht zu werden, glaube ich, dass er versuchte, sich so gut zu benehmen wie möglich, aber er war das natürliche Produkt einer harten Schule.

Bei dieser besonderen Gelegenheit wollte er sehr umgänglich sein, und das Gespräch verlief gut. Es endete mit der Überweisung meiner Prämie aus der Tasche meiner Mutter in seine. Damit kam er meinem ersten Freund, dem Eigentümer, einen Schritt voraus, der mich als *seinen* Lehrling vorgesehen hatte, und an dessen Stelle ich sofort Kapitän Hole als Vertragsarbeiter unterstellt wurde.

Der Rest des Tages war pure Freude. Ich war ein Seemann und bekam Maß für meine Seemannskleidung! Einige Tage später ging ich nach Hause, um meinen Laienbekanntschaften und der Welt von Margate im Allgemeinen die ganze Pracht des blauen Stoffes und der Messingknöpfe zu zeigen. Nach reiflicher Überlegung bin ich mir nicht sicher, ob das erste Tragen einer messingbesetzten Mütze nicht die befriedigendste Erfahrung in einem langen Leben auf See ist; das erste Kommando ist in keiner Weise damit zu vergleichen.

Endlich kam der lang ersehnte Tag, an dem ich mein Schiff betreten sollte, und ich machte mich ohne Zweifel und mit gefühlloser Gleichgültigkeit gegenüber dem tränenreichen Abschied meiner Familie, oder vielmehr des weiblichen Teils davon, auf den Weg. Ich habe seitdem festgestellt, dass diese Gleichgültigkeit bei Menschenjungen nicht ungewöhnlich ist, und vielleicht ist es auch gut so, denn er ist wie der junge Bär und hat keine Ahnung von den Schwierigkeiten, die vor ihm liegen. Dennoch, wenn meine Zeit noch einmal durchlebt werden würde, selbst wenn ich mit der gesammelten Weisheit der Erfahrung eines halben Jahrhunderts beginnen würde, bezweifle ich stark, dass ich sehr anders handeln würde.

Mir war es jedoch nicht beschieden, an diesem Tag mein Schiff zu betreten. Mein alter Freund, Mr. Trapp, brachte mich zu seinem Haus in den Minories und übergab mich der Obhut eines seiner Söhne. Er nahm mich mit in mein erstes Theater und wurde am nächsten Morgen beim Frühstück von seinem Vater feierlich gerügt, weil er mich dazu verleitet hatte, gegen die Klausel in meinem Lehrvertrag zu verstoßen, die den Lehrlingen den Besuch von Tavernen oder Theatern verbot.

Doch nun war die Zeit gekommen, in der die Realitäten begannen. Wir waren insgesamt fünf Lehrlinge und lebten mit dem Zimmermann und dem Bootsmann an Steuerbord der Bramvorschiffs. Da die Ankerwinde des Schiffs Teil der Einrichtung war, kann man sich vorstellen, dass die Quartiere äußerst rau waren, aber sie passten zum Leben im Allgemeinen, das sich zu entwickeln begann, sobald wir die Anlegestelle erreichten , bevor wir den Fluss hinuntergeschleppt wurden. Hier begannen wir, diese sehr autoritäre Person kennenzulernen, den Ersten Offizier, der auf allen wohlgeordneten Schiffen der herrschende Geist ist. Mr. Coleman war ein gutes Beispiel für den Offizier seiner Zeit. Er sah keineswegs schlecht aus, war sehr gepflegt und in seinen Bemerkungen gegenüber allen und jedem peinlich genau. Auf besonders subtile Weise wurde auch die Tatsache vermittelt, dass er ein versierter Boxer war, und tatsächlich gab es nicht viele, die ihre Befehle mit größerer Sauberkeit und Schnelligkeit betonen konnten. Ich kann mich an viele Fälle erinnern, in denen die Schwierigkeiten fast so schnell vorbei waren, wie sie begonnen hatten, und das war in den harten Tagen der Segelschifffahrt keine geringe Qualifikation für einen Offizier. Diese Führungsqualität zeigte sich schnell auf dem Weg nach Gravesend, als die Arbeit des Auftakelns des Klüverbaums und des Aufrüstens der Dinge ernsthaft begann. Noch vor Ende des ersten Tages hatten wir festgestellt, dass das Schicksal eines Lehrlings höchstwahrscheinlich äußerst anstrengend sein würde.

Die nächsten paar Tage waren für mich ein Nichts – die Seekrankheit hatte mich ganz und gar gepackt, und ich habe nur noch eine verschwommene Erinnerung daran, dass ich sterben wollte und ausdrücklich daran gehindert wurde, irgendetwas dergleichen zu tun. Dieser Zustand dauerte vielleicht zwei Tage, bis eines Morgens bei gutem Wind und schönem Wetter die Episode wie ein hässlicher Traum verging. Es gab jedoch noch eine weitere Schwierigkeit zu überwinden, und das war das „Aufsteigen". Aber mit einem entschlossenen Bootsmann im Rücken ist es erstaunlich, wie schnell Schwierigkeiten verschwinden; die Schrecken des Unbekannten wichen rasch guten, soliden, biegsamen Argumenten, die sofort anwendbar waren.

Mir ist klar, dass ich meine Erinnerungen an diese Zeit einschränken muss, sonst würde mein Werk gigantische Ausmaße annehmen, die der Wichtigkeit des Themas überhaupt nicht angemessen wären. Ich möchte jedoch, wenn ich darf, eine Phase der Umstellung vom Segel- zum Dampfschiff festhalten.

Wir waren mit einer Stückgutladung auf dem Weg nach Adelaide und machten eine ziemlich gute Überfahrt. Der Kapitän war fest davon überzeugt, dass man der Mannschaft viel Arbeit geben sollte, um den Teufel aus ihren Gedanken zu verbannen. Folglich war das Schiff ein sogenanntes „Alle-Mann-Schiff", mit anderen Worten, weder Offizier noch Matrose noch Junge hatten jemals Nachmittagswache unten. „Wache und Wache" war unbekannt, aber da die Macht des Kapitäns absolut war, konnte man nicht dagegen appellieren, und aus den Gründen, die ich angedeutet habe, gab es niemanden, der bereit gewesen wäre, den Zorn der herrschenden Mächte auf sich zu ziehen. Es wird gleich gezeigt, wie diese Macht manchmal genutzt wurde, aber das war die Routine des Schiffes, und jeden Nachmittag, egal bei welchem Wetter, waren alle Mann von halb eins bis fünf Uhr an Deck. Wir Lehrlinge lernten, die Meridianhöhe zu beachten, und manchmal gab uns der Kapitän nachmittags und abends etwas Unterricht in Navigation, aber der Maat ärgerte sich ziemlich über das, was er als nachmittags Faulenzen in der Kabine bezeichnete. Unser Kapitän gab auch gern anderen Schiffen Signale , und das war natürlich unsere besondere Aufgabe. Damals war es fast sicher, dass jedes gesichtete Schiff britisch war; eine ausländische Flagge war von Interesse. Aber die große Mehrheit der heutigen Segelschiffe der Welt sind nicht mehr von unserer Nationalität, und die Ausbildung unserer zukünftigen Seeleute kann nicht mehr in den besten Schulen erfolgen, die den Männern Selbständigkeit und die Fähigkeit beibringen, zur richtigen Zeit das Richtige zu tun. Die Reise verlief ereignislos. Als wir unseren Zielhafen erreichten, hatten wir Jungen gelernt zu steuern, einen Besen zu benutzen, die leichten Segel aufzurollen und im Allgemeinen zu tun, was man uns sagte.

Port Adelaide war damals noch eine aufstrebende Stadt und bot der Schifffahrt beträchtliche Möglichkeiten. Wir wurden daher bald entladen und mit einer Ladung Mehl, Weizen und Schafen an Deck nach Auckland verladen. Zu dieser Zeit war der Maori-Krieg im Gange und wir hofften, dass uns vielleicht ein Abenteuer bevorstünde, denn bis dahin waren unsere Vorstellungen vom Leben auf See sehr alltäglich geworden und weit davon entfernt, unsere jugendlichen Fantasien zu verwirklichen . Ich kann sagen, dass die Erfahrungen der Überfahrt mehrere der Männer und einen der Lehrlinge zufriedengestellt hatten, die daraufhin desertierten. Es war etwas schwierig, ihre Stellen zu besetzen, da die Koloniallöhne hoch waren.

Wir fuhren bei schönem Wind durch die Bass-Straße. Es gibt kaum malerischere Teile des Meeres als diese große Meerenge, die mit steilen, felsigen Inseln übersät ist, die wie uneinnehmbare Festungen wirken. Auf dieser Überfahrt hatten wir, wie gesagt, eine Ladung Schafe an Deck, und da diese dummen Tiere nicht von selbst trinken, war es notwendig, jedem Mitglied der Herde täglich eine Quart-Flasche Wasser zu verabreichen, was anfangs ziemlich viel Zeit in Anspruch nahm. Nach ein paar Tagen gewöhnten sie sich jedoch an die Behandlung und machten keine Probleme mehr.

Als die Küste Neuseelands in Sicht kam und wir durch die Bay of Islands fuhren, hielt es der Kapitän für ratsam, die Waffenkammer des Schiffes zu überholen , und Musketen, Pistolen und Entermesser wurden alle an Deck gebracht, um sie zu reinigen und in Ordnung zu bringen. Dabei stellte sich heraus, dass ich von Nutzen war, denn Feuerwaffen waren eines meiner Hobbys gewesen, zu dem mich der Offizier der Küstenwache in Margate ermutigt hatte – der gute alte Bob Aldrich. Nach vielen Jahren kann ich mich noch an sein fröhliches Gesicht und die unendliche Geduld erinnern, mit der er mich in die Geheimnisse von Schießpulver und Schrot einweihte. Nach einiger Zeit gelang es ihm, mich zu einem passablen Schützen zu machen.

Um die Schlagkraft der Mannschaft zu testen, wurde eine Flasche an die vordere Rah gehängt und wir schossen alle nacheinander. Die Flasche hielt, bis ich an der Reihe war, und dann traf ich sie, wahrscheinlich weil ich die Muskete richtig geladen hatte, kassierte aber später einen Tadel, weil mir das mit einer Schiffspistole nicht gelang. Ich erwähne diese Frage des Ladens, weil man sogar mit einem alten Gewehr mit glattem Lauf auf kurze Distanzen ganz ordentliche Schüsse abfeuern konnte, wenn die Kugel mithilfe des Ersatzpatronenpapiers richtig zentriert war . Wenn man aber, wie es häufig geschah, Kugel und Patrone irgendwie hineinrammte, flog die Kugel überall hin.

Es gibt nur wenige Häfen auf der Welt, die schöner sind als Auckland; er ist Kiplings Beschreibung würdig: „Der letzte, schönste, einsamste, erlesenste, abgeschiedenste – uns, uns lächelt die unerschütterliche Jahreszeit zu." Ich kenne den Apfel der Schönheit, der oft für Sydney beansprucht wird. Über diesen Hafen kann ich persönlich nicht sprechen, aber ich habe eine große Autorität in Sydney sagen hören, dass der Apfel tatsächlich dem Hafen von Rio zugesprochen werden sollte, und dieser Einschätzung neige ich dazu, zuzustimmen.

Das auffälligste Objekt bei der Einfahrt nach Auckland ist der Berg Rangitoto . Es ist fraglich, ob man ihn eher als Kegel oder Pyramide beschreiben kann; von welcher Seite man ihn auch betrachtet, er hat dieselbe Form und ist sehr interessant, da man aufgrund seiner Aussichten darauf spekulieren kann, ob es sich um einen erloschenen Vulkan handelt. Tatsächlich ist die ganze Region vulkanischen Ursprungs, und einmal, viele Jahre später, hörte ich bei einer kleinen Auseinandersetzung mit einem Mann aus Auckland über einen Punkt im Zusammenhang mit dem Hafen , dass dieser bemerkte, er brauche nicht zu viel Wert auf die Seite zu legen, „denn er lebe ohnehin nur auf der Außenseite einer Aschewolke". Merkwürdigerweise ereignete sich innerhalb von zehn Tagen nach dieser Auseinandersetzung der Ausbruch des Tarawera , und die berühmten Terrassen wurden zerstört.

Vor Rangitoto ankerte ein prächtiges Schiff, die *Tyburnia* , so blitzsauber wie ein erstklassiges Londoner Segelschiff nur sein kann. Ich erinnere mich noch heute lebhaft an sie. Ich glaube, sie hatte Truppen dorthin gebracht. Als wir weiter den Hafen hinauffuhren, stießen wir auf die HMS *Miranda* , ein Gegenstand der Bewunderung und des Respekts, denn die Geschichten über Kriegsschiffe, die man sich damals auf Handelsschiffen erzählte, waren zahlreich und wunderbar und erzeugten eine Atmosphäre der Ehrfurcht. Es bestand auch noch die vage Vorstellung, dass ein Kriegsschiff jeden beliebigen Mann an Bord schicken und in den Staatsdienst aufnehmen konnte. Alte Traditionen lassen sich nur schwer ablegen, und zu der Zeit, von der ich schreibe, waren die meisten Lieder und Liedchen, die die Seeleute sangen, Reminiszenzen in Versen an den großen Napoleon, und die Männer der Marine und der Handelsmarine waren austauschbarer als heute.

Der Kai an der Queen Street war damals noch nicht so imposant wie heute, aber er hatte eine recht ansehnliche Größe und wir konnten am Ende bequem anlegen und unsere lebende Ladung schnell loswerden. Ich habe Grund zu der Annahme, dass die gesamte Schiffsladung äußerst willkommen war, denn die Stadt war damals ziemlich besorgt über die Zukunft des Maori-Kriegs. Wir sahen jedoch keine Anzeichen von Kämpfen.

Als Beispiel für die gewaltigen Veränderungen, die ein paar Jahre mit sich bringen, lag ich einundzwanzig Jahre später an derselben Werft und hatte das Kommando über einen prächtigen Postdampfer, der dafür ausgestattet war, gefrorenes Hammelfleisch und andere Erzeugnisse ins Heimatland zu transportieren.

Ein großes Merkmal Aucklands in den frühen Tagen war der eigentümliche Abgrund einiger seiner Straßen. Nachts war es nicht besonders hell beleuchtet, und die plötzlichen Unebenheiten der Straßenoberfläche erforderten etwas Übung, um damit zurechtzukommen; dennoch waren wir im Allgemeinen mit dem Ort und dem geschäftigen Treiben rund um die Schifffahrt zufrieden. Da wir das letzte Schiff des Kais waren, bekamen wir oft Besuch von Mitgliedern anderer Schiffsbesatzungen, und insbesondere von einem Fähnrich der *Tyburnia* hörten wir viel Gutes. Er war ein gutaussehender Junge und ein Gentleman, aber sein Kapitän schien ihn wegen seiner Klugheit als Seemann ziemlich zu schätzen; man traute ihm zu, in vier Minuten vom Deck aus starten, das Besansegel verstauen und wieder unten sein zu können. Unser Schiff war jedoch nicht gerade ein beliebter Treffpunkt, denn der Brauch des Grog-Bottichs, der auf den meisten Schiffen im Hafen üblich war , war uns völlig unbekannt.

Zu gegebener Zeit wurde die Ladung gelöscht. Der Maat, der sorgfältig Buch geführt hatte, schloss die Luken, als er die genaue Menge an Land gebracht hatte, für die er verantwortlich war. Es gab einen beträchtlichen Überschuss, aber wie die Sache letztendlich geregelt wurde, weiß ich nicht – wahrscheinlich durch Kompromisse, denn der Maat, ein schlauer Schotte, hatte wahrscheinlich nicht viel preisgegeben. Unser Kapitän war bestrebt, eine Ladung für London zu sichern, also wurde das Schiff, wie man es nennt, für diesen Hafen „aufgelegt", und wir begannen mit dem Beladen mit Fässern mit Kauri-Harz. Diese wurden verstaut, mit Ballast, um die Räume auszufüllen, die Platz boten, denn es war notwendig, sie etwas zu versteifen; aber eines Nachmittags wurde ich vom Kapitän zu den Agenten gebracht und mit der Nachricht an den Maat zurückgeschickt, er solle anfangen, alles, was wir aufgenommen hatten, auszuladen und an Land zu bringen, da nicht genug beschafft werden konnte, um das Schiff zu füllen. Wir alle dachten, das sei Pech, denn jetzt mussten wir das Schiff mit Ballast beladen und nach Adelaide zurückkehren, in der Hoffnung, es mit Wolle und Kupfer zu füllen. Wir hatten eine ziemlich lange Rückfahrt, da es ziemlich starken Gegenwind gab und das Schiff einige Tage lang mit einem gerefften Großmarssegel beigelegt lag. Für die Arbeit der Mannschaft machte das keinen Unterschied, denn Tag für Tag waren wir damit beschäftigt, das Holz des Laderaums, also die Innenhaut des Schiffes, abzukratzen und zu ölen. Ich persönlich war sehr froh, einige der Wahrzeichen wiederzuerkennen , an die ich mich aus der Bass-Straße erinnerte, und zu wissen, dass wir so viel näher an der Heimat waren. Wir kamen ordnungsgemäß und ohne Zwischenfälle in Adelaide an und begannen mit den Vorbereitungen für die Heimfahrt.

Bevor ich mit der Erzählung fortfahre, möchte ich eine Szene beschreiben, die damals nicht ungewöhnlich war und sich auf der Überfahrt von Auckland abspielte. Es gab bestimmte Beinamen, die als fair und rechtmäßig galten und gegen die die Leute nichts einzuwenden hatten. Andererseits gab es einen Ausdruck, der nur verwendet wurde, wenn der Redner bereit war, seine Meinung mit überzeugenden Argumenten zu untermauern. Unser Schiff war mit patentierten Reffmarssegeln ausgestattet, aber wie die meisten guten Dinge auch Nachteile haben, hatte dieses spezielle Großmarssegel die Angewohnheit entwickelt, seine Fallen mit sich zu reißen, und ihr Austausch verursachte normalerweise ein wenig Ärger. Zum einen war es eine „Arbeit für alle Hände", und da die Mannschaft nur wenig Ruhe hatte, trug dies nicht dazu bei, dass die laufenden Angelegenheiten für Offiziere oder Mannschaften reibungslos verliefen. An diesem Abend hatten sich die Fallen gelöst und die Rah kam mit einem Ruck herunter. Als die Kette um die Rah herumlief, musste sie von Kurven ferngehalten werden, um ein reibungsloses Funktionieren des Patents zu gewährleisten, und dies war eine ziemlich schwierige Arbeit. Der zweite Maat und eine ganze Reihe von Männern waren oben und zogen die Ketten ein, als ein Mann oben den Zorn des Maat auf sich zog, der die Arbeiten vom Achterdeck aus beaufsichtigte. Er brüllte seinem Untergebenen oben zu: „Mr. King, schmeißen Sie diesen Hurensohn von oben." King seinerseits richtete einige drastische Bemerkungen an den Delinquenten, schien es aber nicht für nötig zu halten, mehr zu tun, also ging die Arbeit weiter, bis der „erwähnte" Mann die Takelage herunterkam und laut sagte: „Ich bin noch nie Hurensohn genannt worden und werde das nicht dulden." Das war genug für den Maat. Als der Mann an Deck trat, bekam er einen Schlag ins Gesicht, und dann begann eine Schlägerei, über deren Ausgang es keinen Zweifel gab. Der Kapitän kam vorbei, um nachzusehen, was los war, und der Maat rief: „Legen Sie diesen Mann in Ketten, Sir." Der Kapitän tat dies, und der arme Kanadier Bill, wie er genannt wurde, wurde ordnungsgemäß gebügelt und zur Sicherheit durch die Luke der Lazarette geworfen, wo er einige Tage lang das spärliche Brot und das bittere Wasser der Qual erduldete. Es versteht sich von selbst, dass er sofort nach seiner Ankunft im Hafen desertierte, was zweifellos der höheren Politik des Kapitäns entsprach, der die Dienste von Männern zu hohen Koloniallöhnen während eines langen Aufenthalts im Hafen nicht in Anspruch nehmen wollte, wenn die absolut notwendigen Routinearbeiten von Lehrlingen ausgeführt werden konnten, wobei die Ladung natürlich von Hafenarbeitern verstaut wurde.

Es ist vielleicht nicht unangebracht, hier ein paar Worte über die Macht des Kapitäns in jenen Tagen zu verlieren. Sie lässt sich als absolute Willkür zusammenfassen. Es wurde selten versucht, Wiedergutmachung für Misshandlungen auf See zu erhalten, und so seltsam es auch erscheinen mag, ein Schiff konnte durch seinen Kapitän oder seine Offiziere einen schrecklichen Ruf haben, und dennoch gab es kaum oder gar keine Probleme, eine Mannschaft an Bord zu nehmen. Man muss bedenken, dass kurz zuvor die große Zeit der australischen Klipper war, die erstaunlich schnelle Überfahrten machten, und um dies zu erreichen, war es notwendig, die Männer sehr fest im Griff zu haben. Dies hatte seine Nachteile, denn wenn Seeleute, die an die Herrschaft von Maaten gewöhnt waren, die in vielen Fällen als Preisboxer durchgehen konnten, zufällig auf einem Schiff segelten, auf dem die Gewalt nicht so dominant war, konnten sie sehr lästig werden, wie ich im Laufe dieser Seiten zeigen werde. Ich gebe an dieser Stelle ein Beispiel für die despotische Macht des Kapitäns. Eines

Morgens, kurz nachdem wir Adelaide zum zweiten Mal erreicht hatten, waren wir sehr überrascht, als wir zur Frühstückszeit den zweiten Maat, Mr. King, in unsere Quartiere kommen, sich hinsetzen und mit dem Frühstück beginnen sahen. Er sah unsere erstaunten Blicke und bemerkte: „Hat keiner von euch schon einmal einen Mann gesehen, der eine Kanne Tee trinkt?" Dann kam heraus, dass der Kapitän ihn aus irgendeinem Ärgernis, ich habe nie gehört, aus der Kabine geworfen hatte, damit er zu den Lehrlingen und den Unteroffizieren kam. Da wir auf dieser Reise ein paar Passagiere mit nach Hause nahmen, glaube ich, dass der Kapitän Streit anfing, um mehr Platz und eine zusätzliche Kabine achtern zu bekommen, aber King war eine echte Bereicherung für unsere Gruppe, denn er war ein großartiger Seemann und immer munter und fröhlich, außer wenn er es für notwendig hielt, ein Seilende zu benutzen. Das kam ziemlich oft vor, aber das Seilende hatte für mich keine große Angst. Ich war in der Schule so gut an Bestrafung gewöhnt , dass es mehr als ein Seilende brauchte, um meine Gelassenheit zu stören.

Ich muss jedoch gestehen, dass auf diesem Schiff ein System eingeführt wurde, das auf lange Sicht zwangsläufig in einer Katastrophe enden musste. Die Lehrlinge wurden für viel zu viele Dinge verantwortlich gemacht, und wenn ein Gegenstand nicht an seinem richtigen Platz gefunden werden konnte oder, sagen wir, das Schiff krängte und ein Eimer in Lee herunterkam und den Maat an den Beinen traf, war seine erste Anweisung: „ Mr. King, lecken Sie diese verdammten Jungs!" und wir bekamen es. Damals hatte sich die Idee einer möglichen Rebellion noch nicht durchgesetzt – das sollte später kommen. Ich denke immer noch, dass das Seilende in Maßen eine gute Sache für einen Jungen ist, und bedauere zutiefst, dass eine krankhafte Sentimentalität die gesunde Ansicht zu untergraben scheint, dass körperliche Züchtigung gut für junge Leute ist. Ich glaube, es ist immer noch einer dieser Luxusgüter, die in Eton und ähnlichen Schulen den Söhnen der wohlhabenderen Klassen zuteil werden, und dies stellt zweifellos einen echten Vorteil dar, den der Sohn des reichen Mannes gegenüber dem Schuljungen hat.

Unser Leben in Adelaide, wo wir für die Heimreise einluden, war angenehm. Im Hafen lagen viele Schiffe, die ebenfalls auf dem Weg nach Hause waren, und es herrschte ein gewisses

Maß an *Kameradschaft* unter den verschiedenen Schiffsjungen, aber mir kam es vor, als ob immer eine gewisse Anzahl von ihnen herumlief und ihrem Schöpfer dafür dankte, dass sie nicht so waren wie die anderen Menschen. Mit anderen Worten, sie strebten danach, den Rang des Schiffes zu erlangen, auf dem sie dienten, und wenn es zu einem Nahkampf zwischen zwei Schiffen mit nahezu gleichem Rang kam, genügte ein Skysegel auf einem montierten Klüverbaum oder eine Patentpumpe oder etwas Ähnliches völlig, um eine Überlegenheit zu etablieren, die mit aller nötigen Kraft behauptet wurde. Was es heute sein mag, weiß ich nicht, aber die Schiffsverehrung war zu der Zeit, von der ich schreibe, ein sehr starkes Gefühl unter jungen Seeleuten, und sie war bei den Besatzungen von Schiffen wie der *Orient* , *Murray* , *Connatto* , *Goolwa und anderen* weit verbreitet , sogar bei dem sehr respektablen alten Schiff namens *Irene* .

Wie man sich vorstellen kann, waren die jüngeren Teile der Schiffsbesatzung in einem kleinen Hafen wie Adelaide damals ein echter Schrecken für die Einwohner, denn wenn einer sich keinen neuen Unfug ausdenken konnte, konnte es ein anderer. Und wenn eine Gruppe von uns abends an Land ging, war das Treiben selten langweilig . Ein beliebter Zeitvertreib auf unserem Schiff war insbesondere das Schwimmen . Wir lagen in dem damaligen Flussbecken, und das war in der Nähe einer Bucht mit einer schönen Badestelle. Mit der Zeit wurden wir alle gute Schwimmer und waren besonders stolz auf das Tauchen. Der Kapitän unterstützte uns dabei, indem er uns drängte, von der Takelage des Schiffes immer höher zu steigen, bis einige von uns schließlich von der Großrah aus tauchen konnten . Da es gerade australischer Sommer war, war das eine sehr angenehme Art, den Abend zu verbringen.

Der unabhängige Geist, den die Hafenarbeiter und andere Arbeiter, die mit dem Schiff zu tun hatten, an den Tag legten, war für einen wie eine Offenbarung. Diese Männer strahlten eine ruhige Selbstsicherheit aus, die bemerkenswert war; sie wussten, was ihre Bedeutung an einem Ort war, an dem Arbeitskräfte knapp waren, und waren mit dem Lohn zufrieden, den sie bekamen, und verrichteten ihre Arbeit mit einer männlichen Unabhängigkeit, die keiner Motivation bedurfte. Ich sollte erwähnen, dass die Hafenarbeiter, die die Wolle verstauten, im Akkord bezahlt wurden, und das mag vielleicht etwas mit ihrer zufriedenstellenden Leistung zu tun gehabt haben. Sie waren alle irgendwann einmal Seeleute gewesen, und wenn sie im Laderaum an ihren Takelagen zogen und Wolle verschraubten, konnten sie ein Lied anstimmen, das bei einem nautischen Kritiker aufrichtigen Beifall verdient hätte. Das Verschrauben von Wolle war dort eine Kunst. Es herrschte nicht die Eile und Hektik der heutigen Zeit, und ich schätze, es dauerte zwei Monate, dieses kleine Schiff mit Wolle und Kupfer zu beladen. Als dies erledigt war, schifften wir die fähigen Seeleute ein, die uns durch Desertionen fehlten, und machten uns auf die Heimreise.

Ich wünschte, ich könnte es wagen, die verschiedenen Vorfälle dieser Reise schwarz auf weiß niederzuschreiben, aber ich muss mich zurückhalten. Wir hatten drei Passagiere, einen alten Mann aus Cornwall und seine Frau, die als Zweite Klasse galten und in einem vernagelten Raum im Achterdeck lebten, und eine ziemlich junge Dame, die sich mit dem Kapitän und dem Maat anlegte. Der vordere Teil des Achterdecks war als riesiger Vogelkäfig für eine große Anzahl kleiner grüner Papageien hergerichtet, die während der Reise täglich zu Dutzenden starben. Ich glaube jedoch, dass genug überlebten, um das Unterfangen für den Kapitän lohnend zu machen. Wir hatten als Steward einen Kolonialisten an Bord, den schwärzesten, den ich je gesehen habe, mit einer immensen Vorstellung von seiner eigenen Wichtigkeit. Da der Steward auf einem Segelschiff ausschließlich als Diener des Kapitäns angesehen wird, begegnet ihm der Maat häufig mit Feindseligkeit, und der vorliegende Fall war keine Ausnahme von der Regel.

Lassen Sie mich nun sagen, dass meines Wissens alle Jungen auf See Diebe sind, was Lebensmittel betrifft. Es gilt nicht als unehrenhaft, Lebensmittel zu stehlen, die man bekommen kann, aber das große Verbrechen besteht darin, sie aufzudecken. Mein besonderer Kumpel, Fred Wilkes, gab sich jedoch nicht damit zufrieden, Kartoffeln zu erbeuten, sondern hatte die Dreistigkeit, das Feuer in der Kombüse während der Mittelwache anzuzünden, um sie zu backen. Damit war Ärger vorprogrammiert, der auch prompt eintrat, denn er wurde auf frischer Tat ertappt und dazu verurteilt, auf unbestimmte Zeit von seiner Vormittagswache unten abgezogen zu werden , und dieses brutale Urteil wurde tatsächlich vollstreckt. Für die Uneingeweihten sei erklärt, dass man ihm, nachdem er vor 8 Uhr morgens acht Stunden an Deck gewesen war, Zeit für sein

Frühstück ließ und ihn dann an Deck rief, um mit der Arbeit für einen ganzen Tag zu beginnen.

Die Heimreise sollte um das Kap der Guten Hoffnung herum erfolgen (nur wenige der Adelaide-Schiffe bevorzugten die Kap-Horn-Route), und wir hatten das besondere Glück, bei schönem Wind Kap Leeuwin zu umrunden und in den Südostpassat zu gelangen. Es gibt kaum angenehmere Überfahrten als die über den Indischen Ozean an der südlichen Grenze des Südostpassats, der diesmal sehr stark wehte. Tatsächlich war es zeitweise mehr, als wir mit allen Leesegeln halten konnten. Ich erinnere mich, dass in unserer Mittelwache das untere Betäubungssegel gegen Wind eingeholt worden war, und der Kapitän, der während einer Flaute an Deck kam, den zweiten Maat, in dessen Wache ich war, gehörig beschimpfte, weil er das Schiff „beigelegt" hielt, und das, obwohl alles gesetzt war, außer einem unteren Betäubungssegel , das gerade wieder zum Hissen vorbereitet wurde. King stand bei den Mächten nicht in der Gunst der Stunde, obwohl man ihm gerecht werden muss, dass er ein sehr guter Seemann war. Einmal war es auf der Überfahrt von Auckland nach Adelaide notwendig, alle Mann zusammenzurufen, um die Segel zu reffen, und es geschah, dass King das Kommando hatte, da weder der Maat noch der Kapitän an Deck waren. Es war notwendig, das Großsegel einzuholen, und er tat dies erfolgreich, indem er zuerst die Leeseite einholte, entgegen dem Diktum aus Falconers *Schiffbruch*. Das-

„Wer den Sturm entwaffnen will,
wird nie zuerst die Lee-Rah umklammern ."

Damals gab es jedoch Meinungsverschiedenheiten zu diesem Thema, und ich denke, für beide Behauptungen spricht einiges. Die Wahrheit ist wahrscheinlich, dass mit einer starken Mannschaft und der richtigen Führung ein schwerer Kurs, wenn er mit der Leeschot zuerst genommen wurde, leichter einzurollen war, da die Segel nicht so stark nach Lee geweht wurden. Andererseits wurden die Segel sehr oft in Stücke gefegt, wenn man nicht sehr vorsichtig war.

Um den Offizieren dieses Schiffes gerecht zu werden, sie waren alle gute Seeleute und verlangten von allen Mitarbeitern einen hohen Standard an die Fähigkeiten eines Seemanns. Eine schlecht oder schlampig erledigte „Arbeit" rief sofortigen Tadel und Strafe hervor – was normalerweise bedeutete, dass sie während einer Wache unten noch einmal gemacht werden musste . In der heutigen Zeit mag es seltsam klingen, von gerefften Betäubungssegeln zu sprechen , aber wir hatten sie dabei und weder Tag noch Nacht wurde ein Moment damit verloren, die Segel wie erforderlich zu setzen oder zu trimmen.

Als wir uns dem Kap der Guten Hoffnung näherten, entdeckte der Maat eines Nachmittags, als er hochging, dass der Großmast gesprungen war, und meldete es dem Kapitän mit den Worten: „Der Großmast ist ein gesprungener Mast, Sir, direkt unter den Focks." Tatsächlich, wie sich später herausstellte, war der Mast ziemlich morsch. Alle Mann waren sofort damit beschäftigt, eine große Spiere an der Achterseite des Mastes zu befestigen, und dies gelang mit Seilen und Ketten, die mit Holzkeilen festgezogen wurden, so gut, dass es den Rest der Reise ohne Probleme überstand. Als der Mast in London herausgenommen wurde, wunderte sich jeder , dass er so lange gehalten hatte.

Als wir das Land um das Kap erblickten, war der erste Anblick des Tafelbergs höchst beeindruckend, und er ist eine jener großartigen Natursehenswürdigkeiten, die nie ihre Erhabenheit verlieren oder durch ständiges Bekanntwerden langweilig werden. Ich hätte nicht gedacht, dass damals ein kleines, zweijähriges Mädchen dort in einem alten Garten herumtapste, das in späteren Jahren meine Frau werden sollte. So war es jedoch, und tatsächlich lernte ich das Kap schließlich ganz im Lichte einer Heimat zu betrachten.

Der Rest der Heimreise verlief ereignislos. Das Nächste, woran ich mich erinnere, ist, dass ich an einem bitterkalten Junimorgen am Steuer saß, als wir in England an Land gingen, und das Hochgefühl, das es allen Leuten bescherte, ist unvergesslich. Dann war die Fahrt den Kanal hinauf in Gesellschaft vieler anderer Schiffe ein reines Vergnügen. Der alte Mann ging mit den Fingern schnippend auf dem Achterdeck herum; sobald wir den Lotsen von Dungeness und einen Schlepper hatten, begannen wir, die Plane aufzurollen und der Hafentoilette des Schiffs den letzten Schliff zu geben . In den Londoner Docks angekommen, wurde das Schiff bald von der Mannschaft verlassen und der Obhut der Lehrlinge überlassen, die angeblich keine Lust hatten, wegzugehen. Bei dieser Gelegenheit geschah es jedoch, dass Kapitän Hole von meinen Schwestern überfallen wurde, die von jener freundlichen, liebenswürdigen und schönen Dame, der verstorbenen Mrs. G. E. Dering, beaufsichtigt wurden, deren reicher und exzentrischer Ehemann kürzlich posthum als „Der Einsiedler von Welwyn " Berühmtheit erlangte. Als sie mich sofort für mindestens sechs Wochen mitnehmen wollten, ergab sich der alte Mann pflichtbewusst, und ich wurde in der ganzen Pracht meiner Goldknöpfe weggebracht.

Damit ist meine Jungfernfahrt zu Ende, aber als ich nach Hause kam, fiel mir auf, wie gern man sich an vertraute Einzelheiten erinnerte – selbst an so unwichtige Dinge wie alte Risse in Pflastersteinen. Es schien fast wunderbar, dass man so weit weg gewesen war und doch zurückkam und alles genauso vorfand, sogar die alten Bootsführer, die anscheinend in derselben Position auf dem Pier lagen, die sie seit frühester Erinnerung eingenommen hatten.

KAPITEL II

„ Es war die ganze Zeit Poll, wenn ich so sagen darf ,
der mein Kabel verhedderte, als ich ausrutschen wollte.“ —
HOOD.

Es ist fraglich, ob ein Junge, wenn man ihn auf sich allein gestellt hätte, ohne erhebliches Zögern eine zweite Reise antreten würde. Tatsächlich befriedigte eine Reise bis zu den Downs die nautischen Ambitionen eines gewissen Freundes von mir, der mit der *Roxburgh Castle in See stach* und so bald wie möglich wieder abreiste. Das war der arme Will Terriss , dessen tragisches Ende seinen vielen Freunden und zahllosen Bewunderern noch frisch in Erinnerung ist. Mein eigener Bruder hatte auch nautische Ambitionen. Er ging von London nach Newcastle, um sich als Lehrling auf einem Schiff anzuschließen. Unglücklicherweise fuhr er über das Meer, und die Reise reichte völlig aus, um ihn zu kurieren, denn er nahm den Zug und kehrte sofort wieder nach Hause zurück, ohne sein Schiff auch nur gesehen zu haben. Ich muss sagen, das war nichts Besonderes, denn Seekrankheit ist ein so grausamer Anblick, dass die Leute gegenüber ihrer gesamten Umgebung gleichgültig werden und häufig so demoralisiert sind, dass sie sich kaum dagegen wehren würden, über Bord geworfen zu werden. Ich kenne einen Fall, bei dem ein Junge, der einige Tage später in einem Hafen anlegte, an Land gehen musste, um sein Leben zu retten, weil ihm die See so furchtbar zugesetzt hatte.

Terriss und mein Bruder hatten daher mein Verständnis, als sie beschlossen, nicht zur See zu fahren, aber in meinem Fall gab es keine Alternative. Ich hatte darauf bestanden, zur See zu fahren, also musste ich dabei bleiben und ging nach sechs Wochen Urlaub wieder an Bord meines Schiffes in den Londoner Docks. Sie hatten den gesprungenen Großmast ersetzt, und das Schiff wurde wieder für Adelaide beladen.

Ohne jeden Zweifel ist es falsch, Jungen ohne wirksame Kontrolle an Bord eines Schiffes im Hafen leben zu lassen. Wir waren immer zu dritt und manchmal zu viert an Bord, und die Nachtwächter, die auf die Beleuchtung achteten, konnten leicht hinters Licht geführt werden. Wir hatten prächtige und heimliche Feste, und die Siegel der Zollbeamten auf verbrauchsteuerpflichtigen Waren konnten ganz leicht manipuliert werden. Ich kann mich an mehr als eine Gelegenheit erinnern, bei der die Beamten verwirrt aussahen, wenn sie Siegel intakt und den Inhalt erheblich kleiner vorfanden als er eigentlich sein sollte; und allgemein gesprochen gibt es kaum ein Problem der Lebensmittelversorgung, für das Jungen an Bord nicht eine Lösung finden. Wirklich sehr falsch, werden viele Leute sagen; was ist aus Ihren moralischen Grundsätzen geworden? Ich antworte mit den Worten der Eton-Dame, die auf die Frage nach den moralischen Qualitäten der Jungen sagte: „Sie hatten nie eine Moral", und schließlich war es nicht viel schlimmer als Obstgartenraub! Dies ist ein Exkurs, aber es ist ein wenig schwierig, sich im fortgeschrittenen Alter hinzusetzen und die eigenen Schurkereien in der Jugend aufzuzählen, ohne zumindest einen halbherzigen Versuch zu unternehmen, sie zu beschönigen – wobei man sich gleichzeitig auch darüber im Klaren ist, dass man selbst dann kein vollständiges Geständnis ablegen möchte.

Zu gegebener Zeit wurde das Schiff beladen und die Mannschaft angeheuert. Wir hatten einen neuen zweiten Maat, von dem wir schnell feststellten, dass er von anderer Art war als der letzte. Ich glaube, man hatte ihm sogar angedeutet, dass uns das Tauwerkregime nicht gefiel und dass wir allmählich erkannt hatten, dass Einigkeit Stärke bedeutet, aber das lag wahrscheinlich nur daran, dass er uns veräppelte. Denn der „alte Mann", der King zunächst aus der Kabine geworfen hatte, hielt es für angebracht, die Neuerung fortzusetzen, und der gutherzige Geordie Roshwell war nicht der Typ, der sich durchsetzte. Er war ein guter Seemann, aber mehr Segelmacher als zweiter Maat. Sowohl Maat als auch Kapitän schikanierten ihn gnadenlos und zerstörten die geringe Autorität, die er ausüben konnte.

Wir blieben viele Tage in den Downs fest, als eines der Schiffe einer großen Flotte, denn der Wind blies zu stark aus Westen, als dass wir hätten versuchen können, den Kanal hinunterzufahren. Als wir den Versuch schließlich unternahmen, kamen wir bis Dungeness und verbrachten eine Nacht unter kurzer Segeltuch, wobei wir fast ständig Segeltuch auf kurzen Brettern trugen und schließlich erneut ankerten; aber schließlich bekamen wir doch etwas Wind und konnten die Reise richtig antreten. Ich werde mich nur an einen Vorfall erinnern, der die Art der Behandlung zeigt, die Seefahrern damals als allgemeine Sitte zuteil wurde. Kapitän Hole wollte, dass seine Lehrlinge erstklassige Steuermänner würden und aus unerklärlichen Gründen besser steuern als die Vollmatrosen. Eines Tages fuhr das Schiff seinen Kurs bei sehr starkem Wind, der gerade stark genug war, um zusätzlich zu den einfachen Segeln ein Stengensegel am Toppmast zu führen . Es steuerte schlecht, als ich mittags ein AB ablöste; tatsächlich war sie eine ziemliche Plage, und der alte Mann hatte sich sehr für das interessiert, was vor sich ging. Dieses Interesse übertrug er nun auf mich, und weil ich es nicht besser machen konnte als mein Vorgänger, wurde ich dazu verurteilt, bis acht Uhr abends am Steuer zu bleiben. Zum Glück für meine Arme wurde der Wind im Laufe des Nachmittags schwächer, und gegen sechs Uhr schmuggelte mir mein Kumpel einen Keks mit. Dabei wurde er jedoch mit seinem üblichen Pech entdeckt, und als es acht Glockenschläge schlug, wurde ihm befohlen, mich abzulösen, und er verbrachte die vier Stunden seiner Wache unten am Steuer. Es war eine harte Schule, aber Ungerechtigkeit schien nie in Frage gestellt oder groß darüber nachgedacht zu werden; der Meister war absolut und despotisch, und mehr gab es nicht zu sagen.

Von dieser Überfahrt gibt es wenig Interessantes zu berichten. Adelaide wurde zu gegebener Zeit erreicht; die Ladung wurde gelöscht, die Mannschaft desertierte, das Schiff wurde nach London gechartert und zum Beladen auf den Fluss hinausgefahren, da es wahrscheinlich eine lange Operation werden würde. Die Wolle kam nur langsam herunter, und die Lehrlinge hatten ihren gerechten Arbeitsanteil vor sich. Der Tagesablauf war ungefähr so: um 5.30 Uhr gerufen und um 6.0 Uhr zur Arbeit gekommen, Decks waschen oder Bootsarbeiten erledigen; um 8 Uhr eine halbe Stunde zum Frühstück; dann wieder weiter bis 1.0 Uhr, wenn eine Stunde zum Abendessen war; um 17.30 Uhr Decks aufräumen. Selbst nach dem Abendessen war die Arbeit nicht vorbei, denn zwei von uns mussten den Kapitän an Land ziehen und im Boot bleiben und auf ihn warten, normalerweise bis Mitternacht. Während wir das Wasser des Schiffes aufnahmen, verbrachten die anderen von uns die Abende häufig damit, einen kleinen Leichter abzuschleppen, der Wassertanks transportierte. Nun, das war alles in Ordnung; es war harte Arbeit, aber wir waren daran gewöhnt und murrten nicht; aber ich glaube, die Ursache für die anschließenden Schwierigkeiten war die Störung unseres

Landurlaubs, und ich fürchte auch, dass das Ewige Weibliche ein wenig damit zu tun hatte.

Es war so. Auf der vorhergehenden Reise lud der Kapitän einige junge Damen zum Mittagessen an Bord ein, in eine von ihnen schien er ziemlich verliebt zu sein. Nun war ich zufällig auch mit der Familie bekannt, und als Jungen und Mädchen standen wir auf gutem Fuß. Davon wusste der Kapitän nichts, bis ein freundlicher Freund es verriet. Das war ihm völlig genug, und als ich um Erlaubnis bat, an Land zu gehen, wurde mir ordnungsgemäß mitgeteilt, dass dies nicht mehr erlaubt sei.

An diesem Abend hielten wir Jungs ein großes Powwow ab, bei dem ich meine Absicht erklärte, nicht mehr zu arbeiten, und zwei andere beschlossen, meinem Beispiel zu folgen. Das Gefühl der Ungerechtigkeit wurmte uns sehr stark; wir wurden unbarmherzig bearbeitet und dann wurden uns die einfachsten Privilegien verweigert, auf die wir ein Recht hatten; und schließlich wendete sich der sprichwörtliche Wurm.

Am nächsten Morgen kam die übliche Aufforderung, sich zu melden, und als ich aufwachte, erinnerte ich mich daran, dass ich durch den Entschluss, den ich am Abend zuvor gefasst hatte, zum Widerstand verpflichtet war. Als meine Mitverschwörer sich also an mich wandten, um Führung zu erhalten, bekamen sie alles, was sie wollten.

Jetzt, da ich mich dem Ende meiner Karriere nähere, kann ich zurückblicken und feststellen, dass es einen sehr merkwürdigen Charakterzug in meinem Leben gibt und gab. Mein größter Wunsch ist es, in Frieden mit meinen Mitmenschen zu leben und der rechtmäßig eingesetzten Autorität den größten Respekt und Gehorsam zu zollen, aber wenn dieser Gedanke erst einmal überwunden ist, gibt es nichts, was mich davon abhalten könnte, meinen eigenen Willen um jeden Preis oder trotz aller Hindernisse durchzusetzen. Dieser Charakterzug hat mich oft in Schwierigkeiten gebracht und ich bin mir nicht sicher, ob ich ihn auch jetzt noch los bin.

„Und jetzt, Jungs, kommt raus", sagte die Stimme des „alten Georgie", wie wir den zweiten Maat nannten. Darauf antworteten wir, dass wir nicht mehr arbeiten würden. Ich kann das Lächeln mitleidigen Unglaubens sehen, das sich auf seinem Gesicht ausbreitete, als er unserem Entschluss zuhörte und uns die unvermeidlichen Konsequenzen aufzeigte. Diesen hatten wir uns jedoch zu stellen entschlossen, also ging er, nachdem er uns verlassen hatte, zu dem Maat und informierte ihn, der zu unserer Überraschung ebenfalls versuchte, mit uns zu argumentieren und mit beträchtlicher sarkastischer Energie darauf hinwies, was wahrscheinlich passieren würde, wenn wir auf unserer Haltung beharrten und ihn zwangen, es dem Kapitän zu sagen. Wir sagten, wir hätten die Kosten berechnet und würden uns entschieden weigern, aber auf sein Geheiß kamen wir bis zum Hauptmast nach achtern und warteten auf die Entwicklung.

Sie kamen bald. Ich kann die Szene jetzt so deutlich sehen wie damals, als sie passierte – ein wunderschöner, sonniger Morgen. Wir drei Jungen in Hemden und Hosen, barfuß, und der alte Mann, gerade aus dem Schlaf erwacht, sah aus wie ein wütender Bär und war keineswegs angezogen. Wir stürmten aus der Kabine, seine Augen glühten vor Zorn über einen Akt der Rebellion, wie er ihn nicht für möglich gehalten hatte. Er begann mit mir. Er nahm das Ende der Vorderstrebe , das sich in der Nähe unserer Stelle befand, und gab mir den Befehl „Gehen Sie an die Arbeit", worauf ich antwortete: „Das werde ich nicht, Sir." Dann schwang er seine Schultern und verpasste mir drei Schläge mit dem Ende der Vorderstrebe . Es tat weh, aber es hatte nicht die geringste Wirkung, meinen Entschluss zu erschüttern, und der Maat schritt ein mit dem Rat, uns nicht zu schlagen, sondern uns in der Achterkabine in Ketten zu legen. Dies geschah, unsere Hände wurden auf den Rücken gefesselt und wir waren uns selbst überlassen. Meines Wissens nach sind die anderen Kerle dem Seilende entkommen, das meinen Rücken so schön zerschrammt hatte.

Die Achterkabine, in die wir gebracht wurden, war mit Schränken für Konserven, Wein usw. ausgestattet und hatte nach außen öffnende Heckluken. Zugang zum Deck gab es auch durch ein offenes Oberlicht. Unsere Haftzeit beinhaltete weder Nahrung noch Wasser, und nach dieser Zeit scheint es mir, dass man sich mehr Gedanken über unseren Haftort hätte machen können, denn wir waren mit diesen Schränken ziemlich vertraut und wussten genau, was sie enthielten. Da wir schlank und flink wie junge Aale waren, war es außerdem ein Kinderspiel, unsere Hände vor uns zu bekommen, und gewöhnliche Eisen hindern Menschen nicht daran, im Notfall nützliche Dinge zu tun. Tagsüber waren wir nicht wirklich hungrig, denn wir konnten Vorkehrungen treffen, aber der Durst war eine andere Sache, und den konnten wir nicht stillen.

Am nächsten Morgen um sieben hatten wir genug und ergaben uns im Tausch gegen Wasser, ohne das wir nicht länger auskommen konnten. Unsere Eisen wurden abgenommen und wir gingen nach vorn.

Ich möchte hier einwerfen, dass zu der Zeit, von der ich schreibe, der Brauch, einen Mann zu „schikanieren", noch weit verbreitet war. Mit anderen Worten, wenn ein Mann dem Maat oder Kapitän gegenüber unausstehlich war, wurde er zu der schwierigsten, unausstehlichsten und vielleicht sogar gefährlichsten Arbeit gezwungen, bis er desertierte, denn in der Regel gab es keine Sanktion für ein Vergehen, und Desertion war das einzige Heilmittel. Zu der Zeit, von der ich spreche, befand sich ein Mann an Bord eines Schiffes im Hafen , der seit einigen Tagen am Ende einer königlichen Rah saß. Was er tat, wusste niemand außer dem Maat, der ihn schikanierte, und als diese Behandlung einmal begann, war es für den Einzelnen, an dem sie ausprobiert wurde, ein wahres Hundeleben. Ich erwähne dies, um zu zeigen, dass wir genau wussten, was unser zukünftiges Schicksal wahrscheinlich sein würde, aber bis dahin hatten wir möglicherweise keine Sünden begangen, die uns nicht vergeben werden konnten, obwohl das ein wenig unwahrscheinlich schien.

Doch nun stand ich vor einem neuen Problem: Meine Truhe war verschwunden, und ich ging nach achtern, um den Kapitän danach zu fragen.

„Da ich weder beabsichtige, Ihnen Geld noch Freiheit zu gewähren", antwortete er, „habe ich Ihre Garderobe in die Hand genommen." Ich erinnere mich an die Worte, als hätte ich sie gestern gesprochen, und ich sagte ihm, er könne mich wieder in Ketten legen, denn ich wollte nicht arbeiten. Wahrscheinlich war das zu mutig von mir, aber ich hatte viel Wasser getrunken. Außerdem kannte ich die Briefe, die in der Kiste waren, und vermutete, dass sie an den Vater des Mädchens gingen, das sie geschrieben hatte, also ging ich *allein* zurück zu meinen Ketten in der Achterkabine. Die anderen hatten genug von der Behandlung abbekommen, um ihre Sehnsucht nach dem Martyrium zu stillen, so leidenschaftlich diese auch gewesen war.

Bei mir war es jedoch ganz anders. Ich war auf mehr als eine Weise verletzt worden, und so sehr ich auch den Gedanken an Desertion hasste, so beschloss ich doch, dass keine Macht mich dazu zwingen sollte, die Heimreise mit diesem Schiff zu riskieren, wenn ich es anders machen konnte. Während ich nachdachte, sah ich durch das Heckfenster den Steward, der das Dingi an Land ruderte, und das brachte mich auf eine Idee.

Das Schiff lag im Strom, vielleicht hundert Meter vom Ufer entfernt. Ich legte die Eisen vor mich, schlüpfte durch das Oberlicht an Deck, ohne dass mich jemand an Bord sah, warf das Niederholerseil über die Seite, rutschte daran hinunter und machte mich auf den Weg zum Ufer. Obwohl ich, gefesselt wie ich war, nicht auf normale Weise schwimmen konnte, konnte ich paddeln und mich manchmal auf den Rücken drehen, um mich auszuruhen. Keine Menschenseele half mir oder griff ein, bis ich den Landungssteg erreichte, wo ich sofort von einem Polizisten verhaftet und zur Polizeistation gebracht wurde.

Der Polizeipräsident war, wie sich herausstellte, von der Idee des Fairplays durchdrungen. Er befreite mich von den Fesseln und sagte mir, was ich zu tun hatte. Meine Kleider waren inzwischen ziemlich trocken geworden, und ich saß ruhig da und überlegte, was als Nächstes passieren würde, als Captain Hole hereinkam .

„Nehmen Sie diesen Kerl in Gewahrsam", sagte er, sobald er mich erblickte, „weil er unerlaubt von seinem Schiff abwesend ist."

Später erfuhr ich, dass er auf dem Weg nach oben bei seinen Anwälten vorbeigeschaut hatte und diese ihm diesen Weg als „Versuch" vorgeschlagen hatten. Es funktionierte jedoch nicht. Der Aufseher lehnte ab und sagte, ich sei zu ihm gekommen, um Schutz zu suchen, und er würde dafür sorgen, dass ich ihn bekomme, und der alte Mann zog sich sehr niedergeschlagen zurück. Das Ergebnis war, dass ich wegen Körperverletzung vorgeladen wurde und der Kapitän am nächsten Tag vor dem Richter erscheinen musste. Ich kann im Moment des Schreibens das Protokoll der polizeilichen Gerichtsverhandlung nicht finden, aber jedenfalls wurde der Kapitän für den sogenannten Angriff auf uns drei bestraft und aufgefordert, mein Eigentum herauszugeben. Wir mussten unsererseits zu unseren Pflichten zurückkehren. Der Anwalt, der uns vertrat, hieß Edmunds, und ich erinnere mich gut daran, wie er die Angst schilderte, in der wir uns befinden mussten (worüber wir breit grinsten), wenn man sein Leben riskieren konnte, indem man sich mit Eisen ins Wasser wagte.

Nach dieser Episode ging das Leben für eine kurze Zeit wie bisher weiter, außer dass man uns eine verdächtige Überlegung vorbrachte, die nichts Gutes für unsere Bequemlichkeit auf der Heimreise verhieß. Tatsächlich bekam ich vom Maat einen deutlichen Wink. „Bill", sagte er eines Tages, „wenn ich an deiner Stelle wäre, würde ich abhauen und mir einen Grill holen ", und er hatte sich für meine Zukunft eine Art Straßenhändlergeschäft vorgestellt, das damals bei den entlaufenen Jacks sehr beliebt war. Dieser Plan reizte mich jedoch nicht; ich war zur See gegangen, um Kapitän zu werden, und nichts konnte die Idee verderben, auch wenn es viele Hindernisse geben mochte. Schließlich beschlossen wir jedoch, abzuhauen und landeinwärts zu fahren, mit dem Ziel, einen Ort am Murray River namens Port Mannum zu erreichen. Wir schmiedeten unsere Pläne mit Bedacht, denn wenn wir zu früh losfuhren, hätten wir mehr Zeit, uns einzuholen, und außerdem mussten wir so viele Stunden Vorsprung wie möglich haben, um nicht sofort wieder gefangen genommen zu werden. Was wir mit der Kleidung in unseren Truhen gemacht haben, weiß ich nicht mehr so genau. Ich glaube, wir haben sie verkauft, denn wir mussten sehr leicht reisen. Aber von da an war ich bis zu meiner Rückkehr nach England nicht mehr mit zu viel Kleidung beladen.

In jener schicksalshaften Nacht waren es Fred Wilkes und Bob Walters, die den Kapitän an Land zogen. Sie kehrten danach mit der Anweisung an Bord zurück, ihn um 23 Uhr abzuholen. Es war klar, dass sie bis dahin warten mussten, sonst würde der Aufruhr zu früh losgehen, also wurde beschlossen, dass ich zuerst gehen und dafür sorgen sollte, dass sie ihre Bündel abholen konnten. Diese wurden zusammen mit meiner eigenen Kleidung in einen runden Waschzuber gelegt und über Bord gelassen, mir gefolgt. Ich schwamm an Land zur Halbinselseite des Flusses, schob den Zuber vor mir her und stieß ein „ Huhu" aus . Dann zog ich mich an, nahm die Bündel, ließ den Zuber zurück, damit die Leute an Bord am Morgen davon erfahren konnten, und machte mich auf den Weg zum Haus eines Freundes aus der Stadt , der uns mit seiner Mutter half und Anstiftung leistete. Das war ein Abend mit vielen Ereignissen, einige davon erfreulich, alle werden mir in Erinnerung bleiben, und ich frage mich, ob diese Worte einem der Beteiligten ins Auge fallen werden. Wenn sie das tun, werden sie wissen, dass die Wasser des Lethe die Erinnerung an ihre Freundlichkeit und Hilfe für mich nicht ausgelöscht haben.

Gegen Mitternacht trafen Fred und Bob pünktlich ein. Sie erzählten mir, dass sie die Ruder absichtlich im Boot gelassen hatten, als sie den Kapitän abholten. Das bemerkte er und ließ sie wie üblich an Bord nehmen. Als er sich hinlegte, legten sie sie leise wieder an Bord und zogen an Land. Da kein anderes Beiboot im Wasser war, ging man davon aus, dass wir bis zum Morgen vor Verfolgung sicher waren, aber hätte der Kapitän auch nur ein bisschen Vorstellungskraft gehabt, hätte ihm das erste Versäumnis, die Ruder abzunehmen, die Gelegenheit für eine dramatische Überraschung geboten. Ich bedauere immer, dass ich nie wieder jemanden getroffen habe, der gesehen hat, was am nächsten Morgen passierte, als man feststellte, dass die Vögel weggeflogen waren. Das Gesicht des Kapitäns muss ein Musterbeispiel gewesen sein, als man ihm sagte, dass das Beiboot an der Treppe festgemacht war und die drei Lehrlinge fehlten. Es gab noch einen vierten, der zurückblieb, aber da er zart war und mehr oder weniger als Schiffsjunge eingesetzt wurde, waren unsere Handlungen für ihn kein Anhaltspunkt. Diese Worte sollen keineswegs als Vorwurf an Sie, Jim Powell aus Pimlico, verstanden werden, denn Sie waren ein Sportler, auch wenn Sie nicht ganz das Tempo Ihrer sportlicheren Kameraden erreichen konnten.

Also machten wir uns auf den Weg, wanderten durch die Stunden der Dunkelheit, und als die Sonne aufging, suchten wir Schutz unter einem Heuhaufen und schliefen, bis uns der Hunger weckte. Wir waren an einem Ort namens Golden Grove angekommen, und da wir wussten, wie gastfreundlich man Reisenden gegenüber war, zögerten wir nicht, zu dem Haus zu gehen und um Essen zu bitten, das uns auch bereitwillig gegeben wurde. Ich kann mich nicht an den Namen des Hausbesitzers erinnern, aber er sah seine Chance, eine nützliche Hand auf dem Anwesen zu gewinnen, und überredete Bob, bei ihm zu bleiben. Bob fällt also aus dieser Geschichte heraus. Nachdem Fred und ich unseren Appetit gestillt hatten, setzten wir unsere Reise fort, und ich glaube, wir hatten eine gute Zeit. Die nächste Nacht verbrachten wir an einem Ort namens Gumeracha und erfuhren die Gastfreundschaft eines Landbesitzers namens Randall. Ich nehme an, man sah ziemlich deutlich, was wir waren, aber es gab immer viel Mitgefühl für entlaufene Seeleute, und in diesem Fall stießen wir auf jeden Fall darauf. Am nächsten Tag brachen wir zu der Etappe auf, die wir als letzte Etappe der Reise ansahen. Das war es, aber ich erinnere mich noch gut an die endlosen weißen Hügel dieser Straße. Von jedem Gipfel aus hofften wir, das Wasser des Murray River zu sehen, und das ließ uns weiterfahren. Weitere Merkmale der Straße waren Bäume und Wassermelonenfelder. Ich erinnere mich auch, dass mich die Erscheinung großer, abgenutzter Felsbrocken auf den Hügelkuppen beeindruckte, und der Boden, der sich umwandte, zeigte Felder weißer Schalen, die ein wenig an Austern erinnerten. Schließlich erklommen wir jedoch den letzten Hügel und kamen in Sichtweite unseres Ziels, einer kleinen Ansammlung von Hütten am Ufer eines breiten weißen Flusses, gesäumt von großen Bäumen, die uns eine Vorstellung von Weite und Erhabenheit vermittelten.

Wir hatten einen Ort erreicht, an dem man durch eigene Anstrengung existieren konnte und wo man, wenn einem die Arbeit nicht gefiel , sie aufgeben und eine andere finden konnte, die einem mehr zusagte.

Zufällig war Mannum das Hauptquartier eines Kapitäns Randall, der einen der Dampfer befehligte, die auf dem Murray verkehrten. Sie nahmen alle möglichen Waren für die Städte an den Flussufern auf und schleppten mit Wolle beladene Kähne herunter. Ich habe keine dieser Fahrten mitgemacht, aber man sagte mir, dass sie manchmal ziemlich aufregend waren, denn manchmal war das Wasser seicht, manchmal hingen über den Ästen der Bäume, und es gab normalerweise jede Menge Zwischenfälle. Es waren fünf Zimmerleute dort, die einen neuen Kahn für Kapitän Randall bauten. Diese Männer wurden in einem großen Zelt untergebracht, und sehr bald wurde mir erklärt, dass ich ein Pfund pro Woche und mein Essen bekommen könnte, wenn ich für sie kochen könnte. Das Angebot wurde dankbar angenommen, besonders als sich herausstellte, dass ich über eine Schrotflinte verfügte und dass von mir erwartet wurde, die Vorräte aus den Wildgeflügelquellen aufzufüllen, die in den Lagunen auf der anderen Seite des Flusses zu finden waren. Ich weiß nicht mehr genau, welchen Beruf Fred zuerst fand, aber schließlich wurde er Decksmann auf einem Flussdampfer, und so verschwindet er auch aus meiner Geschichte. Später hörte ich, dass er sein Quartier in einer Stadt weiter oben am Fluss aufschlug. Ich wünsche ihm viel Glück, wo immer er auch sein mag, denn er war ein guter Kerl, obwohl wir uns manchmal so manche Schlägerei lieferten.

Allein gelassen wartete ich auf den Zeitpunkt, an dem ich sicher nach Adelaide zurückkehren konnte, aber mein Leben war in der Zwischenzeit keineswegs schlecht. Der Murray ist ein außerordentlich schöner Fluss, der zwischen dicht mit prächtigen Gummibäumen bewaldeten Ufern fließt, die fast eine milchig weiße Farbe haben. Natürlich hing seine Wassermenge davon ab, ob es eine Regen- oder Trockenzeit gab, aber ich sah keine Anzeichen von Dürre, während ich dort war. Einmal wurden zwei Männer und ich in einem Lastkahn mehrere hundert Meilen weit geschleppt und dann ausgesetzt, um den Fluss hinunterzufahren, mit der Anweisung, in Abständen anzuhalten und Äste abzuschneiden, die sich als Unterbau für den neuen Lastkahn eignen würden. Leider muss ich sagen, dass unser Erfolg in dieser Angelegenheit nicht unseren Erwartungen entsprach. Das Leben war jedoch ideal, das Wetter ließ nichts zu wünschen übrig, warm und schön, mit einem hellen Mond in den Nächten. Das Leben am Lagerfeuer mit reichlich Tee, Damper und Rindfleisch war ein ausgezeichneter Ansporn für gute Laune, und eine Nacht in Swan Reach war in dieser Hinsicht besonders bemerkenswert.

Auch wenn wir beim Holzfällen nicht so erfolgreich waren, wie wir es hätten sein können, hatten wir auf jeden Fall eine sehr schöne Zeit, und als wir schließlich zum Hauptquartier zurückkehrten, fand ich eine Zeitung, in der ich erfahren hatte, dass die *Alwynton* ordnungsgemäß die Heimreise angetreten hatte.

Also gab ich so schnell wie möglich meine Stelle auf, bekam einen Scheck über meinen Lohn, löste ihn ordnungsgemäß ein und fuhr in einer Art Reisebus zurück. Ich kann mich an keine Vorkommnisse auf dieser Reise mehr genau erinnern, aber ich kam gut in Adelaide an und erfuhr, dass ein Haftbefehl wegen Desertion gegen mich vorlag. Das war nicht mehr, als ich erwartet hatte, denn es war das Alltägliche. Die Polizei war jedoch nicht übermäßig eifrig dabei, entlaufene Seeleute zu beunruhigen, denn sie selbst waren größtenteils einmal in dieselbe Kategorie geraten. Es ging darum, ein Schiff zu finden, und zu diesem Zweck wurde mir geraten, einen gewissen Pensionsherrn zu konsultieren, Jack Hanly, glaube ich, und er war keineswegs ein schlechter Kerl, aber es war ziemlich augenöffnend, mit einem Dienstausweis ausgestattet zu werden, der einem anderen Seemann in etwa meinem Alter gehört hatte, und außerdem war damit eine Namensänderung verbunden, die, wie ich sah, zu Komplikationen führen könnte, wenn es darum ging, Papiere für das Handelsministerium vorzulegen. Der erste Versuch zeigte mir, dass das nicht ging. Im Hafen lag ein großes amerikanisches Schiff namens *Borodino*, und als Jack und ich zum Kapitän gingen, kam es zu folgendem Gespräch. Jack sagte: „Kapitän, ich habe Ihnen eine Aushilfe mitgebracht, er möchte Kapitän werden lernen."

„Nein danke", sagte der Kapitän, „sieht mir um die Kiemen herum zu weiß aus, kein Problem."

Das war das Ende dieser Episode, und ich überlegte, was ich tun konnte. Im Hafen lag auch ein anderes Schiff namens *Troas*, von dem ich mich erinnerte, dass wir auf der letzten Reise auf See darüber gesprochen hatten. Aufgrund dieser Bekanntschaft suchte ich den Kapitän auf, der dringend Arbeitskräfte brauchte und sich bereit erklärte, mich durch das Polizeigericht zu bringen und mich als Leichtmatrose zu befördern. Als ich wegen Desertion zu einer Geldstrafe von 5 Pfund oder einem Monat verurteilt wurde, bezahlte mein neuer Kapitän die Strafe, und ich nahm unverzüglich meine Koje auf meinem neuen Schiff ein. Es war ein Vollschiff mit etwa 800 Tonnen und fuhr nach Foo Chow, um Tee für die Heimat zu laden. Soweit es die Offiziere betraf, war die Stimmung auf dem Schiff ziemlich edel. Der Maat war keine große Persönlichkeit, aber der Zweite, George Davies, war ein sehr guter Seemann und ein hervorragender Offizier. Er war außerdem ein hervorragender Sportler. Ich habe gesehen, wie er mit einem leeren Toppmast- Stumpfsegelbaum hinausfuhr, um einen abgerissenen Hals einzuholen, um die Zeit zu sparen, die das Einholen des Baums gekostet hätte. Ich glaube, er hatte später das Kommando über ein Segelschiff, das in einem Taifun im Chinesischen Meer verloren ging – jedenfalls wurde sein Schiff als vermisst gemeldet. Es gab auch einen dritten Maat, den ich später kennenlernte, als er im Dienst der P. & O. stand.

Die Mannschaft war ein merkwürdiger Haufen. Besonders ein typischer alter Seemann war dabei, der voller alter Überlieferungen und Traditionen steckte. Als er die Tatsache kommentierte, dass der Kapitän seine Frau an Bord hatte, prophezeite er von Anfang an Böses. „Bedenken Sie meine Worte", sagte er, „das sind schlechte Schiffe zum Segeln." Das war jedoch nicht die allgemeine Meinung, denn die betreffende Dame war angenehm anzusehen und jeder, mit dem sie sprach, war von ihrem charmanten Wesen angetan.

Die Ursache unseres Unglücks war eine ganz andere und hätte vorhergesehen werden können. Nachdem wir für die Reise nach Foo Chow etwa hundert Tonnen Steinballast mitgenommen hatten, nahmen wir für den Rest eine große Menge halbflüssigen Schlamms mit, der vom Grund des Flusses heraufgebaggert worden war. Ob die Verantwortlichen sich Gedanken darüber gemacht hatten, kann ich nicht sagen, aber Tatsache ist, dass das Schiff, sobald wir auf See waren , einen großen Mangel an Stabilität oder Steifheit zeigte und als es sich neigte, erreichte der feuchte Schlamm seinen niedrigsten möglichen Pegel. Es war offensichtlich, dass dieser Zustand nicht funktionieren würde, und da das Schiff über zwei Kiele verfügte, versuchten wir, mittschiffs einen Damm zu bauen, indem wir Pfähle hineinrammten und den Innenraum dann mit Steinballast auffüllten. Ich glaube, dass dieses Vorgehen die Sache insgesamt nur noch schlimmer machte, und da wir wegen des starken und ungünstigen Windes nicht nach Adelaide zurückkehren konnten, versuchten wir, nach Port Lincoln zu gelangen. Auch hier hatten wir kein Glück, denn der Wind kam stark aus Westen und schnitt uns den Weg ab.

Die nächste Idee war, nach Melbourne zu segeln. Wir im Vorschiff waren auf die spärlichen Informationen angewiesen, die uns ein Offizier zuwarf, um zu erfahren, was vor sich ging, aber wir erkannten größtenteils , dass wir in einer ziemlich schwierigen Lage waren und nur mit Glück wieder herauskommen konnten. Da das Schiff nicht in der Lage war, seine Segel zu halten, wurden wir südlich von Kangaroo Island getrieben und mussten uns sehr anstrengen, um Kap Jaffa zu umsegeln. Von diesem Punkt aus neigte sich das Land jedoch ein wenig nach Nordosten, aber bald wurde uns klar , dass uns nur eine Winddrehung retten würde, und davon war nichts zu sehen. Wir hatten Kap Jaffa gegen Mitternacht umsegelt, nachdem wir mit größter Mühe gereffte Marssegel und Focksegel mitgeführt hatten. Das Schiff lag natürlich gewaltig auf der Seite, aber es kam trotzdem ein Stück voran. Sobald wir das Kap passiert hatten, wurde das Großmarssegel weggeweht, und nachdem das Fock- und das Focksegel eingerollt waren, lagen wir beiliegend unter dem Besanmarssegel. Am nächsten

Morgen machten wir uns an die Arbeit, um die Stag- und Rahtakel für das Langboot hochzuziehen und die darauf verstauten Masten wegzuräumen. Dies wurde getan und die Stagtakel eingehakt und festgezogen, aber während dieser Operation war ich auf meine linke Schulter gefallen und hatte sie so schlimm verletzt, dass es schwierig und schmerzhaft war, meinen Arm zu bewegen. Kurz nach Mittag klarte das Wetter ein wenig auf und jemand rief „Landung auf der Leeseite". Da war es tatsächlich, und ich schätze, ungefähr zwei Meilen oder so Brandung. Es gab kein Entkommen, denn das Schiff trieb einfach nach Lee. Davies, der nach oben ging, um eine bessere Sicht zu haben, rief dem Achterdeck zu: „Alles in Ordnung, Sir – ein Sandstrand"; und eilte dann hinunter, um zu helfen und das einzig Mögliche zu beraten, nämlich zum Strand zu rennen. Wie wir später herausfanden, war es die Oberkante der Flut und das Glück hatte uns zum einzigen Sandfleck in der Gegend geführt.

Der zweite Maat war jetzt der Mann des Augenblicks, der Maat war nicht sehr nützlich, und der Kapitän, der nie ein lauter Mann war, war anscheinend sehr zufrieden damit, Davies das Sagen zu haben. Focksegel und Fockmarssegel wurden gelöst und gesetzt, das Besanmarssegel wurde aufgezogen, das Ruder auf hartes Wetter gestellt und wir liefen mit dem Achterliek zum Meer auf den Strand zu. Davies kommandierte das Schiff. Ein großer Deutscher, ein sehr feiner Kerl, war am Wetterrad, ich war auf der Leeseite. Unnötig zu sagen, dass wir alle ein wenig neugierig waren, was die nächsten Minuten bringen würden, obwohl ich ehrlich gesagt nicht glaube, dass junge Leute sich sehr darum scheren, was ihnen bevorsteht. Ich erinnere mich noch genau, dass ich dachte, ich könnte bald für alles, was ich getan oder unterlassen hatte, zur Rechenschaft gezogen werden, entschied aber, dass es keine Zeit war, über solche Gedanken nachzudenken. Ungefähr zu diesem Zeitpunkt kam der erste richtige Kämmer an Bord und fegte das Hauptdeck von allem frei. Er ließ jedoch die Vor- und Achtersteven des Langboots in den Takelagen baumeln. Zu diesem Zeitpunkt lag das Schiff fast auf der Seite und berührte wahrscheinlich den Boden, denn das Wasser brach sehr heftig über ihm zusammen und soweit ich mich erinnern kann, berührte die Fock den Sand. Wir schnitten die Wettertakelung so weit ab, wie wir konnten, und in langwierigen Hebungen und Versuchen, die Masten und Spieren wieder aufzurichten, gelangten wir allmählich auf einen unsicheren Halt an der

Außenseite des Wetterquartiers des Schiffes. Ich kann mich gut an diese Episode erinnern, denn das Wasser kam bitterkalt herüber und schien uns vom Wind bis in die Knochen geblasen zu werden.

Im Laufe von etwa einer Stunde wurde deutlich, dass das Wasser zurückging, und man konnte sehen, was getan werden konnte. Das Schiff brach schnell auseinander, und noch bevor drei Stunden vergangen waren, war ein Loch mitten durch es. Aber die Enden hielten zusammen, und einige der komischen Seiten des Lebens begannen sich zu zeigen. Der Maat ging, so gut er konnte, mit einem Rettungsring um sich und einer Muskete über der Schulter in der Kabine umher, und da kaum noch Ordnung vorhanden war, blieb es den stärkeren Geistern überlassen, ihr Bestes zu geben. Hier kamen John, der große Deutsche, und der zweite Maat nach vorne, und sie schlugen sich gut. Als es Ebbe war, war ein Seil an Land gebracht worden, ich weiß nicht, wie, und einige waren damit an Land gegangen, aber ich weiß, dass wir, bevor wir das Schiff verließen, in Davies' Kabine Hasenpfeffer gegessen haben. Das ist mir deutlich im Gedächtnis geblieben, aber ich kann mich an keine Trunkenheit seitens eines Besatzungsmitglieds erinnern.

Die Landung der kleinen Dame des Kapitäns verlief ohne große Probleme, denn sie war eine tapfere Seele und überstand diese schwere Zeit mit einem Mut, der sehr zu bewundern war. Aber sie konnte es nicht vermeiden, Schlüsse zu ziehen, die ungerecht gewesen wären, wenn man sie hätte spezifizieren können . Die nächste Szene in diesem Drama spielte sich um ein großes Feuer im Windschatten eines Sandhügels ab, wo sich der Großteil der Mannschaft versammelt hatte. Einige aus der Menge hatten sich mit Lebensmitteln versorgt, und es herrschte allgemein ein Gefühl der Zufriedenheit, dass wir nicht weniger als die Zahl unserer Mannschaftskameraden hatten. Wir erfuhren auch, dass ein Sack Mehl ein erstklassiger Rettungsring für einen Mann war, der mit einem Seil an Land wollte. Eines der großen Wasserfässer auf Deck war an Land gespült worden. Wir schlugen den Deckel ein und stellten es mit dem gesunden Ende in den Wind und der Öffnung zum Feuer, um der Dame der Gruppe einen Unterschlupf zu bieten, und dann warteten wir, auf der einen Seite heiß und auf der anderen kalt, auf den Tag. Einige mutige Geister hatten bereits versucht, das Schiff zu erkunden, konnten aber keine Anzeichen von Behausung finden.

Kurz nach Tagesanbruch sahen wir zwei Männer zu Pferd, die das Schiff anstarrten. Sie drückten ihr Erstaunen und ihre Überraschung darüber aus, dass wir das Glück hatten, sie begrüßen zu dürfen. Die Küste schien felsig zu sein, und die anderen Schiffbrüche in der Nähe hatten alle Todesopfer gefordert.

Da wir Ausnahmen waren, konnten wir nur dankbar sein, dass die Vorsehung so gut zu uns gewesen war. Dann machten wir uns daran, den nächsten Schritt zu planen. Ich selbst war mit kaum mehr als einem Bündel Briefe, die mit einem Seil zusammengebunden waren, und einer Kopie von Byrons Gedichten an Land gekommen. Ich habe beides jetzt, aber sie waren beide nicht von nennenswertem Wert, als ich der Welt nur in Hemd und Hose gegenübertreten musste.

Unsere Freunde zu Pferd kamen von einer Station in der Nähe des Albertsees. Sie war einige Meilen entfernt, aber wir gingen dorthin und wurden tagelang gastfreundlich aufgenommen. Wir besuchten gelegentlich die Überreste des Schiffes und hatten Glück, ein paar Stiefel und Kleidungsstücke zu finden. Diese waren nützlich, da unsere Gastgeber angedeutet hatten, dass es gut wäre, wenn wir uns auf den Weg machten, um zu sehen, wie das Hammelfleisch und das Hammelfleisch einer anderen Station schmeckten. Davies und ich waren nach Rivoli Bay gewandert, einer alten Kochstation, um zu sehen, ob dort ein Schiff war, aber da wir keins fanden, kehrten wir zurück und machten uns bald darauf alle auf den Weg nach Port Macdonnel.

Auf dieser Reise gab es viele amüsante Vorfälle. Es hatte sich herumgesprochen, dass eine Gruppe von Matrosen auf der Trampfahrt war, und an einer Station war der Koch außer sich vor Wut, weil sein Chef ihm nicht Bescheid gegeben hatte, dass wir zum Abendessen da sein würden. Er bemerkte, der Chef habe es aus Bosheit getan, um ihn zu überrumpeln. „Als ob mich 25 Männer jederzeit niederschlagen könnten", sagte er. Ich glaube, sein Selbstvertrauen war nicht Egoismus, denn wir waren gut gemacht, und die Leute aus dem großen Haus kamen in den Schuppen, um uns alle anzusehen.

Mir fehlen die Worte, um die Überraschungen der Wanderung am nächsten Tag auf den Buschpfaden zu beschreiben. Wir kamen an Emus in Scharen vorbei; die Wallabys machten sich kaum die Mühe, vom Weg wegzugehen; und die Kängurus über die Strecke zu huschen, war eine ständige Quelle des Staunens. Ich weiß nicht, was der Rekord-Känguru-Hochsprung ist, aber was wir sie mit scheinbarer Leichtigkeit tun sahen, schien absolut wunderbar .

Man darf nicht annehmen, dass zwischen dem Schiffbruch und unserer Ankunft in Port Macdonnel nur wenige Tage vergangen sind. Ich schätze, es war etwa ein Monat. Es gab bestimmte Angelegenheiten bezüglich der Löhne, die der Kapitän mit einem großen Teil seiner Mannschaft regeln musste, und er musste nach Mount Gambier fahren, um jemanden zu finden , der ihn finanzierte, und traf uns anschließend in Port Macdonnel . Mein Lohn war für mich keine Quelle der Sorge, denn er hatte meine Strafe bezahlt und ich war folglich dem Schiff gegenüber verschuldet, aber bei den anderen war es anders. Der Kapitän war Gegenstand großen Zorns, als durchsickerte, dass er nicht dafür war , dass wir mit dem Küstendampfer eine Überfahrt nach Melbourne bekamen, sondern es vorzog, einem Straßenbauunternehmer in die Hände zu spielen, der sich unsere Dienste sichern wollte. Einer der Eigentümer des Dampfers war bei der Auseinandersetzung anwesend und löste die Frage, indem er denjenigen eine Überfahrt gewährte, die mitfahren wollten. Ich werde diese Aktion des betreffenden Herrn, der, glaube ich, Ormerod hieß, immer in guter Erinnerung behalten . Diese Reihe von Ereignissen führte zu einer der angenehmsten Zeiten meines Lebens. Wir erreichten Melbourne, denn der Dampfer fuhr den Yarra hinauf , und so viele von uns wie gewünscht wurden an Bord genommen, um beim Be- und Entladen der Ladung zu helfen. Dafür bekamen wir einen Schilling pro Stunde für acht Stunden Arbeit und wohnten im Matrosenheim. So seltsam es auch klingen mag, wir waren mit unserem Los zufrieden, und der Lohn reichte für alle vernünftigen Bedürfnisse. Als dieses Schiff jedoch fertig war, dachten Davies, Dowling, der dritte Maat der *Troas* , und ich, es sei Zeit, uns wieder nach Hause zu begeben, und so machten wir uns mit unserem zusätzlichen Wissensschatz über verschiedene Lebensformen auf den Weg zum Sandridge Pier, um nach einem Schiff zu suchen.

Klipperschiff „Essex", 1042 Tonnen. J. S. ATWOOD, Kommandant

Sandridge Pier war damals für jeden Liebhaber von Salzwasser ein wunderschöner Anblick. Es gehörte einer Zeit an, die nie wiederkehren wird – der Zeit, als Schiffe schön waren und keine Mühen gescheut wurden, um sie so zu machen. Damals war der Passagierverkehr noch nicht vollständig auf Dampfschiffe umgestiegen, und die Schiffe von Green, Wigram, Smith und Dunbar waren die direkten Nachfahren der alten Ostindienfahrer. Sie hatten große Besatzungen und wurden meist von Männern kommandiert und geführt, die hervorragende Seeleute und Gentlemen waren. Das Kommando über eines dieser Schiffe für eine neunmonatige Reise konnte tausend Pfund wert sein; das war, bevor die Welt in die Zeit des extremen Wettbewerbs erwachte. Aber so schön diese Schiffe auch waren, sie erfreuten nur das Auge, weil sie unserer Meinung nach die Verkörperung all dessen waren, was auf dem Wasser am schönsten war. Viele der besten Exemplare von ihnen sind heute in verschiedenen Häfen der Welt zu finden und dienen als Kohlenschiffe. Als ich vor einigen Jahren zu den Docks fuhr, um die *Essex zu sehen* , konnte ich kaum glauben, dass es sich um das Schiff handelte, das man kannte, so voller Leben, Glanz und Eleganz. Sie war, schätze ich, etwa 240 Fuß lang, was damals für jedes Segelschiff als sehr ansehnlich galt.

Eines der Ereignisse des Tages war das sogenannte „Zeitballennehmen". Ein Fähnrich jedes Schiffes saß an einer markanten Stelle des Achterdecks, und in unmittelbarer Nähe befanden sich der Bootsmann und seine Kameraden, die bereit waren, zum Abendessen und Grog zu pfeifen, sobald das Signal gegeben wurde, dass der Ball gefallen war. Der Chor der Pfeifen war ein unvergessliches Erlebnis, da er von den versammelten Schiffen aufgenommen wurde; es war immer ein lobenswerter Ehrgeiz, als erstes Schiff zu starten.

Die Namen der Schiffe dort sind mir entfallen, aber es gab mehrere, die Money, Wigram & Co. gehörten, und es gab auch eine großartige alte Fregatte namens *Holmesdale* . Ich bin nicht ganz sicher, ob das berühmte Paketschiff *White Star* damals dort war oder ob ich es auf der nächsten Reise entdeckte, aber sowohl sie als auch die *Champion of the Seas* waren prächtig aussehende Schiffe, und der Kapitän des letzteren Schiffs, Outridge , glaube ich, so hieß er, sah vom Aussehen her ganz passend zum Namen seines Kommandos aus.

Der Punkt, den ich hervorheben möchte, ist, dass diese beiden zuletzt erwähnten Schiffe, obwohl sie schnelle Segler und „Paketschiffe" waren, nicht zur Aristokratie der See zählten, wie die eigentlichen Blackwell-Schiffe damals angesehen wurden. Sie wurden auf die gleiche Weise betrachtet, wie zehn Jahre später ein Dampfschiffmann der Union ein Donald-Currie-Schiff betrachtet hätte. Er warf einen herablassenden Blick auf ein Donald-Currie-Schiff, als wollte er sagen: „Zweifellos sehr würdig, aber Sie sind nicht *wir* , obwohl Sie Ihr Bestes geben, um unsere Segelhüllen richtig zu setzen und Ihre Rahen anständig gerade zu halten." Aber dazu später mehr.

Es stellte sich heraus, dass die *Essex* zwei Vollmatrosen und einen einfachen Matrosen brauchte, und da Dowling und ich beide als einfache Matrosen an Bord gehen wollten, riet mir Davies, der weise Mann der Gruppe, als AB anzuheuern. Er drückte es so aus: „Sie wollen nach Hause, und sie können Ihren Lohn nur proportional zu Ihrer Unfähigkeit kürzen." Als wir ein zufriedenstellendes Gespräch mit dem „Ersten Offizier", wie er genannt wurde, geführt hatten, befolgte ich dementsprechend diesen Rat. Der Name dieses Ersten Offiziers war Gibbs. Er erwies sich als großer Liebling aller, und ich kann mit Wahrheit sagen, dass die Backarbeiter ihr Bestes taten, um ihm immer aus reiner persönlicher Zuneigung zu gefallen. Wir nannten ihn immer „Lady Jane". Er hatte seinen Diener dabei, und einmal sang er in Kostümen „The Lost Child" und erhielt dafür viel Beifall. Ich traf ihn Jahre später auf freundschaftlicherem Fuß, und ich hoffe, er behält eine ebenso freundliche Erinnerung an mich wie ich an ihn.

Bald nachdem wir unser Quartier an Bord bezogen hatten, bekamen wir unsere erste Lektion in „ Blackwall- Manier". Davies und ich waren auf einer Bühne an der Bordwand und malten eifrig, als einer der Jacks seinen Kopf herüberstreckte: „Hier, Jungs, ihr macht zu viel Arbeit, das ist nicht Blackwall-Manier", und ich muss gestehen, dass wir die Vorschrift sofort befolgt haben.

Dieses Schiff mit einer Gesamtmasse von 1042 Tonnen hatte einen Kapitän, vier Maaten, Fähnriche und Lehrlinge, 24 Matrosen sowie einen Bootsmann und zwei Maaten an Bord. Es war eine gute Mannschaft, die das Schiff gut führen konnte. Damals war man der Meinung, dass man vier ABs brauchte, um ein Bramsegel zu verstauen, aber ich erinnere mich, dass Davies einmal allein am Vordeck zurechtkam, wo er als Fockmann stationiert war. Ich war Großtopmann und hatte, da ich unter dem unmittelbaren Auge des wachhabenden Offiziers stand, nicht die gleiche Handlungsfreiheit wie sie vorn, und doch scheine ich mich an eine Verbindung zwischen dem Spiel Euchre und dem Großtop an schönen Nachmittagen zu erinnern.

In der ersten Nacht auf der Heimreise mussten wir gleich drei Marssegel reffen. Das ging gut und schnell, und wie sich Nachrichten so merkwürdig verbreiten, erfuhren wir, dass der alte Mann sehr zufrieden mit der Vorgehensweise war und sagte, er habe noch nie eine bessere Mannschaft gehabt. Und hier möchte ich als Mitglied dieser Mannschaft Kapitän J. S. Attwood, der das Kommando hatte, meinen Respekt zollen.

Die besagte Mannschaft war eine, mit der ich, zum Glück, als Kapitän nie zu tun hatte. Fast ausnahmslos waren es Männer mit Befähigungszeugnissen des Handelsministeriums, die Ausreißer oder etwas in der Art gewesen waren. Ich hatte einen Mann in Adelaide als Kommandant eines Segelschiffs gesehen, der *Jessie Heyns* . Er arbeitete auf seine Überfahrt hin, um in London ein Schiff zu kaufen. Das tat er und wollte mich danach als zweiten Maat mitnehmen. So gute Seeleute sie auch waren, wussten die Männer zu viel, um lenkbar zu sein. Ihr

Feind war der dritte Maat. Es gibt verschiedene Möglichkeiten, Offiziere zu ärgern. Eine Strafe, die eine Mannschaft verhängen kann, besteht darin, beim nächtlichen Ziehen der Seile nicht laut zu singen. Am Tonfall der Männer kann man normalerweise im Dunkeln erkennen, was sie tun, aber die Segel zu reffen, wenn die Männer schweigsam sind, war eine Tortur, die mir als Offizier zum Glück erspart blieb. Auf dieser Reise habe ich jedoch viel gelernt. Zum einen pflegte ich die Kunst des Tabakkauens, um meinen Leuten daheim unleugbar nachweisen zu können, dass ich ein AB war und daher mit gutem Gewissen braun spucken konnte.

Es ist merkwürdig, wie einem bei vergangenen Ereignissen belanglose Vorfälle wieder ins Gedächtnis gerufen werden. Eines Nachts hatte der dritte Maat schon mehr Ärger gemacht, als wir es für angemessen hielten, als er dem Ganzen den letzten Schliff gab, indem er den Befehl gab, ein tieferes Leesegel zu setzen. Die Nacht war stockfinster und wir waren so ungeschickt und langsam, wie wir es nur konnten. Der Kapitän war an Deck und befahl dem Dritten, nach vorn zu gehen und nachzusehen, was die Verzögerung verursachte. Er tat dies sofort und bekam von unbekannter Hand einen Knäuel Garn an den Kopf geworfen. Er zog sich nach achtern zurück und berichtete es dem Kapitän. Nun war Kapitän Attwood ein Mann, der nichts und niemanden fürchtete, und er kam sofort, um zu fragen, wer „seinem dritten Maat einen Knäuel Garn an den Kopf geworfen" habe. Die Laune der Männer war so ausgeglichen, dass die Wetten darüber, was er wahrscheinlich selbst bekommen würde, sehr ausgeglichen waren. aber nach einigen mehr oder weniger grellen Gesprächen löste Davies das Problem, indem er sagte: „Sehen Sie mal, Kapitän Attwood, wenn Sie wollen, dass die Arbeit erledigt wird, können wir das tun, aber wir lassen uns von Ihrem dritten Maat nicht verarschen ; jetzt zeigen wir Ihnen, wie man ein Betäubungssegel setzt." Und das taten wir. Aber wie ich schon sagte, bin ich froh, dass ich es nie mit so einem Haufen zu tun hatte. Dieser kleine Vorfall wird dazu dienen, die Stimmung der Mannschaften auf den südlichen Meeren in den 60er Jahren zu erklären.

Wir umrundeten Kap Hoorn ohne nennenswerte Zwischenfälle. Es war Winter, und außer den Kleidern, die ich am Leib trug, hatte ich herzlich wenig. An Bord gab es jedoch eine Art Ausverkauf, und ich weiß, dass ich eine warme Jacke bekam. Wir fuhren in weniger als sechzehn Tagen vom Kap Hoorn bis zur Ziellinie – eine gute Überfahrt – und lagen vor den westlichen Inseln einige Tage in einer Flaute mit einer Reihe anderer Schiffe, hauptsächlich Teeschiffe und Schiffe von gutem Ruf. Aber als der Wind dann einmal von Westen kam, was er tat, war es eine herrliche Heimfahrt! Die *Essex* war nicht schwer beladen, sie hatte feine Linien, und es brauchte etwas, um sie zu überholen. In diesem Fall war sie, glaube ich, das zweite Schiff, das anlegte; das Siegerschiff des Rennens war ein Schiff namens *Florence Henderson* .

von Blackwall und meine Mutter kommt, um mich abzuholen! Ich kann ihren entsetzten Gesichtsausdruck sehen, als ich von einer der Luken des Hauptdecks an Land sprang , barfuß, in Hemd und Hose, mit einem Pfund Tabak in der Wange, das sogar für den flüchtigen Beobachter offensichtlich sein sollte!

Es ist schon bemerkenswert, wie sich die Ansichten über die Konventionen mit der Umgebung ändern.

KAPITEL III

„Ich bin den ganzen Weg nach Kalkutta gefahren und habe nichts gesehen außer einer Banane . Wie dem auch sei , sie war sehr gut, also gehe ich zurück und hole mir noch eine." – *Alte Seemannsgeschichte.*

Noch einmal zurück zum Haus von Trapp & Sons in den Minories , wo ich Captain Hole gegenübertreten und „meine Seltsamkeit ausleben" musste.

Um mein Patent zu erhalten, musste ich während meiner Zeit auf See unbedingt vier Jahre gute Führung vorweisen können, und das konnte ich nur erreichen, indem ich meinen Lehrvertrag kündigte oder den Rest meiner Dienstzeit ableistete. Kapitän Hole hatte sich inzwischen von der See zurückgezogen, nachdem er den verstorbenen Maat, Mr. Coleman, zum Kommando der *Alwynton ernannt hatte* , und war außerdem sehr darauf erpicht, sich ein wenig zu rächen. Daher lehnte er es rundheraus ab, meinen Lehrvertrag zu kündigen, und beendete die Diskussion mit den Worten: „Ich weiß, dass Sie große Schiffe mögen; Sie sind gerade rechtzeitig auf einem nach Hause gekommen, um auf einem kleinen wieder auszulaufen. Die *Lord Nelson ist in Swansea, und Sie werden sofort an Bord gehen. Wenn Sie auf der Alwynton* geblieben wären, wären Sie auf dieser Reise als zweiter Maat gegangen. Und das, weil Sie zu mir ‚ich will nicht' gesagt haben."

Nun, daran ließ sich nichts ändern, aber in Mr. Trapps privater Bemerkung lag ein Hauch von „Ich hab's ja gesagt": „Wenn Sie mir Ihre Prämie gezahlt hätten, hätte ich alles ändern können." Auch das hatte etwas Menschliches, aber Kapitän Hole behielt, was er bekam, da er Miteigentümer war, und ich fuhr nach Swansea, um als zweiter Maat auf meinem neuen Schiff anzuheuern.

Eine kleine Bark mit 247 Tonnen, die von White of Cowes für einen Walfänger gebaut wurde. Sie hatte viele Reisen um Kap Hoorn unternommen und war gerade mit einer Ladung Kupfererz nach Hause gekommen. Sie war nicht in gutem Zustand und sollte umgerüstet und mit neuer Drahttakelage ausgestattet werden. Ich bin mir nicht sicher, ob das nicht ein Glücksfall für mich war, denn da die Operation einige Monate dauerte, bot sie mir die Gelegenheit, einige Tricks des Handwerks zu lernen.

Es gab einen Kapitän, der mit seiner Tochter an Bord lebte; sein Name war Boisse , und er war sehr nett zu mir, denn ich lebte in der Koje des Maat und war in der Kajüte. Gleichzeitig hatte ich das Glück, die Familie eines Kapitäns Outerbridge kennenzulernen , des Kapitäns eines Kupfererzschiffs, der *Glamorganshire* . Sie behandelten mich wie einen von ihnen, und Tom Outerbridge und ich waren unzertrennlich. Wir hatten beide eine große Vorliebe für das Theater, dem wir uns bis zum Äußersten unserer Geldbeutel hingaben. Wybert Reeve war damals der Manager des Swansea Theaters; ich traf ihn mehr als zwanzig Jahre später in Neuseeland wieder und wir unterhielten uns über die Schauspieler und Schauspielerinnen von früher und erinnerten uns daran, aber die Bewunderung für Kate Saville blieb sogar damals noch bestehen.

Kapitän Hole besuchte Swansea häufig, um sich den Fortschritt der Arbeiten anzusehen, und er war auch Zahlmeister. Nach einiger Zeit ging Boisse in Urlaub, und das überließ mir eine Menge mehr Verantwortung, aber ich lernte, dass man beim Kalfatern aufpassen musste, wenn es im Auftrag ausgeführt wurde, und auch die Geheimnisse, die mit dem Neuverkupfern und Auftakeln eines Schiffes verbunden waren. Es war eine gute, nützliche Arbeit. Soweit ich mich erinnern kann, waren es drei Takler und ich, und ich nehme an, dass ich zu diesem Zeitpunkt dachte, ich könnte die Arbeit eines Mannes verrichten, da meine Fähigkeit dazu auf dem letzten Schiff nicht in Frage gestellt worden war, und außerdem hatte ich gezeigt, dass ich einen Tag lang Weizensäcke tragen konnte, was eine ziemlich harte Prüfung ist.

Ob die jungen Seeleute heute noch den gleichen Eifer für die Einzelheiten ihres Berufs haben wie zu meiner Zeit, kann ich nicht sagen, aber wir Lehrlinge in *Alwynton* waren immer bestrebt, alles über unser Geschäft zu lernen, was wir konnten. Zweifellos waren wir in der Praxis besser als in der Theorie, aber wir hatten bestimmte Lehrbücher, die wir durcharbeiteten, bis wir die verschiedenen Schwierigkeiten, die sich uns stellten, gemeistert hatten. Daher hielt ich mich für fähig, alles in die Luft zu schicken, was nötig sein könnte, und übernahm natürlich die Führung unter den Taklern. Eines Morgens lernte ich etwas mehr.

Wir waren dabei, die Fockrah hochzuziehen, und Alter und Erfahrung sagten uns, dass zwei Doppelblöcke und ein Fallseil die richtige Takelage wären – nein, sagte der Junge, hänge einen

Oberblock ein, zieh das Ende eines kleinen Trosses hindurch, biege es an die Rah, und wir bringen es zur Ankerwinde und ziehen es los.

Wir taten dies und hoben die Rah hoch genug, dann gingen zwei Männer hinauf, um die Schlingen anzulegen. Es war ein kalter Morgen, und Youth, der sich beim Hochziehen an der Trosse festgehalten hatte, stellte fest, dass seine Finger kalt waren, und da er nichts Böses ahnen konnte, da sie sich viele Male um die Winde gewickelt hatte, legte er sie auf das Deck und stellte sich darauf, während er seine Hände wärmte. Dies zeigt, wie eine gute Idee durch das Übersehen eines absurden Details scheitern kann ; als ich meine Füße auf die Trosse setzte, hatte ich sie wohl etwas lockerer gemacht, und das nächste, woran ich mich erinnere, ist, dass ich auf dem Rücken lag, eine Vision von fliegendem Seil, schrecklichem Fluchen in der Höhe und der Fockrah über der Reling. Ich muss lachen, wenn ich mich an die Szene erinnere , aber es hätte viel ernster sein können. Die Lektion wurde jedoch gelernt, dass ein Kauf besser ist als ein einzelnes Seil, selbst wenn genügend Kraft eingesetzt werden kann. In diesem speziellen Fall war kein Schaden entstanden, denn die Hauptstützen richteten sich direkt vor ihren Augen auf – sie hatten die Rah beim Herunterlassen erleichtert. Für die Männer oben war es eine knappe Angelegenheit, aber sie waren gute Kerle und sagten nach dem ersten natürlichen Ausbruch wenig.

Dann kam ein Erfinder aus Whitstable und stattete die Bark mit patentierten Marssegeln seiner eigenen Erfindung aus. Ich vertraue darauf, dass der Himmel ihm inzwischen vergeben hat, gestehe aber freimütig, dass mich nichts jemals dazu bewegen wird, dies zu tun. Ein gutes patentiertes Marssegel, falls es so etwas gibt (was ich bezweifle), kann ein Segen und eine Wohltat sein. Ich kann ein oder zwei Worte zugunsten von Cunninghams Patent sagen, das gar nicht so schlecht ist, aber dieses spezielle Patent, um das es geht, muss vom Geist des Bösen inspiriert worden sein, der in einem Augenblick an seiner Macht über das Schicksal der Seelen der Seeleute zweifelte und sich hinsichtlich der zukünftigen Besatzung der *Lord Nelson doppelt sicher war*. Diese Rahen waren furchtbar zum Arbeiten und hatten mehr Schwachstellen als selbst die irrende menschliche Natur.

Als das Schiff fast seeklar war, nahmen wir den neuen Maat an Bord. Er war ein großer, grobknochiger Schotte namens

McKinnon, ein guter Seemann und kein schlechter Umgang. Seine erste Begegnung mit seinem neuen Schiff schien ihn nicht sehr positiv zu beeindrucken .

Wir luden eine Ladung Kohle, um sie nach Plymouth zu bringen, wo wir für Australien verladen wollten, und mit einer zusammengewürfelten Besatzung von insgesamt zehn Leuten wurden wir aufs Meer geschleppt. Der Kapitän, Boisse , der wieder zu uns gestoßen war, um das Schiff entlang der Küste zu steuern, bemerkte: „Kümmern Sie sich nicht darum, den Kohlenstaub vom Deck zu waschen, das erledigt das Schiff selbst, wenn es draußen ist." Er bewies, dass er sich gut mit dem Schiff auskannte, denn so tief es auch lag, war es, als stünde es bei halber Flut auf einem Felsen.

Zu gegebener Zeit erreichten wir Plymouth, löschten einen großen Teil der Kohle und begannen, große Eisenrohre und Maschinen für Wallaroo zu laden . Es handelte sich um Bergbauausrüstung, aber der Kapitän war mit einer angemessenen Ladung nicht zufrieden und ließ einige der Rohre mit Kohle auffüllen, um mehr Platz zu schaffen. Das Ergebnis war, dass das Schiff übermäßig tief beladen war.

Etwa zu dieser Zeit gab es aus unerklärlichen Gründen einen Kapitänswechsel, und unser neuer war R. K. Jeffery. Er war eine äußerst wichtige Persönlichkeit, die viel Methodistentum an sich hatte. Es gab zwei oder drei Lehrlinge und einen Bob McCarthy, einen Matrosen, der ein Freund der Eigentümer war. Er litt angeblich an Schwindsucht und kam zur See, um geheilt oder getötet zu werden. Er wurde tatsächlich geheilt, und wir waren Freunde während der Reise, da er mit dem Zimmermann und mir im Deckshaus lebte. Das letzte, was ich vor einigen Jahren von ihm hörte, war, dass er das Kommando über einen Dampfer hatte und es ihm gut ging. Die Lehrlinge verschwanden vom Schiff, bevor wir in See stachen.

Das war Anfang des Jahres 1866, und der Winter im Atlantik war schlecht gewesen. Es war kurz nach dem Untergang der *London in der Bucht, und unsere Erwartungen an die Reise waren nicht gerade rosig. Man wird sich erinnern, dass dies geschah, bevor Mr.* Plimsoll seinen berühmten Kreuzzug begann, und tatsächlich war dies ein so schönes Beispiel für Überladung, wie man es sich nur wünschen kann. Soweit ich weiß, gab es damals überhaupt keine Kontrolle über die Menge der Ladung, die ein Kapitän oder Eigner für angemessen hielt, an Bord zu bringen, und ich bin sicher, dass niemand jemals mehr Anspruch auf die Dankbarkeit der Seeleute hatte als Samuel Plimsoll . Seine Vorgehensweise mag grob gewesen sein, aber Tatsache ist, dass sein Buch eine faire und richtige Darstellung der Gepflogenheiten auf See zur Zeit seiner Entstehung war. Als ich das Buch einige Jahre später in die Hände bekam, stellte ich fest, wie sehr meine Erfahrungen mit seinen Bemerkungen übereinstimmten.

Die Frage der Überladung von Schiffen war eine sehr heikle Frage, und „tief wie ein Kohlenschiff" ist ein Sprichwort, das auch heute noch nicht ganz vergessen ist. Das Übel behebt sich inzwischen bis zu einem gewissen Grad von selbst, denn ein tief beladener Dampfer wird immer leichter durch seinen Kohlenverbrauch, aber ich bin überzeugt, dass ich heute zu den Docks gehen und erstklassige Dampfer zeigen könnte, die überladen wären, wenn sie bis zu ihrer Plimsoll- Marke überladen wären, und die, wenn sie bei starkem Wind in See stechen, denjenigen, die für die Navigation verantwortlich sind, erhebliche Sorgen bereiten würden. Dazu kann ich jedoch gleich mehr sagen.

Wir stachen mit so viel Ladung wie möglich in See und hatten kein nennenswertes Glück, denn nachdem wir Ouessant umrundet hatten, drehte der Wind auf Süd-West und begann stark zu wehen . Die Barke arbeitete schwer und begann, eine Menge Wasser zu produzieren. Die Pumpen waren schließlich mit kleiner Kohle verstopft und wir mussten das Wasser mit Eimern ausschöpfen. Dies war nur möglich, weil der Laderaum aufgrund der Art der Ladung nicht voll war und wir einen ziemlich tiefen Weg in die Kohle räumen und so das Wasser unter Wasser halten konnten. Dann wurde die Großmarsrah (Patent) weggerissen, was uns noch mehr Freude bereitete, und schließlich kamen die Männer nach achtern zum Kapitän und verlangten, dass er nach Plymouth oder zum nächsten Hafen zurückkehren solle.

In unserem damaligen Zustand wäre es unmöglich gewesen, die Reise fortzusetzen, aber der alte Mann gab nicht ohne Grund nach. Die Mannschaft war jedoch durch die ständige Arbeit und den Schlafmangel erschöpft, und es blieb uns nichts anderes übrig, als das Ruder zu wechseln und zu hoffen, dass wir vielleicht das Glück hatten, den Hafen zu erreichen. Die Entscheidung, dies zu tun, wirkte wie eine Stärkung für alle, und schließlich kehrten wir zum Plymouth Dock zurück, um zu entladen und neu auszurüsten. Soweit ich mich erinnern kann, war das Schiff zu diesem Zeitpunkt am Bug so weit unten, dass die Klüsen fast auf gleicher Höhe mit dem Wasser waren, und es war ein Glück, dass einer von uns jemals wieder einen Fuß an Land setzte. Es ist jedoch eine der Fügungen der Vorsehung, dass eine einmal entgangene Gefahr keine bleibenden oder bleibenden Vorsichtsmaßnahmen hinterlässt, und vielleicht ist es im Interesse des Abenteuers auch gut so, dass es so ist.

Als die Ladung gelöscht war und wir den Laderaum des Schiffes räumen mussten, stellten wir fest, dass die Zwischenräume zwischen den Schiffsbalken bis hin zu den Zwischendecks fest und dicht mit kleiner Kohle gefüllt waren, die nur sehr mühsam zu bergen war. Tatsächlich musste ein Großteil der inneren Planken des Schiffes entfernt werden, um an sie heranzukommen, aber schließlich war es geschafft, die Ladung wurde neu geladen, die Kohle wurde weggelassen, und wir machten uns erneut auf die Reise.

Auf der Hinfahrt gab es nichts besonders Auffälliges. Das Schiff war zu tief, um gut segeln zu können, und der Kapitän fuhr nach der Umrundung des Kaps nicht weiter nach Süden, als nötig war, um Westwind zu bekommen. Er war jedoch sehr beunruhigt über den unregelmäßigen Kurs, den das Schiff bei günstigem Wind fuhr. Natürlich erklärte der Maat, dass das Schiff während seiner Wache richtig gesteuert wurde, und ich bezweifle das nicht, aber ich wurde in die Kabine gerufen und indirekt darüber informiert, dass während meiner Wache immer Missstände auftraten und dass es außerdem *immer* während der Wache des zweiten Maat war, dass Dinge schiefgingen. Keiner meiner Mentoren schien zu begreifen , dass sie beide selbst in derselben Lage gewesen waren und dass sie daher zu ihrer Zeit unter jener besonderen Erbsünde gelitten haben mussten, über die sie sich jetzt beklagten.

Während meiner gesamten Tätigkeit auf Segelschiffen war diese Vorstellung vom zweiten Maat fest verwurzelt (natürlich galt sie nicht für die Dampfer, auf denen ich später diente), und das war auch nicht weiter verwunderlich. Er war in der Regel der unerfahrenste der Achterwache. Er wurde zwangsläufig häufig unter die Mannschaft geworfen, da er aushelfen und für alle Vorräte, außer Lebensmitteln, verantwortlich sein musste, die von den Männern verbraucht wurden. Und er musste nicht nur über Muskeln verfügen, sondern auch eine starke

Persönlichkeit sein, wenn er den gleichen Respekt und die gleiche Aufmerksamkeit erhalten wollte wie seine Vorgesetzten.

erreichten wir Wallaroo und machten neben dem Pier fest. Es war kein bequemer Liegeplatz, denn der Hafen war plötzlichen starken Winden ausgesetzt, die als „Southerly Busters" bekannt sind. Diese schlugen gegen die Seite des Piers, und deshalb waren die Heckverankerungen Slipseile, die es dem Schiff ermöglichten, loszuwerfen und an den Bugverankerungen mit dem Ende im Wind zu fahren. Der Pier ist inzwischen wahrscheinlich verstärkt worden, aber damals war er eine sehr wackelige Angelegenheit.

Unser Kapitän war ein Mann, der seinen Verstand benutzte, und nach seiner Anweisung hatte der Maat einen schwenkbaren Ladebaum montiert, der unsere Ladung mühelos und sicher entladen konnte. Dann luden wir Ballast und segelten nach Port Victor, wo wir eine Ladung Wolle für Melbourne luden.

Bevor ich Wallaroo verließ , bemühte sich mein alter Schiffskamerad Hill von der *Essex jedoch* sehr, mir die Erlaubnis zu erteilen, auf eine Brigantine zu wechseln, die ihm gehörte und die er in Adelaide befehligte. Wir hatten sie gemeinsam in London inspiziert, und er hatte sie dann gekauft und erklärt, ich solle sein zweiter Maat werden. Er hatte die Rechnung jedoch ohne meinen Kapitän gemacht, der hartnäckig war. Hill fuhr später mit der *Belle* Handelsreisen ins Chinesische Meer, wo er plötzlich starb und eine junge Frau an Bord zurückließ.

Port Victor war damals ein merkwürdiger kleiner Ort. Ursprünglich war es eine Kesselstation. Es war nicht viel mehr als eine offene Reede, aber es lag im Schutz einer Insel, die an der Mündung der Bucht einen gewissen Schutz bot. Wir hatten dort ziemliches Glück und erreichten Melbourne, wo wir unsere Wolle problemlos luden und Ballast aufluden. Im Hafen lagen viele prächtige Schiffe – merkwürdigerweise auch die *White Star* und *die Champion of the Seas* sowie auch ein berühmtes Aberdeen White Star-Linienschiff, *die Star of Peace* . Diese Schiffe waren eine Klasse für sich; sie machten sehr gute Überfahrten, manchmal Rekorde, und wurden erstklassig instand gehalten. Ich erinnere mich lebhaft daran, wie mich eines von ihnen auf dem Kanal überholte – aber das werde ich der Reihe nach erwähnen.

Wir liefen den Hafen von Melbourne an, angeführt von einem der klügsten Lotsen, die ich je gesehen habe. Es tut mir leid, dass ich seinen Namen vergessen habe, aber die Art, wie er das Schiff in den Wind steuerte, war ein wahres Meisterwerk der Führung. Außerdem hatte er eine ziemlich scharfe Zunge und einen Wortschatz, der praktisch unerschöpflich war, wenn beim Wenden des Schiffs auch nur das Geringste schiefging. Wir hörten eine ganze Menge davon, aber wir legten einen guten Weg nach Point de Galle zurück, und auf der Überfahrt passierte nichts Bedeutendes.

Es ist mir nicht gegeben, den ersten Geruch des Ostens angemessen zu beschreiben. Es ist Jahre her, seit ich ihn das letzte Mal erlebt habe, und die Frage drängt sich auf, ob Dampf und Moderne ernsthafte Einschnitte in die Charakteristika des Gartens der Welt gemacht haben können. Es hat jedoch keinen Sinn, darüber zu spekulieren. Hier lagen wir vor Point de Galle vor Anker, der Geruch des Landwindes, der nach Gewürzen roch, vermittelte fast ein Gefühl der Berauschung, die einheimischen Katamarane schossen mit erstaunlicher Geschwindigkeit umher, und was für uns von noch größerem Interesse war, jedes Boot hatte einen Haufen großer, gelber, saftiger Bananen, die wir sofort kennenlernten. Auch das ist eine neue Erfahrung, der erste Geschmack einer ostindischen Banane ist nichts, was man so schnell vergisst. Niemand soll glauben, dass die zwangsverpackten und importierten Dinge, die wir heute in London bekommen, mit den Früchten in ihrem ursprünglichen Zustand verglichen werden können; man kann genauso gut Kreide mit Käse vergleichen!

Wir lagen hier einige Tage vor Anker und ich erinnere mich noch gut daran, den größten Hai gesehen zu haben, den ich je gesehen habe. Er war blau mit schwarzen Flecken und einem quadratischen Kopf und wahrscheinlich zwischen fünf und sechs Metern lang. Im klaren, ruhigen blauen Wasser sah er wie ein riesiges Tier aus.

Schließlich kam der Kapitän los und wir machten uns auf den Weg nach Colombo, wo wir Kaffee für New York oder den Kontinent laden sollten, wobei wir Bahia um Bestellungen baten. Das waren in der Tat gute Neuigkeiten, und die Arbeit auf dem Schiff ging mit einem Knacken und Schwung vonstatten, so dass es ein Kinderspiel war, bis die Neuheit der Heimreise ein wenig nachließ.

Es war üblich, bei der Abfahrt eines Schiffes eine Bootsbesatzung von allen anderen Schiffen im Hafen an Bord zu schicken , um das Schiff aus dem Ankerplatz zu befreien. Normalerweise übernahm der Kapitän diese Aufgabe, und es war eine freundliche und nützliche Hilfe, die zu einer guten Kameradschaft beitrug. Manchmal entwickelte sich eine wunderbare Klugheit, da keine richtigen Stationen im Voraus vereinbart worden waren, aber dabei zu helfen, ein Schiff auf den Heimweg zu bringen, war immer eine angenehme Erfahrung.

Man sollte wissen, dass der eine großartige Tag auf einer langen Reise der ist, an dem man Geld bekommt und für 24 Stunden Urlaub hat. Er wurde mit größter Spannung erwartet und war noch lange danach Gesprächsthema. Dieser Urlaub war keine Ausnahme von der Regel, und da ich Colombo seitdem nicht mehr besucht habe, werde ich es immer wegen seiner unglaublichen Schönheit in Erinnerung behalten. Es gibt nur einen Ort, mit dem ich es in Sachen Schönheit vergleichen kann, und das ist Rio. Die üppige Vegetation ließ es für Männer, die monatelang in einem kleinen Boot eingesperrt waren, wie eine Art Paradies erscheinen. Ich nehme an, wir haben uns ziemlich genau so amüsiert, wie es Seeleute an Land normalerweise tun. Wir charterten ein Transportmittel und fuhren aufs Land hinaus, wir badeten in einem Süßwassersee und vergnügten uns im Allgemeinen wie ein Haufen übergroßer Schuljungen, aber als wir in die Stadt zurückkehrten, lernten wir auf die eine oder andere Weise einige Musiker des 25. Regiments kennen und fanden sie sehr nette Kerle. Sie taten ihr Bestes, um die Ehre des Ortes zu erweisen, und das gelang ihnen zu unserer großen Zufriedenheit. Ein Abendessen in einem Freiluftkorridor neben einem großen Hotel vervollständigte meine Begeisterung, und ich wollte dort bleiben und mich den „Borderers“ anschließen. Mein besonderer Freund (inzwischen), ein Musiker namens Hibbert , schlug mir, um diesem Wunsch nachzukommen, vor, ihn nach der Offiziersmesse zu treffen, wenn er Zeit hätte und mir die Möglichkeit dazu geben würde. Ich saß vor der Offiziersmesse auf der anderen Straßenseite und beneidete sie. Schließlich wurde ich zu einem Sergeant Sinclair gebracht, der mich in sein Quartier einlud und mir für die Nacht Unterkunft gab. Ich möchte diese Aktion als typisch für die Freundlichkeit bezeichnen, die Soldaten jungen Leuten gegenüber zeigen, wenn sie ein wenig orientierungslos sind. Bevor ich mich in einem blitzsauberen Bett niederließ, das wirklich eine Abwechslung zu meinem üblichen Quartier war, erfuhr er, dass er im 92. unter einem Cousin von mir gedient hatte, für den er den größten Respekt und die größte Hochachtung empfand. Am nächsten Morgen sagte er zu mir: „Wenn ich Sie anwerbe, bekomme ich eine bestimmte Prämie (ich habe vergessen, wie viel), aber um Ihrer selbst willen sollten Sie besser zu Ihrem Schiff zurückkehren. Sie würden höchstwahrscheinlich eine Offiziersstelle bekommen, aber gehen Sie nach Hause und treffen Sie Ihre Freunde, bevor Sie Ihre Lebenseinstellung ändern." Ob das ein guter Rat war oder nicht, kann ich nicht sagen. Jedenfalls habe ich ihn befolgt und behalte eine dankbare Erinnerung an die Freundlichkeit des Sergeanten.

Also ging es noch einmal zurück zur Mühle und damit zu Ende mit all den schönen Dingen, die so verlockend in Aussicht gestellt worden waren. Zurück zum Alltagstrott, dem elenden Essen und den Unannehmlichkeiten schlechter Quartiere bei heißem Wetter ohne Aussicht auf weiteren Landurlaub.

Unsere Ladung wurde von einer Gruppe Eingeborener verstaut, die an Bord am Vorderende des Schiffes lebten. Wir brachten die Säcke hinein, sie verstauten sie, darunter eine besonders schöne Ladung Kaffee, die in der Tat eine seltene Sendung war. Beim Verstauen wurde mit aller möglichen Sorgfalt vorgegangen, und es wurde keine Vorsichtsmaßnahme versäumt, um den sicheren Transport zum Bestimmungsort zu gewährleisten.

Unser Vorrat an Schiffsbrot oder Zwieback war inzwischen aufgebraucht. Es war von der harten, braunen Sorte, die man nur schwer knacken konnte, und wir waren ziemlich froh, einen Vorrat an einheimischen gebackenen Zwiebacken zu bekommen, die, als wir sie zum ersten Mal probierten, eine große Verbesserung gegenüber dem vorherigen Vorrat darstellten. Aber noch bevor wir einen Monat auf See waren, wimmelte es nur so von schwarzen Rüsselkäfern, kleinen Insekten, die Ameisen ähnelten.

Der Tag der Abfahrt kam und mit ihm die übliche Menge an Booten der verschiedenen Schiffe, um uns aus dem Hafen zu helfen. Bei diesen Gelegenheiten war es üblich, den Besuchern ein Glas Grog anzubieten, aber ich kann mich nicht erinnern, dass die Besatzung der *Lord Nelson* jemals davon getrunken hätte, denn es wurde niemand an Bord gebracht. Die Befürworter der sogenannten Mäßigkeit können sagen, was sie wollen, aber die vernünftige Verabreichung von Grog an Bord von Schiffen (insbesondere von Segelschiffen) wird immer meine Unterstützung haben. In einer nassen, ermüdenden Welt der Arbeit hilft es oft, einer sehr tristen Aussicht ein fröhlicheres Gesicht zu verleihen.

Der Beginn der Heimreise ist immer ein Anlass, bei dem gute Laune (tierische, nicht spirituelle) herrscht. Die Rahen wurden zu den Klängen künstlerischer Lieder gehisst, denn wo viele Segelschiffe zusammenkamen, war jede Schiffsbesatzung stolz darauf, ein bestimmtes Lied besser zu singen als alle anderen. Dies war besonderen Anlässen vorbehalten. Die letzten Zügel wurden ausgeführt, Hände mit fröhlichen guten Wünschen geschüttelt, die Fremden ließen sich über Bord in ihre Boote fallen und wir machten uns unter den günstigsten Vorzeichen auf den Weg zu einer Reise, auf die wir uns alle freuten.

Da ich jetzt über Ereignisse schreibe, die sich vor 45 Jahren zugetragen haben, und da ich keine Notizen habe, die ich zu Rate ziehen könnte, kann ich nicht behaupten, mich an mehr als einen angemessenen Anteil an Einzelheiten zu erinnern, aber diese Tatsache ist kein Vorwand, um meine Fantasie anzuregen. Wir überquerten die Grenze und erreichten den Breitengrad von Mauritius, ohne dass nennenswerte Ereignisse passierten, aber wir waren uns bewusst, dass es länger dauerte, das Schiff leerzupumpen, als früher. Vielleicht nichts Nennenswertes, aber da wir eine wertvolle Ladung hatten, waren wir natürlich darauf bedacht, jede unnötige Gefahr von Schäden auszuschließen.

Eines Abends hatten wir einen schönen Seitenwind auf der Backbordseite und der alte Mann war ziemlich darauf aus, das Beste daraus zu machen. Als er immer mehr Segeltuch aufzog, lag das Schiff ziemlich auf der Seite. Es war meine erste Wache und ich verbrachte sie größtenteils an der Pumpe, aber als der Maat mich um Mitternacht ablöste, konnte ich berichten, dass das Schiff „ausgesaugt" war, was so viel bedeutete wie, dass es leergepumpt war. Unten mag es sicher trocken gewesen sein, aber da seine Steuerbordreling öfter unter Wasser war, war es an Deck ganz sicher mehr als nur ein bisschen feucht. Ich hatte die Bramsegel für meine Wache aufgehängt und der Maat machte sich jetzt daran, diese einzuholen. Das war wohl der Anfang des Ärgers, denn wir alle, vom Kapitän abwärts, hätten wissen müssen, dass ein kleines altes Schiff es nicht aushält, unfair gesteuert zu werden. Aber es hatte den Ruf, stark und solide zu sein, und da es von White of Cowes gebaut worden war , kam man zu dem Schluss, dass es gelegentlich eine Geschwindigkeitsänderung gab, die aus ihm herausgetrieben werden konnte.

Die Steuerbordwache ging jetzt unter Deck. Das Großsegel wurde verstaut, und wir wussten, dass der Maat die Marssegel handhaben konnte, falls es nötig werden sollte, sie zu reffen. Dies geschah tatsächlich sehr schnell, wie wir an den verschiedenen Geräuschen erkennen konnten. Wir konnten auch erkennen, dass sie ins Schlingern geriet und dass eine große Menge Wasser an Deck gelassen wurde. Bevor unsere Wache unter Deck zu Ende ging, wurden alle Mann gerufen, um das Focksegel einzuholen.

Es wehte ziemlich stark, es herrschte ein ziemlicher Wellengang und das Schiff bewegte sich sehr stumpf und schwerfällig, was nicht ganz richtig zu sein schien, aber wir holten das Focksegel ein und gingen hoch, um es zu verstauen. Ich hatte inzwischen gelernt, dass es gut ist, bei solchen Dingen auf die richtige Funktion zu achten, und da die Dichtungen auf der Leeseite nicht ausreichten, schickte ich einen Mann hinunter, um die Lee-Leach-Leine loszulassen, damit ich sie als zusätzliche Dichtung verwenden konnte.

Während ich damit beschäftigt war, brach der Tag an und ich sah, wie der Maat mit der Peilleine etwas an den Pumpen machte und mir Zeichen gab, herunterzukommen. Gleichzeitig fiel mir auf, dass das Schiff sehr träge in Richtung Meer stieg. Selbst dann kam mir die Wahrheit nicht in den Sinn, aber als ich an Deck kam, schrie mir der Maat ins Ohr: „Es ist sieben Fuß tief Wasser."

Es gibt Zeiten, in denen alle Menschen gleich denken, nicht oft, das gebe ich zu, aber dies war einer jener seltenen Fälle, in denen niemand vorschlug, den Punkt zu diskutieren, und man nach achtern eilte, um die Großsegel zu holen. Der Kapitän war inzwischen an Deck und schien ebenfalls zuzustimmen, denn er war nicht extra gerufen worden und hatte nichts von dem Ungewöhnlichen mitbekommen. Es gab noch ein weiteres seltsames Ereignis: Am Steuer saß ein Schwarzer – zumindest war er ein schwarzer Nigger, als er dort ankam –, aber als er das Steuer hochlegte, war sein Gesicht zu einer unscheinbaren Farbe erblass geworden , die ganz sicher nicht schwarz war. Ich habe noch nie einen ähnlichen Fall erlebt.

Großrah ausrichteten und das Schiff vor der See war, galt es als nächstes, die Pumpen in Gang zu bringen, und das taten wir mit aller Kraft, wobei wir feststellten, dass die meisten Stützen an der Steuerbordseite gesprungen waren und das Wasser schnell in den Laderaum strömte. Ich fürchte, unser flottes Boot war nicht gut genug ausgerüstet, um mit einem Notfall fertig zu werden; es gab eine hölzerne Pumpenbremse, um eine Pumpe zu bedienen, aber die Doppelbremse, um beide zu bedienen, wurde seit einiger Zeit oben als Spreizer für die Ausleger am Hauptstümpfen verwendet. Ich huschte jedoch bald nach oben und holte sie herunter, und dann machten wir uns ernsthaft an die Arbeit, um zu sehen, was das Schicksal für uns bereithielt.

Wir fuhren unter gerefften Marssegeln, und die See war nicht mehr so stark, jetzt, da wir davor fuhren, aber unser Kielwasser im dunklen Blau des Ozeans hatte jetzt ein kränkliches Olivgrün. Ich bezweifle, dass jemals zuvor oder danach eine so große Menge Kaffee gekocht wurde. Das Wasser kam grün und riechend aus den Pumpen, und es bedurfte keiner großen Voraussicht, um vorherzusagen, dass der größte Teil der Ladung hoffnungslos verdorben war.

Wie lange es dauerte, das Schiff vom Wasser zu befreien, weiß ich nicht mehr. Glücklicherweise wurde das Wetter schön und wir konnten unseren Kurs wieder aufnehmen. Tatsache war jedoch, dass während dieser ereignisreichen mittleren Wache ein großer Teil der Steuerbord-Schanzkleider weggeschwemmt worden war. Bei der ersten Gelegenheit klatschten und nagelten so viele Männer wie möglich einen Nagel ein und fanden einen Hammer, um das zu tun, ein paar Bretter an die Reling, um eine provisorische Lösung zu finden. Der Zimmermann tat sein Bestes, um die Öffnungen in der Plane abzudichten, durch die das Wasser nach unten gelangt war. Aber oh, was für ein Durcheinander das alles war!

Sobald Zeit war, über irgendetwas zu reden, kam natürlich die Diskussion auf, wer für all das verantwortlich war, und ebenso sicher war, dass wenn möglich der zweite Maat die Schuld trug. Ich habe nichts gegen den altehrwürdigen Brauch, „diesen zweiten Maat" zu verfluchen, der seit der Zeit der Arche für alles verantwortlich gemacht wurde, was schief gelaufen ist, aber bei dieser besonderen Gelegenheit nahm ich die Schuld nicht auf mich. Es begann so: Der Kapitän sagte : „William, es besteht kein Zweifel, dass das alles Ihre Schuld ist, Sie können das Schiff während Ihrer Wache unmöglich richtig leergepumpt haben." Meine Antwort darauf war, dass ich die Steuerbord-Schanzkleider intakt gelassen hatte, als ich unter Deck ging, dass sie während der Mittelwache weggespült worden waren, und dass, wenn der Maat nicht erklären könne, wie das Schiff halb voll Wasser geworden sei, ich es auch nicht könne, besonders da er es vier Stunden lang für sich allein gehabt habe. Diese Argumentation schien schlüssig, denn hinterher wurde kein Versuch unternommen, mir die Schuld zu geben.

Als wir uns dem Kap näherten, stand uns noch mehr Vergnügen bevor, denn alle Kekse an Bord hatten eine so große Kapazität entwickelt, Rüsselkäfer zu produzieren, dass man nur noch darüber spekulieren konnte, wer die Kekse letztendlich essen würde, die Rüsselkäfer oder wir selbst? Normalerweise versuchten wir, die Rüsselkäfer herauszupressen, bevor wir die Kekse aßen, aber das gelang uns nicht immer, und wir erfuhren, dass sie sehr unangenehme Schiffskameraden waren.

Der Agulhasstrom ist eine große Hilfe für heimkehrende Schiffe! Bei dieser Gelegenheit lagen wir unter einem gedrechselten Großmarssegel beiliegend und die ganze Zeit dreißig bis vierzig Meilen pro Tag gegen den Wind, genau auf unserem Kurs. Ich erinnere mich noch genau, wie ich eines Sonntags auf dem Hinweg von einem der Natal-Handelsschiffe namens *Alphington überholt* wurde. Sie hatte jede Spur von Segeltuch bei herrlichem Gegenwind und wir lagen unter dem kürzestmöglichen Segeltuch beiliegend. Als sie jedoch an Backbord ankam, meldete sie uns, dass wir Schaden genommen hätten. Zu gegebener Zeit umrundeten wir das Kap und segelten in den Südostpassat, Richtung Bahia.

Auf den meisten Seeschiffen, auf denen eine ordentliche Schiffsbesatzung unterwegs ist, erklingen im normalen Ablauf zwei Rufe oder Rufe vom Achter- oder Achterdeck, einer lautet „Holt den Log", der andere „Trimmt das Kompasslicht". Auf diesem Schiff musste ich mich jedoch während meiner Wache selbst um die letztere Aufgabe kümmern, und wenn das Licht Aufmerksamkeit erforderte, brachte ich es in die Niedergangstreppe der Kabine und stach den Docht nach Bedarf an. Eines Nachts, kurz nachdem ich das Kap umrundet hatte, tat ich dies, als trotz allem, was ich tun konnte, das Licht ausging. Ich fand das komisch und holte ein paar Streichhölzer, aber als ich sie anzündete, gingen auch sie aus. Dann nahm ich die Lampe und die Streichhölzer mit ins Deckshaus, wo ich schlief, und hatte keine Schwierigkeiten, sie anzuzünden. Es verwirrte mich sehr, warum weder Lampe noch Streichholz unten brannten, als mir plötzlich der Gedanke kam – wo ein Licht nicht brennt, kann ein Mensch nicht leben, also ging ich nach unten und weckte mit Mühe den Maat und dann den Kapitän. Sie brauchten beide eine ganze Weile, bis ich sie an Deck bringen konnte, und dann kamen wir zu dem Schluss, dass das Gas, das durch den verrottenden Kaffee im Laderaum entstanden war, in die Kabine gelangt war. Wäre es nicht rechtzeitig entdeckt worden, wäre es höchstwahrscheinlich tödlich gewesen. Der Kapitän schlief zwischen New York und dem Schiff in einer Hängematte an Deck, und der Maat achtete sehr darauf, dass das Oberlicht offen blieb und ein Windsegel in seine Koje lief.

Der Hunger machte sich inzwischen bei uns allen bemerkbar – sogar bei den Ratten – und ich bin wiederholt aufgewacht, als ich bei warmem Wetter barfuß schlief, und habe eine Ratte gestört, die gerade eine kleine Mahlzeit zu sich nahm, indem sie an der harten Haut meiner Fußsohlen knabberte. Es dauerte eine Weile, bis ich herausfand, wie es kam, dass meine Füße manchmal so empfindlich wurden. Der Mangel an Brot auf See ist eine Katastrophe, die schwer zu verkraften ist.

An dieser Stelle interessierte mich vor allem der Abend, an dem ich zum Kapitän ging, um ihm mitzuteilen, dass ich „nicht mehr meine Zeit" hatte. Dann entdeckte ich mit Sicherheit, was ich schon lange vermutet hatte, nämlich dass der alte Mann ein Methodist mit Neigungen zur Kanzel sein musste, denn die Predigt, die er mir hielt, war lang und langweilig genug, um in „vierzehntens und letztens" zu münden. Er schloss mit dem Rat, ich solle die Nacht, in der ich „nicht mehr meine Zeit" hatte, nicht vergessen, und ich habe diese Anweisung gewissenhaft befolgt.

Wir riefen Bahia an und erhielten den Befehl, nach New York zu fahren, um unsere Ladung zu löschen. Wir kamen dort ohne weitere Abenteuer an, und da die Mannschaft Anspruch auf eine Bezahlung im Löschhafen hatte, verließen alle Matrosen das Schiff, nur der Maat und der Koch blieben zurück.

Was für ein Anblick bot sich im Laderaum, als die Luken entfernt wurden! Nicht ein einziger Sack Kaffee war noch intakt. Der größte Teil wurde mit Schaufeln ausgegraben, und insgesamt war es einer der bedauerlichsten Verluste, die ich auf See erlebt habe.

In New York herrschte damals eine gesetzlose Atmosphäre, und auf dem Fluss hörte man in der Dunkelheit ziemlich häufig Revolverschüsse, denn Diebe waren mutig auf der Jagd nach Beute, und ein Nachtwächter, der seine Pflicht an Bord eines Schiffes erfüllte (was bei uns der Fall war), musste ein sehr entschlossener und mutiger Mann sein, um sich zu behaupten. Wir wurden jedoch nicht belästigt, und nachdem unsere Ladung gelöscht war, begannen wir damit, Harz und Holz für die Heimfahrt nach London zu laden.

Ich möchte hier aus Interesse erwähnen, dass wir während unseres Besuchs in New York das berühmte Segelschiff *Great Republic gesehen haben* . Es lag damals auf Eis, aber ich erinnere mich gut, dass seine Decks vorübergehend mit losen Planken bedeckt waren, um sie vor dem Wetter zu schützen. Es war ein riesiges Schiff und hatte eine Besatzung von 100 Mann. Es muss sich damals dem Ende seiner Laufbahn nähert haben, denn es wurde Anfang der fünfziger Jahre gebaut und eine Lebensdauer von fünfzehn Jahren ist für ein Weichholzschiff eine lange.

Zu dieser Zeit hatte die Dampfmaschine die Passagiersegelschiffe noch nicht vollständig aus dem Atlantik verdrängt. Ob ich die berühmte *Dreadnought je gesehen habe* , kann ich mich nicht mehr genau erinnern, aber sie war damals in ihrer Blütezeit und hatte in zehn oder zwölf Tagen mehr als einmal übergesetzt. Das Leben auf dem Atlantik war im Allgemeinen sehr hart, und ob mit Dampf oder Segel, die Segel wurden bis zum Äußersten beansprucht. Es gab eine Klasse von Maaten, die erstklassige Seeleute und darüber hinaus auch Kämpfer waren. Die Mannschaft war ebenfalls ein sehr hartgesottener Haufen, aber ein einmal in diesem Geschäft erworbener Ruf ließ sich nicht so leicht vergessen, und wenn ein Mann auf einem westlichen Hochseepaketschiff reiste, war er sich im Allgemeinen ziemlich genau darüber im Klaren , welche Behandlung er an Bord wahrscheinlich erfahren würde. Dieses spezielle Geschäft hatte seine Bräuche und seine Gesetze, obwohl ungeschrieben, waren nichtsdestotrotz bindend. Es hatte auch seinen eigenen groben Ehrenkodex .

Ich werde später auf einige der Methoden eingehen, die in die Praxis umgesetzt wurden, um genau festzustellen, wie weit sich eine Mannschaft Freiheiten nehmen durfte, aber ich möchte in diesem Kapitel wieder zum Kern der Sache kommen.

Wir füllten die nötige Anzahl „Paketratten", wie sie genannt wurden, für die Heimfahrt auf, und ich sah diese Männer voller Neugier an Bord kommen. Sie sahen merkwürdig aus, waren aber große, feine Kerle, nicht übermäßig mit Kleidung beladen und mit Gesichtern, die deutlich die Spuren vieler Raufereien trugen. Aber hier kam der raue Ehrenkodex ins Spiel . Diese Männer befanden sich auf einem kleinen, ruhigen, friedlichen Schiff, und sie hielten es daher nicht für mit ihren Vorstellungen vereinbar, Ärger zu machen, wo sie alles hätten machen können, was sie wollten. Sie benahmen sich so anständig wie alle Männer, mit denen ich je Schiffskameraden gewesen bin.

Wir hatten auch einige neue Reisevorräte an Bord und konnten die Kekse essen, die nur mit der Erinnerung an die Rüsselkäfer der letzten Reise gewürzt waren. Doch schlechtes Essen wird sich schließlich auch auf die beste Verfassung auswirken und es dauerte eine ganze Weile, bis ich alle negativen Auswirkungen abgeschüttelt hatte. Tatsächlich hatte ich bei der Landung in London ein Loch in meinem Bein, in das man ein kleines Ei hätte stecken können.

Das Schicksal war uns wohlgesonnen und wir kamen gut über die Insel. Mit dem ersten Geruch des Kanals verschwand auch die Erinnerung an alle Probleme, und schließlich legte das Schiff an und ich ging von der *Lord Nelson an Land* , „aus meiner Zeit" und als freier Mann.

Dies war jedoch, wie mir völlig klar war , nur der Anfang. Meine guten Freunde pflegten und ernährten mich, bis ich wieder einigermaßen gesund war, und dann kam die Tortur, mein Zweiter-Maat-Zertifikat zu bekommen. In diesem Zusammenhang möchte ich einem guten und klugen Mann, dem verstorbenen John Newton, dem Leiter der Navigationsschule in der Wells Street, meine Ehre erweisen. Er war unermüdlich und unablässig in seinen Bemühungen , Informationen zu vermitteln, und seine Geduld mit Schülern aller Art ist etwas, an das wir uns dankbar erinnern werden.

Ich hatte mich natürlich auf See nach besten Kräften auf die erwartete Tortur vorbereitet, und vielleicht war es dieses

Wissen, das mich dazu brachte, den gebotenen Vorteilen weniger Aufmerksamkeit zu schenken, als ich es hätte tun können. Ich nehme an, es war ein Wiederaufflammen des Geistes, das mir in der Schule drei Prügel pro Tag einbrachte, aber Newtons Geduld war dieser Prüfung gewachsen und seine Freundlichkeit war unerschöpflich, obwohl ich im Allgemeinen der Anführer war, wenn es darum ging, die Arbeit des Tages zu vertagen.

Doch nun kam ein weiterer Faktor ins Spiel, und das war das Handelsministerium. Für alle jungen Leser, deren Augen auf diese Zeilen fallen , möchte ich hier sagen, dass die Erwartung eines Übels weitaus schlimmer ist als die Realität, doch gleichzeitig möchte ich die Tortur, die ich nun durchmachen musste, nicht herabwürdigen.

Es ist unnötig zu erwähnen, dass vor der Prüfung eines Kandidaten für ein Zertifikat bestimmte Dienst- und Nüchternheitszeugnisse erforderlich sind, und das Gremium verfügt über die notwendigen Mittel zur Überprüfung solcher Zeugnisse. Als ich also meine Papiere einreichen wollte, stellte sich heraus, dass ich von meinem Schiff desertiert war, und man teilte mir mit, dass es zur Bereinigung eines so abscheulichen Vergehens notwendig sei, beim Gremium einen Antrag zu stellen. Daraus folgte keineswegs, dass der Antrag genehmigt würde, aber in diesem Fall brachte ich meinen Antrag mit Hilfe meines Freundes Newton erfolgreich durch und war bereit, mich der Sache zu stellen.

Es gab bestimmte Prüfer für Navigation und Seefahrt für das Handelsministerium, deren Namen den aufstrebenden Jugendlichen der Handelsmarine wohlbekannt waren – einige mit Schrecken; aber es gab zwei, die einen geradezu phänomenalen Ruf der Strenge besaßen. Persönlich gesprochen wurde ich in all meinen Prüfungen nur fair behandelt, aber das heißt nicht, dass andere nicht darunter gelitten haben. Die menschliche Natur ist nicht unfehlbar, und manche Leute würden die Geduld eines Heiligen auf die Probe stellen. Außerdem habe ich Offiziere gesehen, die ihre Zertifikate abholten und so unordentlich und schlecht gekleidet waren, dass sie, wenn sie dadurch Vorurteile hervorriefen, dies nur sich selbst zu verdanken hatten. Ein Fall im Besonderen fällt mir als Beispiel ein ... Der fragliche Mann war ein Offizierskollege von mir gewesen, und ich mochte ihn. Er war auch ein Gentleman, aber als er die Prüfung bestanden hatte, sah er aus, als hätte man ihn auf einem Heuboden gewälzt, und als er durchgefallen zurückkam, verfluchte er seinen Prüfer – statt seine eigene Torheit.

Die beiden, die zweifellos an der Schwelle zur Befähigung standen, waren die Kapitäne Noakes und Domett . Ersterer hatte im Dienst der East India Company gestanden und war, wie ich mir vorstellen kann, ein Anführer von Männern gewesen. Ich hatte daher viele Bedenken, als am Prüfungstag der Platzanweiser die Tür zum Wartezimmer öffnete und mir mitteilte: „Kapitän Noakes wartet jetzt auf Sie, Sir." Mein innerster Gedanke war: „Soll ich ihm eine Mahlzeit kochen oder nicht?" Dieses Gefühl hielt jedoch nicht lange an. Er stellte mir ein paar Fragen über die Takelage zum Hissen von Gewichten, dann über den Umgang mit Segeltuch, und das tat er in einem so umgangssprachlichen Ton, dass man fast das Gefühl hatte, es zu genießen. Schließlich diskutierten wir das Reffen der Segel gemäß Falconer's *Shipwreck* und ein paar andere Kleinigkeiten ähnlicher Art, und ich hörte ihn sagen, dass er nicht beabsichtige, weitere Fragen zu stellen, dass ich eine gute Prüfung bestanden hätte und wo ich mein Zertifikat ausgestellt haben möchte. Worauf ich prompt mit „Ramsgate" antwortete und mich verabschiedete, mit dem Gefühl, die Welt liege jetzt wie ein Ball zu meinen Füßen. Während ich diese Zeilen schreibe, weiß ich genau, dass ich der Ball war – aber dennoch ist es gut, sich daran zu erinnern, dass die Welt einmal jung war und es Dinge gab, nach denen man streben konnte, mit der nötigen Energie, um sie zu erreichen.

Zu gegebener Zeit kehrte ich nach Hause nach Margate zurück und ging mit einigen meiner alten Freunde, den Schiffern, über den Pier und die Mole. Sie hatten mich schon als Jungen gekannt und waren nun geneigt, mich als eine Art Zierde für sie zu betrachten. Ich ging nach Ramsgate und erhielt meine Bescheinigung vom dortigen Zollbeamten, der mir freundlicherweise versicherte, dass ich keine Schwierigkeiten haben würde, eine Anstellung zu finden. Ich dankte ihm und nahm seine Versicherung gerne an, die jedoch, wie ich später herausfand, etwas optimistisch war.

KAPITEL IV

„Oh, wir sind auf dem Weg zu Mutter Carey, wo sie ihre
Küken auf See füttert." – KIPLING.

Es war eine Sache, von meinem Freund, dem Zollbeamten,
versichert zu bekommen, dass ich nie einen Job brauchen
würde, und eine ganz andere, ein Schiff zu finden. Ich kann
mich noch genau an die Mühe erinnern, die ich hatte, um ein
geeignetes Schiff zu finden. Ohne Einfluss in der
Schifffahrtswelt war es nicht leicht, Liegeplätze zu bekommen,
und viele lange Tage verbrachte ich damit, in den
verschiedenen Docks herumzustreifen, bevor meine
Bemühungen Erfolg hatten. Wie die Vorgehensweise anderer
war, weiß ich nicht, aber ich suchte mir ein gut aussehendes
Schiff aus und unterhielt mich dann mit jemandem an Bord,
um herauszufinden, ob es einen zweiten Maat hatte. Natürlich
wäre diese Vorgehensweise bei gut etablierten Linien nutzlos,
da sie ihre eigenen Leute befördern würden, aber ein
Außenseiter war alles, was ich anstreben konnte, da ich mit
meinen ehemaligen Besitzern nicht zufrieden genug war, um
sie um Hilfe zu bitten.

Eines Tages fiel mein Blick auf ein sehr hübsches kleines
Eisenschiff, das in den Londoner Docks lag. Ich fand es
wunderschön und bei näherer Betrachtung stellte ich fest, dass
es *Lord of the Isles* hieß; es war nicht der berühmte Teeklipper
dieses Namens, der zehn Jahre zuvor die Yankee-Schiffe im
Rennen von Foo Chow nach London geschlagen hatte. Es gab
jedoch diese Ähnlichkeit, dass es in Greenock von Steel gebaut
worden war, während das frühere Schiff von Scott am selben
Ort gebaut worden war. Jedenfalls war es eine kleine
Schönheit, und als ich mein Glück versuchen wollte, hatte ich
das Glück, den Kapitän an Bord zu finden und mit ihm ins
Gespräch zu kommen. Ich glaube, wir haben uns ziemlich
gemocht, denn ohne große Schwierigkeiten sicherte ich mir die
Koje des zweiten Maat. Das Schiff wurde für Adelaide beladen,
und es stellte sich heraus, dass der Eigentümer darauf bedacht
war, dass das Schiff eine schnelle Überfahrt machte, denn ich
erinnere mich gut daran, dass Mr. Williamson von der Firma
Williamson and Milligan zu mir sagte: „Bedenken Sie, Herr
zweiter Maat, wir erwarten, dass das Schiff die Überfahrt der
Saison schafft." Mir gefiel diese Bemerkung, denn sie schien
einem so bescheidenen Menschen wie mir einen Teil der

Verantwortung zuzuschreiben, und tatsächlich wäre es aus Prinzip oder Humbug gut, wenn Leute in Führungspositionen besser als viele andere wüssten , wie ein Untergebener durch ein ermutigendes Wort „aufgemuntert" wird. Ich kann jetzt darüber moralisieren , da die Gelegenheit, diese Regel in die Praxis umzusetzen, vorbei ist, aber ich kann mich nicht erinnern, dass ich meinen Untergebenen gegenüber jemals viel Mitgefühl gehabt hätte, als ich welche hatte.

Und wenn ich schon von Ethik spreche, möchte ich noch einen Hinweis auf die Nützlichkeit hinzufügen und jedem jungen Mann nahelegen, dass es sinnvoll ist, einige Notizen über die Ereignisse seines Lebens zu machen. Es ist nicht nötig, ins Detail zu gehen, aber für jemanden, der einen Beruf wie die Seefahrt ausübt, wird ein chronologisches Notizbuch in vielen Fällen eine Menge Ärger ersparen. Selbst jetzt, während ich diese Zeilen schreibe, spüre ich den dringenden Wunsch nach einer Aufzeichnung, die Daten festhält und das Gedächtnis unterstützt, denn es ist mit enormen Schwierigkeiten verbunden, die notwendigen Daten zusammenzutragen.

Mein neuer Kapitän war James Craigie, ein Schotte, glaube ich, aus dem Königreich Fife, und es waren zwei Lehrlinge aus derselben Stadt an Bord. Ich erinnere mich, dass ihre Vornamen „ Wully " und Peter waren. Gelegentlich verwickelte der alte Mann sie in ein Gespräch auf schottischem Boden, vermutlich damit sie ihren einheimischen Dialekt nicht vergaßen, denn sie waren *schottischer* Herkunft, und der Kapitän war stolz darauf. Kapitän Craigie war ein guter Seemann und ein erfahrener und wissenschaftlicher Navigator. Er hatte keine Ahnung, was Angst war, und obwohl er an einer absurden Krankheit litt, die ihn schließlich tötete, war er unermüdlich dabei, alles zu tun, was er als seine Pflicht gegenüber seinem Besitzer ansah. Aber – und das war ein großes Aber – er hatte kaum eine Ahnung, was Disziplin war, und vielleicht war mir die Ausbildung, die ich auf diesem Schiff erhielt, später von Nutzen. Es ist ganz gut, mit denen, die man kontrolliert, auf vertrautem Fuß zu stehen, aber man muss sehr vorsichtig sein, wie man das angeht. Ich denke jedoch, dass die meisten von uns auf dieser Reise etwas gelernt haben.

Der Maat war ein kleiner Waliser namens Jones, kein schlechter Kerl, aber es herrschte eine gewisse natürliche Abneigung zwischen ihm und der Realität. Er war nicht gut darin, die Ordnung unter den Männern aufrechtzuerhalten, und alles in allem war es kaum überraschend, dass wir solche Schwierigkeiten hatten.

Damals gab es eine Menge Schwierigkeiten mit den Besatzungen der Schiffe, die ins Ausland fuhren. Das Tragen von Segeltuch war sehr aufwändig. Es gab die Traditionen der *Marco Polo* mit Bully Forbes als Kommandant; die Black Ball-Liner wie die *Red Jacket* und ihre verwandten Schiffe; die *Donald McKay* und andere, bei denen es Brauch war zu sagen: „Was du nicht tragen kannst, musst du schleppen", was alles eine enorme Beherrschung der Besatzungen erforderte. Auf den Schiffen, die ich erwähnt habe, herrschte viel harte Arbeit, und die Kapitäne und Maaten waren meist junge Männer, die kämpfen und gelegentlich einen Belegnagel mit anständiger Wirkung verwenden konnten. Aber wie bei den westlichen Ozeanfahrern gab es bestimmte fähige Seeleute, die freiwillig auf Kampfschiffen segelten, und wenn sie zufällig auf eine friedliche Gruppe von Offizieren trafen, konnten sie sich je nach Laune benehmen oder auch nicht. Unsere Mannschaft bestand körperlich aus einer stattlichen Menge Männer, und es bestand kein Zweifel, dass der alte Mann das Beste aus seinem Schiff herausholen wollte, das ein schickes Schiff und ein guter Segler war .

Wir hatten während der Fahrt den Kanal hinunter ziemlich viel Staub. Ich habe sie einmal in Schwierigkeiten gebracht, weil ich mich zu lange an den Bramsegeln festhielt , aber ich bekam nur einen milden Tadel, und ein junger Mann muss seine Erfahrung oft auf Kosten anderer sammeln . Wir kamen auf dem Weg nach Süden recht gut voran, und der Kapitän erklärte, er wolle weit nach Süden fahren und wenn möglich eine Überfahrt machen.

An einem klaren Morgen waren wir ungefähr südlich des Kaps der Guten Hoffnung unterwegs, mit so viel Segeltuch wie wir tragen konnten und machten etwa dreizehn Knoten, als wir unseren ersten Eisberg sichteten. Er war etwa acht Glocken schwer und wir fuhren den ganzen Vormittag auf ihn zu und passierten ihn kurz nach Mittag. Größe und Form erinnerten mich an die St. Pauls-Kathedrale. Moderne Antarktisforscher erzählen uns, dass die Größe dieser südlichen Eisberge stark übertrieben wurde, aber da wir diesen bestimmten Eisberg mehr als fünfzig Meilen entfernt sahen, kann er kein sehr kleiner gewesen sein.

Einige Tage danach sahen wir ständig Eis. An einem Sonntagnachmittag, als ich an Deck Wache hatte, war es neblig und wir sahen ständig mehr oder weniger nahe beieinander die Köpfe von Eisbergen. Es wehte ein starker Rückenwind, aber der alte Mann holte das Besansegel und die Querlatte ein, sagte mir, er hätte das Schiff für mich festgemacht, und ging unter Deck, um in vollkommenem Frieden zu schlafen. Mit dem knalligen Selbstvertrauen der Jugend machte mir das jedoch keine unmittelbaren Sorgen.

Aber wir hatten Segeltuch dabei, und ich möchte nicht sagen, wie viele Toppmast- und Betäubungssegelbäume wir mitgenommen haben. Wir waren in eine Phase günstigen Windes geraten, der von Nordwesten nach Südwesten schwankte, und nutzten ihn aus. Die Wache an Deck war häufig damit beschäftigt, dem Zimmermann mit Ziehmessern zu helfen, neue Bäume zu bauen, um die kaputten zu ersetzen, aber nach ein paar Tagen dieser Arbeit wurde es der Mannschaft zu langweilig, der der gewohnte Anreiz für ihre Anstrengungen fehlte, wie ihn eine „kräftigere“ Gruppe von Kameraden bot, und einige Tage lang kamen die Männer nicht aus dem Vorschiff. In der Zwischenzeit wurde auf dem Schiff von den Lehrlingen und der Achterwache gearbeitet. Dies war zu dieser Zeit kein ungewöhnlicher Vorfall und hätte durch die Verabreichung oder Androhung einiger Bleipillen geheilt werden können, aber bevor der alte Mann sich dazu entschloss, dieses Heilmittel anzuwenden, griff die Mannschaft wieder darauf zurück. Sie hatten einen Vorrat an Keksen gesichert, konnten aber unten nichts kochen, und das brachte sie zur Vernunft.

Im letzten Kapitel erwähnte ich die Art von Brauch, die herrschte, wenn es zu ernsthaften Reibereien zwischen den Männern im Vorschiff und einem bestimmten Offizier kam. Wenn man sich bewusst für eine Aktion entschied, würde sich die Entwicklung ungefähr wie folgt entwickeln. Um 4.30 Uhr war es Brauch, dass die Wache an Deck ihren Morgenkaffee trank. Dies ist eine Nahrung, die auf allen Schiffen sehr geschätzt wird, und ich kann mich erinnern, dass mein Freund Mr. Clark Russell in seinen unnachahmlichen Büchern mehr als einmal ausführlich über ihre Vorteile spricht. Um 5 Uhr morgens, wenn die Wache begann, das Deck zu waschen, kam ein Mann nach achtern, um den Mann am Steuer abzulösen, damit er seinen Kaffee holen konnte. Ich habe den Brauch auf

See noch nicht erwähnt, der die Luvseite des Achterdecks dem Kapitän oder dem wachhabenden Offizier vorbehielt, je nachdem, wer gerade das Ruder in der Hand hatte (wenn der Kapitän an Deck kam, ging der wachhabende Offizier auf die Leeseite), aber aufgrund dieses Brauchs versuchte ein Mann, der Ärger suchte, nach achtern auf die Luvseite des Achterdecks zu kommen, um das Steuerrad abzulösen. Der wachhabende Offizier würde ihn dann am Kopfende der Achterleiter mit den Worten „Gehen Sie die Leeseite hinauf, Sie ——" empfangen. Diese Stelle bleibt frei, damit der Leser die genaue Menge an Schimpfwörtern oder Wutausbrüchen ergänzen kann, die zuvor erzeugt wurden und folglich zu dem Friedensbruch geführt haben, der nun mit Sicherheit folgen würde. Merkwürdige Verhaltensweisen von Seeleuten!

Nun, auf diese telepathische Art, wie sich Nachrichten an Bord verbreiten, erfuhren die Leute, dass ich kein Anhänger halber Sachen war, wenn es um widerspenstige Männer ging, und meine Wache legte sich ins Zeug, um zu sehen, wie viel Ärger sie mir machen konnten. Das gelang ihnen wirklich auf höchst ehrenhafte Weise, und das Ergebnis einer kleinen Meinungsverschiedenheit, die sich hinsichtlich des Setzens eines tieferen Betäubungssegels während einer Mittelwache zeigte, war, dass der Maat, als er an Deck kam, um mich abzulösen, mich bewusstlos und mit Schnee bedeckt vorfand. Ich war ziemlich misshandelt worden, und als ich das nächste Mal mein Gesicht im Spiegel betrachtete, war es keineswegs schön; tatsächlich trage ich die Narben noch heute. Am schlimmsten war, dass sie sehr deutlich zu sehen waren, als ich mich wieder meiner widerspenstigen Wache stellen musste , aber es ließ sich nichts dagegen tun; wir machten eine großartige Überfahrt, und der alte Mann war für Frieden um jeden Preis.

Wir schafften die Strecke vom Kap Meridian nach Adelaide in zwanzig Tagen, was eine sehr gute Arbeit war, legten ordnungsgemäß an und begannen mit dem Löschen der Ladung. Bevor die Mannschaft fertig war, sollte es jedoch noch eine weitere unangenehme kleine Episode geben, und bis heute muss ich lachen, wenn ich daran denke, wie die Rockschöße des Maat hinter ihm herflatterten, als er eines Nachmittags mit einem Hammer in der Hand nach vorn stürmte, um sich an einem Mann zu rächen, der seinen Zorn erregt hatte. Ich habe vergessen, worum es ging, aber die Männer kamen in einer auf

Unheil aus seienden Truppe nach achtern. Das Schiff lag längsseits am Kai, der alte Mann war an Land, und es gab eine Menge Zuschauer von anderen Schiffen, als der Maat losfuhr, um die Polizei zu holen. Ich wurde grob angegangen, wehrte mich aber so gut ich konnte, als ich sah, dass der Kapitän eines anderen Schiffes zusah, und rief ihm zu, was ich tun sollte. „Hol dir ein Entermesser und zertrümmere ihnen den Schädel", war die Antwort, die ich bekam, und mit einem in der Faust entging ich weiteren Schwierigkeiten. Die Polizei kam und brachte die Leute ins Gefängnis, und am nächsten Tag bekamen sie, glaube ich, jeweils drei Monate. Als einer der Friedensrichter fungierte ein gewisser Captain Douglas, RN, und er schien sehr daran interessiert zu sein, die Sitten und Gebräuche kennenzulernen, die an Bord der *Lord of the Isles herrschten*.

Unser Aufenthalt im Hafen war danach sehr angenehm; ich nahm wieder Kontakt mit vielen alten Freunden auf, und als es Zeit war abzureisen, tat ich dies mit Bedauern. Es gibt heute noch einen gewissen großen Künstler, der sich vielleicht an eine Episode erinnert, die einen Brief und einen alten Stiefel betraf. Und Sie, Mortimer Menpes ? Ich habe sie nicht vergessen.

Es wurde einiges unternommen, um eine anständige Mannschaft zusammenzustellen. Wir wurden zum äußeren Ankerplatz geschleppt, um dort auf ihre Ankunft zu warten, denn wir sollten in Ballast nach Newcastle, NSW, segeln und dann eine Ladung Kohle nach Manila mitnehmen, wo wir für die Heimreise einladen sollten. Der Maat und ich hatten uns inzwischen entschieden, dass wir, falls noch mehr gehämmert werden sollte, nicht die passive Rolle spielen würden.

Es ist sehr merkwürdig, wie diese Dinge passieren. Der Koch war das einzige Stück des alten Sauerteigs, das noch übrig war, und zwischen ihm und dem Steward herrschte keine Sympathie. Am ersten Morgen, als wir draußen vor Anker lagen, ging der Steward, ein sehr gut aussehender Kerl, nach vorn in die Kombüse, um für den Maat und mich den Morgenkaffee zu holen. Während er im üblichen Kochtopf zubereitet wurde, blies der Koch in den aufsteigenden Dampf, um zu sehen, ob das Gericht kochte.

„Pusten Sie nicht auf den Kaffee, Koch", sagte der Steward.

„Wenn ich will, dann!", antwortete der Koch.

Der Steward zog seine Hose hoch, und der Koch schlug dem Steward den Topf mit dem heißen Zeug auf den Kopf, schnitt ihn auf und schickte ihn schwer verletzt und mit schweren Verbrühungen nach achtern. Dann begann der Koch, sein Messer am Schleifstein zu schärfen, zur Erbauung derer, die es betreffen könnte. Es half ihm jedoch nicht viel, denn der Maat sagte mir, ich solle ihn in Ketten legen, und das tat ich sofort, wobei ich nur die wirklich notwendigen Argumente vorbrachte.

An diesem Tag kam der alte Mann mit der Mannschaft, und wir machten uns auf den Weg, wobei wir unterwegs alle kleinen Unannehmlichkeiten regelten. Um es kurz zu machen, es gab während der Reise nur noch einen weiteren Ärger. Einmal musste ich einen Mann ausstrecken, und der alte Mann, der barfuß und in seiner üblichen Kleidung aus Hemd und Hose, die von einer Klammer gehalten wurde, zusah, schlug leise einen Besen vom Stiel und sagte, als er mir den Stock gab: „Jetzt begieße ihn, bis kein ganzer ‚Fleisch‘ mehr in seinem Körper ist." Ich befolgte die Anweisung nicht ganz, aber das war das letzte Ärgernis.

Die Erfahrung einer Kohlenladung ist keine angenehme, aber es gab eine ganze Reihe guter Schiffe in Newcastle, die einen ähnlichen Auftrag wie wir hatten. Wir kamen ziemlich schnell davon und schafften die Ostpassage bis nach Manila, wo ich jeden Korb Kohle, der aus der Hauptluke kam, über Bord kippte. Diese Art von Arbeit in der sengenden Sonne ist eine ziemliche Belastungsprobe; sie wurde jedoch erledigt, die Laderäume gereinigt, das Schiff gewässert und mit Zucker für die Heimreise beladen. Dann hatten wir einen Tag Landurlaub. Der Ort, den alle Kapitäne und Kameraden, die uns besuchten, gerne sehen wollten, war die Zigarrenfabrik, aber es schien schwierig zu sein, die erforderliche Genehmigung zu erhalten. Als ich an Land kam (ich hatte einen mit Messing besetzten Mantel an, wie es damals Mode war, wenn junge Kameraden ihn trugen, wenn sie Lust dazu hatten), besorgte mir der Komprador ein Pony, und ich machte mich auf den Weg zur Fabrik. Am Eingang standen Soldaten als Wachposten, aber man machte keine Schwierigkeiten, mich einzulassen. Ich wurde vor einen hohen Beamten geführt, bekam weißen, süßen Kuchen und Wein angeboten, dann eine Zigarre, und dann wurde ich in die Fabrik geführt. Ob die Herstellung heute noch genauso durchgeführt wird, weiß ich nicht, aber das

Zerstampfen der Tabakblätter mit flachen Steinen durch Frauen oder Mädchen auf dünnen Holztischen machte einen ohrenbetäubenden Lärm, vergleichbar mit sehr lauten Maschinen. Über die mir entgegengebrachte Höflichkeit kann ich nur in höchsten Tönen sprechen.

Auch was mein Mittagessen anging, war ich sehr erfolgreich. Ein Mönch aus dem Fenster eines religiösen Hauses führte mich dorthin, als er hörte, wie ich mich nach den Manieren der Engländer erkundigte. Als Admiral Dewey in die Bucht von Manila einlief, erinnerte ich mich an die stattliche Höflichkeit, die ich dort erfahren hatte, und bedauerte, dass die moderne Welt in sie eingebrochen war. Wir alle wissen, dass es für einen Spanier kein Problem ist, wie ein tapferer Mann zu sterben, aber wenn ihm die Moderne auf Kosten seiner Lebensweisheiten aufgezwungen wird, verdient er das Mitgefühl jedes Briten, der seine eigenen ererbten Rechte und Privilegien schätzt.

Zu der Jahreszeit, als wir in Manila waren, wehte der Wind ziemlich konstant durch den Hafen ; es war also ein günstiger Wind draußen, und es war dort bis zu einem gewissen Grad Brauch, einem anderen Schiff beim Ablegen zu helfen. Es gab einen Punkt der Seemannschaft, über den viel gestritten wurde, und zwar, ob es richtig war, die Achterrahen gerade zu lassen oder sie so schnell wie möglich zu füllen, wenn man bei günstigem Wind ablegte. Ich könnte es selbst so oder so argumentieren, aber es war eine Quelle nie versiegender Kritik, egal, welche Methode gewählt wurde. In unserem Fall wurden die Achterrahen gerade gelassen.

Unsere Fahrt durch das Chinesische Meer war angenehm, durch die Gasparstraße und weiter nach Sunda , wo wir zur großen Verärgerung aller zehn Tage in einer Flaute lagen. Nicht einmal die Mangostan- Lieferung , die wir in Anger Point bekamen, konnte das wettmachen. Damit es nicht so aussieht, als würde ich den Reiz von frischem Obst überschätzen, möchte ich sagen, dass niemand, der noch nie Mangostan gegessen hat , dazu befähigt ist, sich eine faire Meinung zu bilden. Leider ist die Frucht so empfindlich, dass sie kaum transportiert werden kann, denn ich habe noch nie eine außerhalb ihres Wachstumsgebiets gesehen. Es ist jedoch wahrscheinlich die zarteste und köstlichste Frucht, die wächst.

Als wir die Meerenge hinter uns hatten, kehrte unser Glück zurück und wir erreichten das Kap mit einer schönen Fahrt. Das Schiff verstopfe schnell, aber der alte Mann hielt sich mit seiner gewohnten Hartnäckigkeit an der Plane fest, und es kam kaum Wind an uns vorbei, der sich hätte nutzen lassen. Einmal beispielsweise sah ich während einer Morgenwache, wie ein Vormars-Bramachtsegel vollständig abriss; Hals, Schot und Fallen rissen im selben Moment ab, und wohin das Segel ging, konnte ich nicht sehen. Soweit ich weiß, geschah dies das einzige Mal, dass sich so etwas ereignete, aber es gibt eine Vorstellung davon, wie die Plane getragen wurde.

Zu gegebener Zeit erreichten wir Queenstown, bekamen Befehle für London und erreichten ohne weitere Zwischenfälle das Dock von St. Katherine. Ich hatte keine Lust, noch einmal mit diesem Schiff zu reisen, da ich andere Moden sehen wollte, also nahm ich meine Entlassung entgegen und fuhr wieder nach Hause. Ich verabschiedete mich mit Bedauern von Kapitän Craigie, denn ich hatte großen Respekt vor ihm und er hatte mir auf der Heimreise geholfen, mich auf meine Prüfung zum Ersten Maat vorzubereiten.

Das war das nächste, was mir begegnete, also noch einmal zu John Newton und den Wells Street-Vereinigungen! Diesmal wohnte ich während der Prüfung im Seemannsheim und verbrachte meine freie Zeit mit der Suche nach einem Schiff. Die Einzelheiten dieser Prüfung scheinen keinen bleibenden Eindruck bei mir hinterlassen zu haben. Ich kam gut durch und bestand die Seemannschaftsprüfung vor Kapitän Domett , aber ich erinnere mich an ein oder zwei kritische Momente, in denen mein Zertifikat auf der Kippe zu stehen schien.

Dann begann ich wieder ernsthaft mit der Suche nach einem Schiff, das mir gefiel. Damals gab es einen von Schiffseignern frequentierten Ort namens „Jerusalem“. Ich wusste nie genau, was dort vor sich ging , aber einer der Beamten war ein gewisser Mr. Paddle, und ihm brachte ich einen Brief von einem Freund. Durch diese Vermittlung sicherte ich mir eine Koje als zweiter Maat auf einem Teeklipper namens *Omba* , der der Firma Killick & Martin gehörte.

Die *Omba* war ein schönes, in Kompositbauweise gebautes Schiff von etwa 800 Tonnen, in jeder Hinsicht gut ausgestattet, und insgesamt war ich mit meinem Geschäft nicht unzufrieden. Aber es stellte sich heraus, dass sie keineswegs das Schiff war, das ich mir erhofft hatte, denn ich fragte mich oft, warum es Schiffsoffizieren nicht möglich war, ihre Pflichten wie Gentlemen zu erfüllen. Ich hatte gesehen, dass die Offiziere der Essex *Gentlemen* waren und ihre Arbeit tun konnten, und ich hoffte, dass ich das Glück haben würde, wieder auf einem Schiff zu segeln, auf dem die Anständigkeit des Lebens ein wenig Beachtung finden würde. Das Schiff zeigte eine gewisse Vornehmheit, aber nicht viel, obwohl es nichts fehlte, um sie zu gewährleisten, außer dem Willen.

Der Kapitän war ein Engländer, der aus der Nähe von Deal stammte; der Maat war ein Schotte, herkulisch in der Statur und auf den ersten Blick einfach in den Umgangsformen. Diese Einfachheit verschwand jedoch, als das Schiff das Dock verließ, und er entpuppte sich als der größte Gauner, dem ich je begegnet war – eine Stimme wie ein Stier, unerschrockener Mut und in der Technik seines Berufs, ohne dass er etwas oder gar nichts lernen musste. Ich habe gesehen, wie er das Tiefseeblei (32 Pfund) mit einer zwei Faden langen Leine zum Treiben über seinen Kopf geschwungen hat, und man wird erkennen , dass dies keine gewöhnliche Leistung war. Ich jedenfalls konnte es nicht tun; tatsächlich habe ich es nicht versucht, und auch kein anderer Mann auf dem Schiff nicht, aber als er anfing, *über* den Haupthals und die Luvwinden zur Hauptrah zu steigen, wurde es für mich notwendig, diese Leistung ebenfalls zu erwerben, jedenfalls, wenn mein Ende des Stocks angemessen unterstützt werden sollte. Und am Ende glaube ich, dass ich ihn in diesem speziellen Spiel geschlagen habe. Wir waren nie gut miteinander ausgekommen, denn ich war nicht sein Typ, und seltsamerweise nahmen es sowohl ihm als auch dem Kapitän übel, dass ich ein höheres Zertifikat als meinen Rang besaß. Der alte Mann bemerkte sogar einmal: „Sehen Sie mal, Mr. Crutchley , Sie scheinen zu glauben, dass Ihr Maat-Zertifikat Sie zu einem Gentleman macht: Es gibt nur einen Gentleman auf diesem Schiff, das bin ich; wenn es noch einen anderen geben soll, dann ist es der Maat, nicht Sie!“ Diese Aussage schien mir völlig angemessen und unbestreitbar.

Es gab jedoch einen dritten Maat, mit dem ich Umgang pflegte. Tom Boulton war ein netter Junge, und wir hatten viel gemeinsam. Außerdem mochte er dieselben Bücher wie ich. Es ist viele Jahre her, dass ich ihn gesehen habe, aber ich weiß, dass er es bis zum Kommando über feine Segelschiffe brachte und sich später an Land ein Geschäft aufgebaut hat. Von allen, die ich aus der Zeit der Segelschiffe kannte, ist er der einzige Überlebende, mit dem ich kürzlich in Kontakt war. Was den Rest der Mannschaft angeht, so lebten einige Jungen mit den Warrant Officers auf dem Halbdeck. Ich glaube, es waren besondere Jungs, mehr oder weniger Freunde der Eigentümer und von guter Geburt, aber viele Jahre später, als ich das Kommando über einen Dampfer übernahm, sah ich einen gewissen albernen Ausdruck auf dem Gesicht meines Bootsmanns, und meine Gedanken wanderten zurück und veranlassten mich zu der Frage: „Waren Sie jemals auf der *Omba* ?“ Ich wusste, dass ich diesen Ausdruck erkannte . Er war einer der Jungen; sein Vater war Arzt, aber er selbst war nur ein Verschwender, der nie etwas Gutes für sich selbst oder andere tun konnte.

Etwa zu dieser Zeit verstanden nur wenige die Theorie der Kompasskompensation zur lokalen Anziehungskraft, und man ging davon aus, dass Schiffe aus Verbundwerkstoffen schwieriger auszurichten waren als solche aus Eisen oder Stahl. Während die Operation durchgeführt wurde, machten wir also an den Bojen vor Greenhithe fest und bahnten uns danach unter der Leitung eines Lotsen, den wir vor der Isle of Wight an Land setzten, so schnell wie möglich unseren Weg den Kanal hinunter. Kurz darauf kam der Wind aus Westen, und wir hatten das Vergnügen, das Schiff gemeinsam mit vielen anderen größeren Schiffen den Kanal hinunter zu steuern. Ich erinnere mich an eines, das uns oft begleitete – es hieß Liberator *und* segelte gut. Wir hatten das Pech, irgendwo vor der Startküste einem Trawler den Mast abzuschlagen; ich glaube nicht, dass es unsere Schuld war, obwohl ich bezweifle, dass das Schiff dafür bezahlt hat.

Mir fiel die Aufgabe zu, dem Besitzer einen Brief zu schreiben, in dem ich die Umstände und den Vorfall schilderte, denn der alte Mann war nicht sehr gewandt in der Feder. Später werde ich ein Beispiel dafür geben, wie viele Meister das Briefeschreiben betrachteten.

Während des ersten Teils der Überfahrt geschah nichts Besonderes, außer dass wir an Bord eines kleinen Schoners gingen, um Briefe nach Hause zu schicken. Es war eine Spanierin, und der Kapitän war so höflich, wie seine Landsleute es normalerweise sind, und bat mich, eine Kiste Zigarren als Geschenk anzunehmen, was ich natürlich gern tat.

Es war meine erste Erfahrung mit dem Bootfahren auf einer Wellenganglinie, und es kam überraschend.

Wir machten eine ordentliche Passage durch den Passat und begannen, den Ostwind hinunterzufahren. Der Kapitän entschied sich, durch die Sundastraße und das Chinesische Meer zu fahren, anstatt die Ostpassage zu nehmen, aber das hinderte ihn nicht daran, bis in die „Roaring Forties" zu kommen. Im Allgemeinen störte es niemanden, bis zur Hüfte im Wasser zu stehen, aber höher als das war unangenehm, denn es weckte den Eindruck des Schwimmens, was seine Nachteile hatte.

Das Schiff hatte schöne Schanzkleider, die eher sechs als fünf Fuß hoch waren, und es steckte auch ziemlich tief in der Patsche, aber die Art und Weise, wie es das Wasser in Haufen aufnahm, wenn es fuhr, war unangenehm. Es gab keine Aufregung deswegen, nur einen stetigen Katarakt, der den Entlastungspforten zeitweise alle Mühe gab, sich davon zu befreien, bevor eine weitere Ladung kam. Ich werde nicht sagen, dass es zu irgendeinem Zeitpunkt bis zur Oberkante der Schanzkleider voll war, aber es sah sehr danach aus, und ich glaube nicht, dass wir das Großmarsbramsegel eingeholt haben , als wir weiter südlich waren, denn der alte Mann trug Segeltuch wie ein Held. Unsere beste Tagesfahrt betrug 335 Meilen – eine sehr respektable Leistung, aber zum Glück war kein Eis in der Nähe.

Hinauf durch die Sundastraße und den glatten Meeresabschnitt direkt nördlich davon, der mir immer als so außerordentlich ruhig und friedlich erschien. Die Passage durch die Gasparstraße wurde von vielen Kapitänen nicht mit großer Freude erwartet, aber ich nehme an, dass mit der Dampfschifffahrt alle Schwierigkeiten verschwunden sind. Wir mussten nur einmal ankern, aber als wir höher in den Bashee-Kanal vordrangen, fingen wir etwas, was sich aus Erfahrungsgründen lohnte.

Ich kann die genaue Position des Schiffes nicht angeben, als dies geschah, da ich keine Navigation durchführte, außer gelegentlich die Sternbreite zu bestimmen, wenn der Kapitän sie wollte, aber es war irgendwo im Bashee- Kanal, und der Wind wehte nur aus einer Richtung – ich glaube, es war Nordosten. Wir holten Stück für Stück jeden Fetzen Segeltuch ein, bis auf ein niedrigeres Großmarssegel und ein

Besanstagsegel; nach einiger Zeit verschwanden diese beiden Segel in Lumpen, und es war noch dazu ein brandneues Großmarssegel . Der Wind war viel zu stark, als dass eine hohe See ihn hätte aufkommen lassen können, aber manchmal kam ein heftiger Wind und zerschmetterte etwas; zum Beispiel traf einer das Schiff an Steuerbord und löste die Ritterköpfe aus — ein sehr merkwürdiger Unfall. So lag es fast vierundzwanzig Stunden lang ohne einen Fetzen Segeltuch und neigte sich gleichmäßig um ungefähr 47 Grad — (ich darf sagen, dass ein Neigungsmesser, den ich zu Beginn der Reise angebracht hatte, als eine meiner Marotten angesehen wurde). Ich nehme an, dass der Regen auch dazu beitrug, den Meeresspiegel niedrig zu halten, doch einmal sah ich, wie die Wache an den Pumpen völlig überfordert war, und ich erwartete kaum, dass noch jemand da wäre.

Endlich war es vorbei. Das Schiff richtete sich auf, wir spannten Segeltuch darauf und stellten fest, dass wir nicht weit vom Land entfernt waren. Es ist wirklich komisch, wie Seeleute Dinge für selbstverständlich halten. Ich hätte es nicht gewagt, den Kapitän zu bitten, mir die Karte zu zeigen, und wenn wir alle von der Gefahr gewusst hätten, hätte es auch nichts genützt, also war es vielleicht das Beste.

Ich glaube, dass die folgende Geschichte wahr ist. Sie wurde mir von Captain Ballard, CMG, mit diesen Worten erzählt: „Einmal geriet die ——— in einen Zyklon vor Mauritius; wir konnten uns nicht helfen, und ich sah, dass wir auf die ——— Insel getrieben werden mussten, wo alles vorbei gewesen wäre. Ich ging nach achtern, um es den Leuten im Salon zu sagen, hielt aber auf halbem Weg an; ich dachte, es könnte nichts nützen und würde sie nur beunruhigen, bevor es nötig war; aber entweder wurde sie von der Flutwelle über die Insel getrieben, oder wir haben sie verpasst.“

Aber was für ein schreckliches Durcheinander war dieses Schiff; normalerweise war es blitzblank und blitzsauber, der Gipfel der Sauberkeit, aber jetzt war unser Zustand bemitleidenswert. Die Leinen der unteren Takelage auf der Leeseite waren so abgescheuert, dass es fraglich war, ob sie bis Backbord halten würden, und insgesamt hatte die Takelage stark gelitten. Aber die Vorsehung war gut zu uns, und wir kamen ohne größere Schwierigkeiten an Land, obwohl es im Chinesischen Meer eine schwere Zeit war.

Wenn ich von der üblichen Sauberkeit unserer Takelage spreche, übertreibe ich keineswegs. Die meisten Leute wissen, dass man, um die Achterstage an den unteren Rahen vor Reibung zu schützen, normalerweise Holzlatten an den Achterstags anbringt. Das war für uns eine viel zu grobe Methode. Wir haben die Achterstage mit ungelegten Litzen aus Drahtgeflecht versehen, und wenn jemand sich daran versuchen möchte, so etwas anzubringen, ist er meiner Meinung nach herzlich willkommen, denn ich musste den Leuten oft zeigen, dass es möglich war, sie mit steifem Draht zu versehen.

Hafen lagen viele Schiffe , darunter die *Lauderdale* , auf der George Davies inzwischen Maat war. Wir erneuerten unsere Freundschaft und hatten uns viel zu erzählen. Ich glaube, er übernahm auf der nächsten Reise das Kommando über dieses Schiff und man hörte nie wieder von ihm. Es gab auch ein Schiff namens Loudoun *Castle* , dessen Kapitän das schreckliche Pech hatte, sich die Feindschaft unseres Maat zuzuziehen, was aus folgendem absurden Grund zu Unannehmlichkeiten führte . Eine Gruppe von Kapitänen unterhielt sich mit unserem alten Herrn in der Kajüte, und das Gesprächsthema war das Schreiben von Briefen nach Hause an den Eigner, eine Angelegenheit, die manchmal als schwierig angesehen wird. Einer der Gäste erzählte zufällig, dass er, wenn er nach Hause schrieb, den Maat aus der Kajüte jagte, sich einbildete, der Eigner säße ihm gegenüber, und dann schrieb, als spräche er mit ihm. Man könnte meinen, das sei nicht weiter schlimm, aber unser Maat hörte es und schrieb es, ob nun richtig oder falsch, dem Kapitän der *Loudoun Castle* zu, und so wurde es zu einer persönlichen Angelegenheit, dass ein Maat gebeten wurde, die Kabine zu verlassen. Die Sache gab beträchtlichen Ärger, und ich war sehr dumm und machte mir große Mühe, in einer Angelegenheit Frieden zu stiften, die mich überhaupt nichts anging.

Wir haben unsere Ladung rechtzeitig gelöscht und trotz des Ausladens mit Eimern stellten wir fest, dass es keine nennenswerten Lecks oder Schäden gegeben hatte. Dann begannen wir mit den Vorbereitungen für die heimwärtsgehende Ladung Tee. Wie jeder weiß, ist Tee ein sehr leichtes Gut und das Schiff musste mit Ballast beladen werden, um es zu versteifen. Der zweite Maat sollte das Verstauen überwachen, aber in diesem Fall tat er es. Um Platz zu sparen, ließ er nicht genügend Ballast auf der Kiellinie, und so wurde etwas Tee verdorben. Ich hörte später, dass man es auf „diesen zweiten Maat" geschoben hatte, obwohl ich überhaupt nichts damit zu tun hatte. Es ist eine der schönsten Operationen, die man sich vorstellen kann, Chinesen beim Verstauen einer Ladung Tee zuzusehen – große, schwere Hämmer werden verwendet und die Lagen werden mit fast mathematischer Genauigkeit aufgebaut.

Wir transportierten mehrere Boote von unten nach oben auf Kufen und füllten diese mit allen möglichen Gegenständen, die wir von irgendeinem Platz unten heraufbringen konnten, wo man Tee verstauen konnte. Mit der Ladung ging es dann an die Reparatur der Takelage. Hier kann ich zeigen, was für ein großartiger Seemann der Maat war. Wir zogen neue Leinen an der unteren Takelage vorn und hinten an. Es war bitterkaltes Wetter, aber wir gingen mit solcher Sorgfalt vor, dass sie nicht wieder aufgezogen werden mussten, als wir in warmes Wetter kamen, oder für den Rest der Reise berührt werden mussten. Und niemand sollte sagen, er hätte das Seil bis zum Zerreißen gespannt, denn das war nicht der Fall, sondern die Spannung wurde richtig angelegt.

Wir hatten dort einen ziemlich guten Tag an Land. Ponyreiten schien das Richtige zu sein, und die meisten von uns wurden durch die plötzliche Wendung des Tieres in einen Ort von Seeleuten katapultiert, den wir nicht kannten. Wir trafen uns auch mit einigen Offizieren des alten P. & O.-Paddlers *Ganges* . Es geschah jedoch nichts Besonderes, und zu gegebener Zeit war das Schiff voll beladen, alle Offiziere bekamen die übliche Fülle an Tee als Geschenk, und wir bereiteten uns auf die Heimreise vor.

Wir hatten drei Passagiere an Bord genommen, einen Geistlichen mit Frau und Kind. Eine Dame am Tisch war für uns eine Neuheit, aber es waren nette Leute, und ich konnte mir in meiner Freizeit viele Bücher ausleihen und machte zum ersten Mal Bekanntschaft mit einer Reihe von alten Ausgaben der *Saturday Review* . Ich kann mich noch heute an viele der klugen und beißenden Passagen erinnern, die sie enthielten.

Wir mussten aufs offene Meer hinausfahren und stellten dabei fest, dass das Schiff bei Seitenwind ziemlich empfindlich war. Die Royals machten einen spürbaren Unterschied, aber so war es nun einmal und wir mussten das Beste daraus machen. Das

Herausfahren war ziemlich harte Arbeit, denn wir mussten so oft wenden, dass wir keine Zeit hatten, die Streben einzurollen; so wie sie kamen, gingen sie auch wieder raus. Aber der Lotse war ein schlauer Kerl und steuerte das Schiff wunderbar.

Sobald wir draußen waren, herrschte ein günstiger Wind im Chinesischen Meer und wir begannen, das Beste daraus zu machen. Wir hatten königliche Betäubungssegel dabei und ließen nur sehr wenig Wind an uns vorbeikommen. Die Segel waren gut, die Ausrüstung war gut, wir verloren keine Zeit mit Trimmen oder Segelsetzen und wir machten unsere Sache gut.

Eines Morgens, es war meine Wache, bekam ich einen ziemlichen Schrecken, denn ich erkannte plötzlich die Brandung an Backbord und hatte nicht die geringste Ahnung, dass in der Nähe Land war. Ich rief durch das Oberlicht nach dem Kapitän und begann sofort, mich festzuklammern und loszufahren. Der alte Mann kam eilig an Deck und war gnädig erfreut, als er feststellte, dass ich gut daran getan hatte, nicht auf die Pescadore- Inseln zu stoßen, was bei einer nachlässigen Wachsamkeit leicht hätte passieren können.

Es herrschte eine gewisse Verwirrung, als wir wieder freikamen, und um die Sache noch komplizierter zu machen, hörten wir einen großen Lärm in der Kabine, aus dem Dampfwolken aufstiegen. Es scheint, als ob der Ofen in der Kabine, als wir in den Wind kamen, weit nach Lee geriet und kenterte, wobei die glühenden Kohlen verstreut wurden. Der Aufprall brachte den Pfarrer aus seiner Kabine und er verbrauchte sofort alle Flüssigkeiten, die er in die Finger bekommen konnte, wodurch eine Situation entstand, die Sicherheit mit einem üblen Geruch verband.

Der Kapitän war so nett zu sagen, dass wir während meiner Wache sehr gut Ausschau gehalten haben, auch wenn die sprichwörtliche Nachlässigkeit des zweiten Maat in anderen Dingen offensichtlich war, aber wenn ich nach Jahren auf diese kleine Episode zurückblicke, scheint es mir keine Entschuldigung dafür zu geben, den wachhabenden Offizier nicht gewarnt zu haben, dass das Schiff möglicherweise einen falschen Kurs einschlagen könnte. Ich vertraue darauf, dass heute eine andere Ordnung herrscht, aber auf diesem Schiff wäre es beinahe ein Sakrileg gewesen, nach einer Seekarte zu fragen oder sich nach der Position des Schiffes zu erkundigen. Man hätte mir mit beißendem Sarkasmus mitteilen sollen:

„Wenn ich möchte, dass Sie das Schiff steuern, Herr Soundso, werde ich es Ihnen in der Zwischenzeit mitteilen, *ich* bin durchaus dazu in der Lage."

Wir hatten viel Glück auf dem Chinesischen Meer, durch die Meerengen und bis nach St. Helena, das wir in sechzig Tagen von Shanghai aus erreichten. Aber als wir die Ziellinie erreichten, begannen unsere Probleme. Dort gerieten wir in eine tiefe Flaute, die drei Wochen anhielt und die Geduld aller auf die Probe stellte. Besonders betroffen war der Kapitän, was ganz natürlich war, und seine Extravaganzen waren manchmal sehr komisch. Auf dem ersten Teil der Reise, als alles gut gegangen war, kümmerte sich niemand um das sprichwörtliche Pech, das mit der Beförderung von Pfarrern über das Meer einhergeht, aber jetzt schien es sich durch die Beibehaltung gebessert zu haben. Es war die Gewohnheit des Kapitäns gewesen, mit dem Pfarrer und seiner Frau eine Schein-Whist-Partie zu veranstalten, aber das wurde jetzt eingestellt, und der Text des alten Mannes, während er auf dem Achterdeck herumtrampelte, wurde laut und oft gesprochen. „Oh, wenn der Herr mir nur dieses eine Mal verzeiht, dass ich einen Pfarrer mitnehme, werde ich es nie wieder tun. " Eines Nachts holte er feierlich ein Kartenspiel hervor und warf es mit vielen verschiedenen und ausgewählten Verwünschungen in die Tiefe. Ich kann jedoch nicht davon ausgehen, dass er ein Künstler im Gebrauch der Sprache war – es gab zu viele Eintönigkeiten und Wiederholungen.

Ob es an der vorhergehenden Beschwörung lag, weiß ich nicht, aber wir kamen schließlich von der Linie ab. Unsere Überfahrt war jedoch völlig verdorben und am Ende wurden wir beschämend von dem berühmten Klipper, der *Jerusalem* , übersegelt . Wir fuhren bei schönem Südwind von etwa quer durch den Kanal, aber wie ich bereits sagte, waren wir ein wenig empfindlich und konnten unter diesen Bedingungen nicht sinnvollerweise alle Segel setzen, die wir gewollt hätten. Die *Jerusalem* passierte uns in Luv mit ausschließlich glatten Segeln und wir spürten die Schläge empfindlich, denn wir konnten unsere Royals nicht setzen, ohne die Leeseite zu versenken, was zu Lasten unserer Geschwindigkeit ging. Vor Beechy Head nahmen wir jedoch einen Hovel als Kanallotsen an Bord und ich kann noch jetzt den Seufzer der Erleichterung hören, den der alte Mann ausstieß, als er ihn an Bord willkommen hieß.

Über dieses Schiff gibt es nichts weiter zu berichten. Ich war zu dem Schluss gekommen, dass sie nicht zu mir passte – und ich sie auch nicht –, und so trennten wir uns ohne großes Bedauern auf beiden Seiten.

In den East India Docks lag ein Schiff namens *Albuera* . Es gehörte der Firma John Willis & Co. und hatte eine doppelte Reihe bemalter Bullaugen. Ich überließ ihm meine Dienste. Sein Kapitän, Gissing mit Namen, war ein netter Kerl, und wir hätten uns gut verstanden, aber mein Vermögen ging aufwärts, und ich verließ es, um eine Stelle auf einem Dampfschiff anzutreten, was damals zum Traum aller jungen Seeleute wurde. Der Suezkanal war offen, und man musste keine große Voraussicht haben, um das Ende der Segel vorauszusehen. Die modernen Segelschiffe, die damals gebaut wurden, waren jedoch sehr schön. Als Beispiel möchte ich die *Lothair nennen; sie wurde später von Tom* Boulton kommandiert , aber sie war nach dem Vorbild einer Jacht gebaut und genauso schön, obwohl das moderne Schiff nie die stattliche Anmut der alten, als Fregatten gebauten Ostindienfahrer besaß.

KAPITEL V

„Der Schminke nach ist sie eine Dame ,
und wenn ihr ein Unfall passiert, halten sie das für eine große
Schande."

KIPLING

Auf Wiedersehen, Segelschiff! Die Gelegenheit war
gekommen, den Sprung ins kalte Wasser zu wagen, der durch
die Eröffnung des Suezkanals und den Fortschritt moderner
Erfindungen unvermeidlich geworden war. Es war traurig zu
erkennen , dass das Segelschiff in den Hintergrund geriet und
dass die Zukunft der See dem Dampf gehörte – einem
Antriebsmittel, das die männliche Handhabung von Masten,
Rahen und Segeln für immer in den Hintergrund drängen
würde. Heute wird die Zeit, in der dieses Land seine größten
Triumphe auf See errang, allgemein (sogar in der Royal Navy)
als die „Zeit der Knüppel und Seile" bezeichnet, aber ich bin
altmodisch genug, um zu glauben, dass die Seeleute der
Vergangenheit auf ihre Weise ebenso kluge Ingenieure waren
wie die Männer, die die modernen Turbinenmotoren
montieren und antreiben.

Im Museum der Royal United Service Institution ist ein
vollständig aufgetakeltes Modell der alten *Cornwallis zu sehen* .
Stellen Sie sich daneben und versuchen Sie sich vorzustellen,
welche exquisite Kunstfertigkeit nötig war, um dieses Schiff
aufzutakeln und dann die Masten trotz all der verschiedenen
Erfahrungen, die dabei auf uns zukamen, in Schuss zu halten.
Wie beim Stampfen in auflaufender See jedes Stag die ihm
gebührende Belastung aushalten muss, sonst würde etwas
kaputtgehen! Bedenken Sie die Reibung und Scheuerstellen,
die bei der Takelage aus Tauen ständig auftreten würden, und
die unablässige Wachsamkeit, die nötig war, um sie intakt zu
halten, und dann, wenn Sie genug wissen, um zu verstehen, was
das bedeutete, spotten Sie, wenn Sie wollen, über die Tage von
Stock und Schnur, aber verzeihen Sie denen, die mit Bedauern
auf das unvermeidliche Ende einer bemerkenswerten Phase in
einem sehr edlen Beruf zurückblicken.

Der Segelschiffsmann hatte ein paar Zweifel, welchen Rang er
dem Dampfschiffsmann zuzuweisen hatte. Auf der vorherigen
Reise hatte ich gehört, wie Ingenieuroffiziere auf einem
Postdampfer abschätzig über die seemännischen Qualitäten

der Schiffsoffiziere sprachen – wie zum Beispiel ein Befehl an
den Maschinenraum: „Wenn möglich, eine halbe Drehung
seitwärts; wenn nicht, dann nichts." Man glaubte es nicht einen
Augenblick lang, aber wir Seeleute zweifelten trotzdem daran,
welchen Rang sie in der Hierarchie der See einnehmen sollten.
Dieselben Ingenieure sagten auch, sie hätten einen Ersten
Offizier, der bei schlechtem Wetter etwas wert sei, denn er
könne mit so wunderbaren Sprachkenntnissen über die Decks
gehen, dass ihnen nie etwas schief ging, und so kam die Runde,
mit der ich die Angelegenheit besprach, zu dem Schluss, dass
möglicherweise eine Stelle für jemanden frei sei, der sogar eine
harte Seemannschaftsschule absolviert hatte. Muss ich sagen,
dass ich trotz aller Spreu und theoretischen Neigungen
aufrichtig dankbar war, als mir die Stelle als dritter Maat auf
dem Postdampfer *Roman* der Union Steamship Company aus
Southampton angeboten wurde? Ich verabschiedete mich mit
Bedauern von Kapitän Gissing von der *Albuera* und machte
mich mit aller gebotenen Eile daran, meine Stelle anzutreten.

Im Juli 1870 sah ich zum ersten Mal die *Roman*. Es war Abend
und sie war verlassen, bis auf einen alten Schiffseigner, der in
den Anfangstagen der Firma Offizier gewesen war und gern
tratschte und meine Neugier hinsichtlich meiner neuen
Umgebung befriedigte, was ich ohne Zögern gestand.

USS „ROMAN"

USS „NYANZA"

USS „AFRICAN"

Natürlich fielen mir als Erstes die Masten des Schiffes ins
Auge, und da war ich zufrieden; es war mit schön
quadratischen Rahen ausgestattet, Segelabdeckungen
angebracht und in bewährter Kriegsschiff-Manier kreuz und
quer über die untere Takelage verteilte Royal- und Bramrahen.
Außerdem waren die Decks sauber, und der Anstrich sprach
für das Schiff, das an den alten Blackwall- Liner erinnerte.
Insgesamt strahlte es eine Aura des Wohlstands aus, die mich
glauben ließ, meine Leinen seien an angenehmen Orten
gelandet. Mein erster Eindruck war in diesem Fall der richtige,
denn ich bezweifle, dass ich jemals einen unglücklichen Tag an
Bord dieses Schiffes verbracht habe. Es war ursprünglich von
Lungley of Deptford mit einem glatten Deck nach dem
sogenannten unsinkbaren Prinzip gebaut worden, aber die
Erfordernisse des zunehmenden Handels hatten die Firma

dazu veranlasst, ein Achterdeck darauf zu bauen, was zu großen Einbußen bei der Optik führte. Es hielt es jedoch gut aus, und Jahre später wurde es sogar verlängert und mit einem Vorschiff versehen, von dem man über eine Leiter zum Bugspriet hinabstieg, um an die Klüver zu gelangen.

Am Tag nach meiner Ankunft meldete ich mich im Büro beim Marineleiter, Captain R. W. Ker, RNR, und erfuhr von ihm, dass ich auf einer Probefahrt war und dass meine Dienstzeit von meiner Eignung für den Dienst der Reederei abhing. Mit dieser Information war ich vollkommen zufrieden und ging zum Schiff, um Captain Warleigh meine Ernennung mitzuteilen . Die Dinge wurden dann mit viel Formalität erledigt, und ich hoffe, man verzeiht mir ein gewisses Maß an Bedauern, dass von einem System abgewichen wurde, das hervorragende Ergebnisse gebracht hatte . Die Politik des „Hetzens" ist nicht die einzige, die gute Ergebnisse hervorbringt.

Mein neuer Kapitän war eine Art Offenbarung. Er empfing mich wie ein Gentleman den anderen und konnte, wenn er wollte, besonders freundlich sein. Er hatte eine ausgesprochen einnehmende Erscheinung und ein Paar stahlblaue Augen, die manchmal sehr grell leuchten konnten. Lassen Sie mich gleich sagen, dass ich ihn immer als einen guten Freund empfand, obwohl wir Jahre später Meinungsverschiedenheiten hatten. Warleigh war ein sehr feiner Charakter und wäre eine Zierde für jeden Dienst gewesen; er war jedoch körperlich nicht stark, da er stark unter Fieber gelitten hatte, das er sich im Dienst auf Mauritius zugezogen hatte. Nachdem er mir ein paar Fragen darüber gestellt hatte, wo ich gewesen war und was ich dort gemacht hatte, rief er den Ersten Offizier, der Coathupe hieß , und stellte mich ihm folgendermaßen vor: „Curly, das ist unser neuer Dritter, führe ihn herum und hilf ihm, seine Füße zu fühlen, ja?" Die Redefreiheit, so erfuhr ich später, war der Tatsache zu verdanken, dass Warleigh erst auf der vorherigen Reise befördert worden war, und da er und Coathupe als Offiziere gute Freunde gewesen waren, stand der Kapitän mit seinem Chef auf einem lockereren und ungezwungeneren Fuß, als es sonst der Fall gewesen wäre. Fred Coathupe war einer jener begabten Sterblichen, die jeder mochte ; tatsächlich kann ich mich an keine Gelegenheit erinnern, bei der ich ihn die Beherrschung verlieren sah. Sein Benehmen hatte wenig bis gar nichts von einem Seemann, aber trotz allem war er ein flotter

Offizier und hielt sein Schiff in ausgezeichneter Ordnung. Wir machten uns auf die Suche nach dem zweiten Offizier, den wir in der Halle fanden, wo er die Ladung zählte – oder zumindest vorgab, dies zu tun – denn lassen Sie mich hier sagen, dass es sowohl unfair als auch eine Farce ist, einen Dampferoffizier mit Schreibarbeiten zu betrauen. Ich weiß, dass dies heute in einigen Fällen noch gemacht wird, aber ich bin überzeugt, dass der Verlust, der durch eine unvollständige Aufzeichnung der beförderten Ladung entsteht, weit höher ist als die Zeit, die ein für diese Arbeit richtig ausgebildeter Angestellter aufbringen würde. In der Zeit der Segelschiffe, als es keine Eile gab, konnte der Maat ganz einfach an der Reling sitzen und seine Abrechnung durchführen, aber heute ist das nicht mehr so.

Reginald Leigh, der „Zweite", war ein Mann mit einem sehr ausgeprägten Sinn für Humor , der nie um eine Antwort auf eine merkwürdige Bemerkung verlegen war, die an ihn gerichtet wurde, und insgesamt mit einem Redefluss begabt war, der gelegentlich sogar die Bewunderung des Opfers hervorrief, an das er gerichtet war. Ich könnte amüsante Geschichten zu diesem Thema erzählen, aber ich denke, ich werde auf Einzelheiten verzichten . Hinweise darauf können jedoch auf späteren Seiten erscheinen. Leigh machte meine Bekanntschaft mit einem humorvollen Grinsen, bemerkte, dass „es ein guter Hund war, der bellte, wenn man es ihm sagte", das war sein Motto, und ob ich ihn nicht für kurze Zeit mit dem Zählbuch ablösen würde? Er und ich mussten uns dieselbe Kabine teilen, und wir kamen sehr gut miteinander aus, der einzige Meinungsunterschied war, dass er Tabak verabscheute, während ich und meine Pfeife gute Freunde waren. Wenn das Schiff nicht voll mit Passagieren war, gab der Kapitän dem Dritten die Erlaubnis, eine der Salonkabinen zu benutzen, und tatsächlich war es im Service üblich, es jedem so bequem wie möglich zu machen. Der Kapitän war während der gesamten Dienstzeit der Kompanie eine sehr wichtige Persönlichkeit. Unter ihm war der Erste Offizier praktisch in allen Angelegenheiten oberster Vertreter. Wenn beispielsweise ein Besatzungsmitglied eine Beschwerde hatte und diese dem Ersten vortragen wollte, musste er sich zunächst die Aufmerksamkeit und Unterstützung eines Warrant Officer oder Unteroffiziers sichern, der seine Aussage bestätigte und ihn nach achtern begleitete, um sie dem Ersten Offizier vorzutragen.

Es ist vielleicht nicht unangebracht, hier ein paar Worte über Southampton zu verlieren, wie es damals war – nicht die große Heimat riesiger Linienschiffe, die es heute ist – sondern ein netter, ruhiger kleiner Ort mit gerade genug Schiffen der besten Art, um ihm eine beträchtliche Bedeutung zu verleihen. Die Leute, die dort lebten, schienen nicht sehr daran interessiert zu sein, die Schifffahrt zu fördern, sie zogen es eher vor, dass es als Kreisstadt betrachtet wurde und sich auf die Unterstützung der Kreisfamilien stützte; jedenfalls war es das, was die Stadtbewohner zu sagen pflegten, wenn man auf die enormen Möglichkeiten des Hafens hinwies. Ich gestehe, dass der heutige Besuch dieses Ortes mich mit tiefem Bedauern auf die alten Zeiten zurückblicken lässt, denn ein Seemann aus Southampton konnte in den frühen Siebzigern mit Recht die Danksagung des Pharisäers auf sich nehmen, wenn er den verachteten Zöllner betrachtete.

Um zunächst die Reedereien in ihrer Rangfolge zu nennen: Da war die Royal Mail Steam Packet Company. Dies war und ist meines Wissens die einzige Dampfschifffahrtsgesellschaft, die durch königliche Charta gegründet wurde, und sie hatte verschiedene kuriosen Privilegien, die anderen vorenthalten waren. Es ist selbst heute noch schwierig, sie zu ermitteln, aber die Verbindung zwischen der Royal Navy und der Royal Mail war eng, und zweifellos stand die Linie einst mehr oder weniger unter der aktiven Schirmherrschaft der jeweiligen Regierung. Ihre Schiffe waren gut bemannt, und es gab ziemlich schnelle Beförderungen, denn das Klima in Westindien insgesamt war aufgrund der damals weit verbreiteten Fieberanfälle nicht sehr förderlich für ein langes Leben.

Die Union Company zog viele ihrer Offiziere von der Royal Mail ab, und es gab daher einen guten Verkehr zwischen den beiden Diensten. Es herrschte jedoch ein beträchtlicher Antagonismus zwischen den Offizieren der Royal Mail und des P. & O.-Dienstes; sie wollten unter keinen Umständen zusammenkommen, da jeder auf den anderen eifersüchtig war. Beide verkehrten jedoch mit uns, denn sie konnten und taten in herablassendem Ton sagen : „Oh ja, das ist eine sehr nette kleine Firma von Ihnen, ganz nett", ohne zu ahnen, was daraus in naher Zukunft werden würde. Zu dieser Zeit modernisierte die Royal Mail ihre Flotte. Sie hatte noch Raddampfer wie die *La Plata* und *die Shannon im Einsatz*, und der Kontrast zwischen diesen und der neuen *Elbe* war sehr ausgeprägt. Ich kannte zufällig einen Offizier namens Teddy Griffiths, der auf dem letztgenannten Schiff eingesetzt war, und als er seinen ersten Besuch auf ihr beschrieb, erklärte er, sie sei so geräumig und kompliziert, dass er sich verirrte und weinend auf einer Luke saß, bis ein Junge kam und ihm den Weg nach draußen zeigte. Wie dem auch sei, wir verbrachten viele heitere Abende an Bord dieses Schiffes, denn wir waren jung, konnten gut singen und hatten die Gabe der Kameradschaft – was, wie ich bedauere, nicht immer richtig gewürdigt wird, wenn man es besitzt. Es kann einen zu übertriebener Ausgelassenheit verleiten, aber es ist ein wertvoller Besitz, das Beste in der unmittelbaren Umgebung sehen zu können.

Ob der erste Platz der Royal Mail oder der P. & O. zukam, darüber lässt sich streiten, aber es besteht kein Zweifel, dass die P. & O. in puncto Aussehen mühelos die Nase vorn hatte. Ihre Schiffe lagen im äußeren Becken und boten stets einen schönen Anblick. Schiffe wie die *Mooltan*, *Poonah* und viele andere derselben Klasse wurden schon damals von neueren Schiffen wie der *Australia*, *Bangalore* und *Kaiser-I-Hind abgelöst*, die zwar neuer und moderner waren, sich aber vom Aussehen her nicht mit den älteren Schiffen vergleichen ließen. Mit Takelage und Segeln in perfektem Zustand waren sie alles, was das Auge eines Seemanns begehren konnte.

Die Erwähnung, dass diese Schiffe im äußeren Becken lagen, erinnert mich daran, dass die Flut in Southampton beträchtlich war und dass die Bugspriet dieser altmodischen Schiffe, die bei Ebbe häufig über die Schienen am Kai hinausragten, manchmal auf gleicher Höhe mit den Eisenbahnwaggons waren. Eines Tages hängte ein Künstler aus Spaß eine LKW-Kupplung an ein benachbartes Bugspriet-Wasserstag. Mit der Flut stieg auch der LKW, und das Interesse an dem Vorfall war groß. Ich habe nie gehört, dass der Täter entdeckt wurde, und er verdiente Immunität für sein Genie.

Abgesehen von den Kanalpostdampfern, einigen Getreideschiffen und den Schiffen des Norddeutschen Lloyd gab es wenig Verkehr zu den Docks. Die deutschen Schiffe waren schöne Schiffe, gut geführt, und die einheimischen Lotsen, die sie steuerten, sprachen immer in den höchsten Tönen von den Qualifikationen ihrer Offiziere. Es kam mir damals irgendwie vage vor, dass es merkwürdig war, dass die Deutschen so schöne Schiffe besaßen. Heute ist leicht zu erkennen, dass sie sich in den frühen Stadien ihres Durstes nach Seemacht befanden. In diesem Zusammenhang möchte ich erwähnen, dass die Union Company gerade ihren Dampfer *Dane* (Kapitän Ballard) mit versiegelten Befehlen ausgesandt hatte, aber wie wir später auf einer Expedition zu den Western Islands erfuhren, um ein deutsches Schulschiff für Offiziere zu warnen, war zwischen Frankreich und Deutschland der Krieg erklärt worden.

Keine Beschreibung von Southampton in den frühen Siebzigern wäre vollständig ohne die Erwähnung von Queen's Terrace und dem Canute Hotel. Die Terrace war im Allgemeinen die Unterkunft der Offiziere der Schiffe im Hafen . In der Regel waren die Wirtinnen gute Leute, kümmerten sich gut um uns und beraubten uns nicht übermäßig. Sie waren auch ziemlich geduldig und langmütig, wenn es um unsere Missetaten ging. Denn die Tage waren nicht lang genug für all das, was wir uns darin zu drängen versuchten, und die Nächte waren sehr kurz und das Bett war für die meisten von uns der letzte Ausweg. Die Erfahrungen waren zahlreich und unterschiedlich, aber sie hatten meist den Reiz des Neuen. Einige Offiziere bevorzugten eine Leiter, die ihnen einen Ausgang durch den Hinterhof aus ihren Schlafzimmerfenstern ermöglichte, wenn es aus verschiedenen Gründen unerwünscht war, die Vordertür zu benutzen. Das Canute Hotel war der allgemeine Treffpunkt aller Offiziere im Hafen zum Mittagessen. Es wurde von Mrs. Hyles geführt, die auf ihre Weise uns alle bemuttert hätte. Sie lieferte die besten Koteletts, die Erinnerung daran und der Appetit, der sie verschlang, sind bis heute spürbar. Ich habe nur einen Grund, mich über diese gute Frau zu beschweren, und den kann ich auch gleich vorbringen.

In Southampton gab es ein Varieté namens „Royal York", das im Allgemeinen von Offizieren gut besucht war. Als ich etwa zwei Jahre das Kommando innehatte, wurde es von Mrs. Hyles geleitet. Eines Abends dachten Charlie Hight , ein höchst angesehener Beamter der National Provincial Bank , und ich, dass wir das York gern noch einmal sehen würden, wenn wir dies in Sicherheit und ohne Verlust an Würde tun könnten. Wir fragten Mrs. Hyles, die sagte: „Sie bekommen meine eigene Privatloge", und wir gingen dorthin. Das war in Ordnung, aber später tat sie drei jungen Ärzten aus Netley einen ähnlichen Gefallen , die sehr gut, wenn auch nicht allzu gut, gespeist hatten. Während der Vorstellung trat eine Dame auf der Bühne auf, die als Jenny Hill oder „Vital Spot" bekannt war, und diese jungen Ärzte fingen an, sie zu veräppeln. Sie stand auf der Bühne und kleidete sie ordentlich an, wofür sie vom Publikum applaudiert wurde, aber da wir auch die Loge besetzten, in der wir uns befanden, versuchten wir, uns so unauffällig wie möglich zu machen, ich besonders, denn ich konnte sehen, dass mein dritter Offizier im Parkett großes Interesse an den Vorgängen zeigte. Unsere Loge befand sich am Ende einer langen Galerie voller Menschen, die man durchqueren musste, um hinauszukommen, und als die Ärzte gingen, erhob sich das ganze Haus und schrie sie an. Charlie und ich saßen da und dachten, wir könnten uns später unbemerkt davonschleichen, aber wir hatten kein Glück. Nach einer Stunde versuchten wir zu gehen, wurden aber noch schlimmer dran als die eigentlichen Täter. Das zeigt nur, wie respektablen, wohlmeinenden Männern Unfälle passieren können, wenn sie vom Pfad der strengen Schicklichkeit abweichen.

Es war manchmal amüsant, die Stimmung zwischen den Männern von P. & O. und West Indian Mail zu beobachten. Einer der ersteren sagte beispielsweise: „Nun, Mrs. Hyles, wenn Sie mit diesen in Messing gekleideten Herren fertig sind, werden Sie mir dann ein wenig Aufmerksamkeit schenken?" Das war angebracht, weil die Uniform der Männer von P. & O. im Gegensatz zu der eher großzügigen Verwendung von Goldborten durch die West Indian Co. auffallend schlicht und ordentlich war. Ich denke, eine Geschichte der Royal Mail Company wäre ein wertvolles Buch, wenn es jemand schreiben würde, der mit den Legenden der Company vertraut ist, denn es scheint schade, dass so interessante Dinge verloren gehen. Geschichten wie die, dass das Tragen von Schulterklappen „jeder Zahl über zwei" erlaubt wurde, und eine authentische Aussage darüber, wann der weiße Hut zur Galauniform schließlich abgeschafft wurde. Dies mögen triviale Angelegenheiten sein, doch die Traditionen der Seefahrt sind für diejenigen, die das britische Kulturerbe noch immer lieben, von großem Wert, und die Aufzeichnungen der Handelsmarine sind ebenso Teil der Geschichte des Landes wie jene der Royal Navy.

Um die Landdetails zu verlassen und noch einmal zur *Roman zurückzukommen*: Es war damals bei der Kompanie üblich, am Tag vor der Abfahrt des Schiffes die Mannschaft zu versammeln und Feuer- und Bootsübungen durchzuführen, und das war ein sehr guter Brauch. Es war ein respektabler Anblick, die Männer in Uniform antreten zu sehen und in angemessener Weise salutieren zu sehen, als ihre Namen aufgerufen wurden, während die Offiziere Gehröcke trugen, die der Mode der Kompanie entsprachen. Die Uniform des Kapitäns war offensichtlich von der der Trinity Masters kopiert worden, ein hervorragendes Beispiel, und ich hielt es immer für einen Fehler, sich zu sehr an die Uniform der Royal Navy zu halten. Ich weiß, dass dies häufig gemacht wird, aber es würde geschmackvoller sein, wenn man es nicht mehr trüge.

Natürlich gefiel mir dieser Zustand außerordentlich, und ich kann sagen, dass ich den Dienst mochte, der nie endete. Jahre später, als ich „neue Aufgaben" suchte, sagte man von mir, dass man „eher erwarten konnte, dass die Planeten ihre Umlaufbahnen verlassen, als dass ich meine Verbindung mit der Gesellschaft aufkündige", und ich bin mir jetzt mehr denn je sicher, dass dies der größte Fehler unter den vielen war, die ich zu verzeichnen habe. Ich bin fest davon überzeugt, dass dieser Dienst die letzte Hochburg des Konservatismus der Seefahrt war.

Zu der Zeit, von der ich hier schreibe, war es üblich, Southampton zwei Tage vor dem Abfahrtsdatum von Plymouth zu verlassen. Die Schiffe der Gesellschaft waren nicht stark genug, um ihre Fahrt bei starkem Gegenwind zu gewährleisten, und es kam häufig vor, dass es notwendig war, das Schiff mit Schnabel- und Achtersegeln zu bespannen und in milder Form die Taktik von Segelschiffen bei Gegenwind zu wiederholen.

Wir nahmen auch einen Kanallotsen mit, der normalerweise als Lotse der Gesellschaft angestellt war. Sein Name war William Waters. Er war ein Mann mit starkem Charakter und einer stärkeren Sprache. Er hatte nicht viel von „suaviter *in modo* "an sich, aber er war ein Seemann und konnte ein Schiff mit allem Drum und Dran führen. Es gibt viele Geschichten über Vorfälle, die sich während dieser Fahrten den Kanal hinunter ereigneten, aber sie würden viel von ihrer Aussage verlieren, wenn man vom Text abwiche, und da vieles davon nicht druckbar ist, kann man nichts anderes tun, als es dabei zu belassen. Aber nie werde ich Williams Worte an den Mann vergessen, der für einen kleinen Schoner ohne Lichter verantwortlich war, den wir eines dunklen Abends in unserer Nähe fanden. Als Antwort auf eine eindringliche Frage bezüglich der Lichter kam die Antwort: „Sicher, Sir, sie sind ausgegangen." Das erinnert mich an einen anderen Iren, Pat Malony , der später einer der Kapitäne der Gesellschaft war und als er als vierter Offizier im Laderaum war, gefragt wurde: „Wie viele Lichter haben Sie da unten, Malony ?" Er antwortete: „Sechs, Sir, aber sie sind alle ausgegangen."

Die Schrat- und Achtersegel der Unionsschiffe waren eine Besonderheit dieser Schiffe . Ich habe nie etwas Vergleichbares gesehen, obwohl ich glaube, dass die P. & O. Company einmal etwas sehr Ähnliches hatte. Die Trysegel waren auf sehr großen Bäumen gesetzt und die Gaffeln wurden mit Dampfwinden gehisst. Sie waren recht einfach zu handhaben, wenn man einmal wusste, wie es ging, aber anfangs erforderte es viel Vertrauen, um zu sehen, wie eine Dampfwinde mit Kehl- und Piekfallen losriss . Ich kann nicht sagen, dass ich je cinen Unfall gesehen hätte, aber Jahre später war es traurig zu sehen, wie die Hände, die sie bedienten, auf demselben Schiff mit denselben Masten und Segeln das alte Können verloren hatten. Sie schienen das Wissen verloren zu haben, dass beim Bedienen großer Schrat- und Achtersegel die Kehlen beim Hissen immer höher sein müssen als die Piek, aber dieses Prinzip muss den Leuten erst noch eingetrichtert werden. Es gab noch eine weitere Besonderheit in der Takelage dieser Schiffe: Die Unterrahen waren so angebracht, dass sie sich bei Fahrten gegen den Gegenwind über die Reling senkten. Die Jeer-Fälle wurden immer gespannt gehalten, und gelegentlich, wenn ich mit widrigen Winden um die Linie zu kämpfen hatte, habe ich Royal-, Bram- und Unterrahen dreimal am Tag auf und ab gesehen. Es dauerte etwa zwanzig Minuten, um die Arbeit zu erledigen.

Auf der Fahrt den Kanal hinunter geschah nichts von besonderer Bedeutung, aber es war eine neue Erfahrung, zum ersten Mal die Verantwortung für die Brücke eines Dampfers zu übernehmen. In engen Gewässern war es häufig üblich, die Wachen zu verdoppeln, aber bei dieser besonderen Gelegenheit tat der Kapitän dies nicht. Er überließ mich ganz mir selbst, obwohl ich den Eindruck hatte, dass er alles, was während dieser ersten Wache geschah, sehr genau im Auge behielt. Das war eine ausgezeichnete Methode, einem Neuling die ersten Schritte zu ermöglichen, aber der Kapitän mischte sich nie in meine Pflichten als Wachoffizier ein.

Als wir Plymouth verließen, taten wir etwas, was nicht oft getan wird: Wir fuhren bis weit in die Cawsand Bay hinein, um einen Herrn und seine Frau als Passagiere von einem Küstenboot aufzunehmen. Er war früher einer der Kapitäne der Gesellschaft gewesen, und der Bericht, ob richtig oder nicht, besagte, dass Warleigh ihn, da er ein alter Freund war, auf diese Weise entführt hatte, um ihn vor seinen Gläubigern zu retten. Ich wage zu behaupten, dass dies durchaus wahrscheinlich war, denn wir verstießen nicht gegen das Gesetz. Der Ex-Kapitän machte später ein Vermögen auf den Diamantenfeldern. Es erübrigt sich zu sagen, dass wir ziemlich voll mit Passagieren waren, aber es ist eine der Schwierigkeiten beim Schreiben dieser Geschichte, zu wissen, wie viel oder wie wenig man zu diesem speziellen Thema sagen sollte. Es gab alle Anreize für Passagiere und Offiziere, sich freundlich zu verhalten. Wir trieben mit ihnen herum, und sie wurden immer behandelt, als wären sie Gäste. Es gab viel Freizeit, die es zu überbrücken galt, und man erwartete von den Offizieren, dass sie sich Unterhaltung ausdenken würden, um sich die Zeit zu vertreiben. Die vertraglich vereinbarte Geschwindigkeit der Postschiffe betrug siebeneinhalb Knoten, und die Überfahrt dauerte selten weniger als 35 Tage. So konnte man sich recht gut ein Bild davon machen, ob die anderen nett waren oder nicht.

Die Kapkolonie war damals ein kleiner Ort, und ich stellte bald fest, dass fast jeder aus unserer eigenen Nationalität ein Interesse an der Führung der Postdampfer hatte. Und um der Gastfreundschaft gerecht zu werden, die uns an Land allgemein entgegengebracht wurde, waren wir im Allgemeinen überall willkommene Gäste. Daher herrschte auf allen Seiten viel Einvernehmen und Unstimmigkeiten waren selten.

Besonders viel Glück hatten wir in dieser Hinsicht anlässlich meiner ersten Dampfreise. Wir hatten eine sehr angenehme Gruppe von Passagieren und wurden in unserem ersten Anlaufhafen, Madeira, unter Quarantäne gestellt. Dort fanden wir das Schiff der Gesellschaft, die *Northam* , und da es sich auf dem Heimweg in einer ähnlichen Lage befand, trafen wir uns mit seinen Offizieren und Passagieren. Ich war sehr beeindruckt von der guten Stimmung, die auf den Schiffen der Gesellschaft zu herrschen schien, und freute mich ungemein über mein Glück, daran teilhaben zu können.

Bei der Ankunft in Kapstadt war es Brauch, zwei Kanonenschüsse abzufeuern, um die Ankunft der englischen Post anzukündigen. Diese wurden mit zwei Kanonenschüssen aus der Burg beantwortet, denn in jenen Tagen war das ein Ereignis. Bei dieser besonderen Gelegenheit überbrachten wir die Nachricht vom Ausbruch des Deutsch-Französischen Krieges. Dies schien unsere Beamten jedoch nicht sonderlich zu interessieren, die damals von der Entdeckung der Diamantenfelder ganz erfüllt waren, und man kann sagen, dass wir unsererseits die enorme Bedeutung dieser neuen Entdeckung nicht erkannten . Damals gab es noch kein Kabel, und das nahe Landesinnere Südafrikas war ein unerforschtes Land. Wir brachten unsere Passagiere aus Natal an Land, die auf einem kleineren Schiff namens *Natal die Küste hinaufgeschickt wurden* , und verabschiedeten uns voller Bedauern von einem unserer besten Kerle, einem Zuckerrohrpflanzer namens Tom Milner, dessen Erinnerung den alten Natalianern noch frisch in Erinnerung ist .

Die Docks von Kapstadt waren damals für Segelschiffe und kleine Schiffe geöffnet, aber wir entluden unsere Ladung in der Tafelbucht an Segelleichter. Es war kaum mehr als der Anfang des heutigen prächtigen Wellenbrechers gemacht worden, und es kam nicht selten vor, dass Schiffe bei starkem Nordwestwind an Land trieben. Die Bootsleute der Tafelbucht waren hervorragende Seeleute. Bei schlechtestem Wetter hielt ein gut ausgerüstetes Ankerboot die See, und wenn ein Schiff trieb oder sein Kabel gerissen war, waren sie sehr geschickt darin, das Ende eines großen Kokoskabels an Bord zu bringen, dessen anderes Ende an einem Anker befestigt war, den sie in Luv losgelassen hatten.

Bevor wir die Tafelbucht verließen, kam der heimkehrende Postdampfer an – die *Briton* , später HMS *Dromedary* . Sie sah aus wie ein kleines, aber hübsches Schiff, als sie mit akkurat zugeschnittenen Rahen, Segelabdeckungen, schön gestrichen und insgesamt blitzblank ankam. Sie sah durch und durch handwerklich aus und war typisch für ihren Kapitän, George Rawlinson Vyvyan, von dem wir gleich mehr erfahren werden. Auf einer vorhergehenden Reise hatte die *Briton* ihren Propeller verloren und war mit einer Tagesgeschwindigkeit von 300 Meilen nur unter Segeltuch in Vigo eingelaufen, was ein klarer Beweis dafür war, dass Segel auf diesen Schiffen nicht nur zur Zierde mitgeführt wurden.

Zu gegebener Zeit beendeten wir unsere Reise nach Algoa Bay, löschten unsere Ladung und luden Wolle für die Heimat. Auf dem Rückweg machten wir in der Tafelbucht Halt, um Ladung und Passagiere aufzufüllen. Unter unseren Passagieren war ein sehr gebildeter Mann namens Woollaston , der sich große Mühe gab, mir Ecarté beizubringen und mir die Art von Lektüre zu zeigen, die mir nützlich sein könnte; ich behalte ihn in dankbarer Erinnerung. Auf der Heimreise wehte der Südostpassat kräftig. Die *Roman* hatte auf dieser Reise einen zweiflügeligen Propeller; diesen richteten wir nach oben und unten, wenn die Motoren abgestellt waren, und zwei Tage lang fuhren wir ohne Dampf über zehn Knoten. Da dies weit über der Vertragsgeschwindigkeit lag, hielt man es für wünschenswert, Kohle zu sparen, aber die Verfolgung dieser Politik rief Widerstand hervor, der mit der Zeit die ursprüngliche Linie der Postdampfer absorbierte.

Kapitän Warleigh war natürlich bestrebt, die Segelfähigkeiten des Schiffes optimal zu nutzen, und da ich zuletzt ein Segelschiff verlassen hatte, war ich erfreut, dass mir alle erlaubten, die Segel nach Herzenslust zu trimmen, und jeder ermutigte mich dazu, außer der Bootsmann, der es nicht mochte, wenn sich der wachhabende Offizier in Einzelheiten einmischte. Der Chef sagte ihm jedoch, dass, wenn andere Offiziere ihm die Arbeit überließen, dies kein Grund sei, warum jeder das tun sollte, und danach gab es keinen Ärger, denn er war ein anständiger Seemann. Dieses Segelgeschäft half mir beim Kapitän sehr, der mir eines Abends sagte, er würde alles tun, was er könne, um mich im Dienst der Gesellschaft zu halten, wofür ich dankbar war. Mein Rat an jeden jungen Mann, der einen neuen Dienst antritt, wäre, zu versuchen, wie viel sie einen machen lassen, selbst wenn man die Arbeit anderer Leute usurpiert – machen Sie die Arbeit und machen Sie sie gut – es zahlt sich aus.

Als wir nach Hause kamen, wurde das Schiff sofort in Angriff genommen, um es für eine zusätzliche Menge an Passagieren auszurüsten. Ich wurde in meiner Position bestätigt und wir bekamen einen neuen Ersten Offizier namens Alex J. Garrett, einen Mann so stark wie Herkules und so stur wie ein Maultier, einen guten Seemann und einen guten Freund, wo er Gefallen fand. Er war sehr nett zu mir und überließ mir das Haus seines Vaters in Southampton. Ich kann sagen, dass der Vater Geistlicher war, aber Garretts Neigungen gingen nicht so weit;

er war auf einem der alten Blackwall- Liner von Smith ausgebildet worden und verkörperte den Typ Offizier, der jede Position mit Ehre ausfüllen konnte. Er hatte eine kurze und effektive Art, die Mannschaft zu leiten, und erfreute sich des Spitznamens „Dreifinger-Jack". Was unsere Mannschaften anging, blieben die Männer Reise für Reise oft bei demselben Ersten Offizier. Sie waren meist ein sehr anständiger Haufen und im krassen Gegensatz zur heutigen Zeit waren die Heizer wahrscheinlich die besten Männer an Bord. In der Regel waren es Seeleute, die wegen ihres zuverlässigen Verhaltens in den Heizraum geholt worden waren. Damals wurden die Stopfbuchsen der Maschinen mit Hanf- oder Baumwollpackungen abgedichtet, die von Heizern in Form von quadratischen Sennits hergestellt wurden , und sie mussten viele davon herstellen. Der Dampfdruck in den Hauptmaschinen betrug etwa 14 Pfund. Es gab keine Federsicherheitsventile, und bei jeder mäßigen Rollbewegung des Schiffes entwich ein großer Dampfstoß, der durch den Druckabfall auf der Gewichtsstange verursacht wurde, die das Sicherheitsventil steuerte. Dieser Dampfverlust war ein sehr erheblicher Punkt, aber die Zeit für Reformen war noch nicht gekommen, und wir waren alle damit zufrieden, den alten und angenehmen Weg des „So wie Sie waren" zu verfolgen.

Zusätzlich zum Haupt- und zweiten Salon hatten wir jetzt erstklassige Unterkünfte mittschiffs und hinter den Zwischendecks. Das Schiff war so gebaut worden, dass dies bei Bedarf möglich war; daher waren Öffnungen eingebaut, die nur genutzt werden mussten, um Licht und Belüftung zu gewährleisten. Diese Kabinen waren eher provisorisch, wurden aber von den ersten Abenteurern, die sich auf den Weg zu den Diamantenfeldern machten, gierig aufgekauft. Unter diesen Leuten befanden sich Namen, die in späteren Jahren in Südafrika wohlbekannt waren . Viele von ihnen schlugen sich gut, einige kamen zu Schaden, und einer der klügsten von ihnen, Albert Ward, beendete seine Karriere, als er im Cowie Bush für sein Wahlland kämpfte. Wir hatten auch den römisch-katholischen Bischof von Kapstadt mit mehreren Priestern an Bord, die größtenteils gute Kerle waren. Ihre Anwesenheit versprach uns, dem Seefahrer-Aberglauben zufolge, eine gute Überfahrt, die nicht gefälscht wurde. Es ist eine merkwürdige Tatsache, dass anglikanischen Geistlichen allgemein zugeschrieben wird, *schlechtes* Wetter zu bringen.

Wir verließen Plymouth und ließen verschiedene potenzielle Passagiere zurück, die in der vergeblichen Hoffnung auf eine Überfahrt mitgekommen waren. Auf der Überfahrt nach Madeira war ich sehr befreundet mit einem jungen Mann namens Brett, der den Winter dort verbringen wollte. Ich glaube, er war später auf der Isle of Wight ein bedeutender Mann. Auf jeden Fall weiß ich, dass er der Polizei bekannt gewesen sein muss, denn eines Abends, einige Monate später, hatten wir zusammen gegessen und dann ein streunendes Pferd gefunden, das in der High Street in Southampton herumirrte. Wir brachten es zur Polizeiwache und wollten es wegen ungebührlichen Verhaltens in Gewahrsam nehmen. Der verantwortliche Sergeant schien geneigt zu sein, zu glauben, dass wir die Unordnung begangen hatten, aber mein Begleiter übernahm die Führung und rettete die Situation auf meisterhafte Weise. Ich habe ihn später nie wieder aufgesucht, aber es war eine angenehme Freundschaft junger Männer, solange sie dauerte, und die Fähigkeit zur Freundschaft wird mit dem Alter nicht besser.

Die Überfahrt nach Madeira war ziemlich rau. Beim Überqueren der Bucht kam der Wind direkt von achtern und Warleigh war geneigt, das Beste daraus zu machen. Während der ersten Wache hatte ich mich in altmodischer Manier an der Plane festgeklammert, aber es hatte einige Mühe gekostet, sie bei den Böen ordentlich aufrecht zu halten, und als Leigh an Deck kam, wollte er erst die Plane einziehen, wenn sie wieder eingezogen war. Er wollte nicht die nötige besondere Sorgfalt aufbringen, um sie zu tragen, und ich glaube, er hatte recht, aber mit einem guten Schiff und einer guten Mannschaft machte mir die Arbeit Spaß. Wir erreichten Madeira rechtzeitig und es gibt nur wenige Veränderungen, die auffallender sind als die Schönheit eines schönen Morgens auf Madeira, nachdem man über die Bucht hinweggefegt ist.

Zu meiner Überraschung ließ der Kapitän nach mir kommen, als wir vor Anker gingen, und fragte, ob ich reiten könne. Als ich dies bejahte, lud er mich ein, an Land zu gehen und mit ihm zu reiten, da er mir ein Reittier zur Verfügung stellen konnte. Es dauerte nicht lange, bis ich meine Reitkleidung angezogen hatte, und wir hatten eine höchst vergnügliche Fahrt über die Hügel. Ich fürchte, wir haben die Geschwindigkeitsbegrenzung in der Stadt ein wenig überschritten, aber die Beamten in Funchal waren ziemlich tolerant, wenn man erst einmal an Land war, obwohl sie in Quarantänefragen unerbittlich waren. Außerdem war der Einfluss der Familie Blandy , der sehr groß war, immer darauf bedacht, dass alles so reibungslos wie möglich ablief. Tatsächlich war in allen Geschäftsbeziehungen mit unseren Agenten auf Madeira immer ein Hauch altmodischer Höflichkeit spürbar. Es erübrigt sich zu erwähnen, dass bei unserer Rückkehr zum Schiff wieder jeder Knopf im Einsatz war.

Angesichts der Anzahl der Personen an Bord war es notwendig, jede Mahlzeit zu wiederholen. Ich leitete das erste Frühstück um 8 Uhr und das erste Abendessen um 15.30 Uhr. An diesen Mahlzeiten nahmen hauptsächlich die jüngeren und gewalttätigeren Mitglieder teil, die sich natürlich zu mir hingezogen fühlten, aber der Kapitän war einmal erfreut, seine Zustimmung darüber auszudrücken, wie ich ihn am Kopfende des Tisches vertrat, und das bereitete mir große Freude. Heutzutage muss man kaum noch beschreiben, wie das Leben an Bord eines Schiffes war; Leichtathletik, Kartenspiele und Wettspiele nahmen viel Zeit in Anspruch. Wenn man dazu noch ein wenig Musik und vielleicht Laientheater hinzufügt, erhält man eine ansehnliche Liste der Methoden, die meist erfolgreich eingesetzt wurden, um sich die Zeit zu vertreiben.

Auf dieser Reise waren sie eine lebhafte Truppe, und die wachhabenden Offiziere mussten den Quartiermeister ziemlich auf Trab halten, um puren *Unfug* zu verhindern, denn mit einer Anzahl junger Burschen auf engem Raum, die nichts anderes tun können, als zu versuchen, sich Abwechslung zu verschaffen, denkt der eine nicht an den anderen. Die Überfahrt endete mit einem großen Gelage in Kapstadt, und die Gruppe trennte sich, um ihr Schicksal zu teilen.

Auf dieser Reise erreichten wir zum ersten Mal die Docks von Kapstadt. Es war eine sehr schwierige Einfahrt, und es ist nicht jedermanns Sache, ein Schiff unter Dampf in der Nähe eines Piers zu steuern. Warleigh schlug sich jedoch gut, und ich kann nur sagen, dass seine erste Vorstellung im Vergleich zu meiner ein deutlicher Erfolg war.

Als das Schiff in der Bucht von Algoa lag und für die Heimfahrt geladen wurde, war es recht gut in Schuss. Der Kapitän legte großen Wert auf das Verstauen der Segel, und der Chef war ebenso gewissenhaft. Wir lagen mit königlichen

Rahen da und bildeten uns ein, endlos zu sein. Ich sollte erwähnen, dass alle unsere Schiffe damals entlang der Reling vorne eine riesige Kokosfaserfeder hatten, um die Kabel anzubringen, wenn wir einen Südostwind überstanden . Sie hatte wahrscheinlich einen Durchmesser von 25 cm und ließ sich bei Gebrauch wie ein Gummiband dehnen und zusammenziehen, aber ich bin mir heute keineswegs sicher, ob der Plan, einen Sturm in seichten Gewässern auszusitzen, wie wir es damals taten, die beste Vorgehensweise war. In 15 bis 17 Faden Wassertiefe herrscht weitaus besseres Wetter.

Als Beispiel für die Launen der Seekrankheit fuhren der Kapitän, Leigh, Trotman, der Chefingenieur, ich und vier Männer eines Tages hinaus, um am Roman Rock zu fischen. Wir ankerten ordnungsgemäß dort, und nach einer Stunde, als wir viele Fische gefangen hatten, war jeder im Boot seekrank, mit Ausnahme des Chefingenieurs. Die Bewegung eines vor Anker liegenden Bootes ist unter bestimmten Umständen sehr widerlich, aber Trotman brachte uns alle zum Lachen.

Auf der Rückfahrt von der Algoa Bay gingen wir ins Dock, um die Beladung abzuschließen, und es ereignete sich ein Vorfall, an den ich mich immer mit Vergnügen erinnern werde. Leigh hatte ein seltsames Exemplar eines Pariahundes unter seinen Schutz genommen, der an den Docks herumstreunte, und das arme Tier konnte die enorme Rücksicht, die ihm entgegengebracht wurde, kaum verstehen. Er durfte in der Kabine seines Kapitäns schlafen und wurde im Allgemeinen als Haustier behandelt. Eines Abends nach dem Abendessen, als ein junger Mann namens Hanbury bei uns speiste, hatte sich Leigh in seine Kabine zurückgezogen, seinen Pyjama angezogen und sich zum Schlafen bereit gemacht, begleitet von dem treuen Hund. Nun, wie es der Zufall wollte, hatte Hanbury auch einen Hund, einen Bullterrier, und als Garrett, Hanbury und ich Leigh gute Nacht sagen wollten, kam auch der Hund. Kaum hatte er den streunenden Hund erblickt, stürzte er sich auf ihn, und im nächsten Moment lagen die beiden auf Leigh in seiner Koje und lieferten sich eine wunderbare Rauferei. Es war ein bisschen schwierig, zwischen Bellen und Schreien zu unterscheiden, denn Leigh schrie Garrett unter den Hunden zu, er solle die Hunde wegbringen, und das geschah schließlich – als wir aufhören konnten zu lachen. Das war das Ende der guten Zeit des Pariahundes.

Wir hatten eine schöne Heimfahrt, eine herrliche Fahrt über die Bucht bei starkem, günstigem Wind. In einem Notizbuch habe ich einige ätzende Kommentare darüber gefunden, ob es klug oder falsch ist, mit vollen Marssegeln zu fahren und das Focksegel einzuholen, aber das Alter bringt eine gewisse Milde mit sich, und der Kapitän hatte möglicherweise Gründe für sein Vorgehen, die er uns nicht mitteilte. Ich erinnere mich ziemlich gut an die Sache, denn ein Teil der Ausrüstung des Focksegels war gerissen, und ich habe mir beim Einrollen des Segels ein wenig Haut von den Fingern abgeschürft. Sie waren, nehme ich an, durch die mangelnde Arbeit weich geworden. Es war nicht nötig gewesen, hoch zu steigen, aber es war eine ziemlich steife Arbeit, und ich dachte mir, ob es etwas Besonderes zu tun gab. „Eifer, Herr Simple, Eifer!"

Briten übergeben , was eine sehr schnelle Wende war, und ich hatte nie wieder das Vergnügen, mit ihm zu segeln.

Unser nächster Kapitän ist, wie ich erfreut sagen kann, noch am Leben und wohlauf. Er wird von allen, die ihn kennen, geehrt und respektiert. Er ist jetzt Sir George R. Vyvyan, KCMG, der verstorbene stellvertretende Kapitän der Trinity House, und ich hatte das große Glück, mehr als einmal mit ihm zu segeln.

Wenn ich versuchen würde, die Ereignisse einzelner Reisen aufzuzeichnen, würde diese Erinnerung unerträglich lang werden, daher denke ich, dass ich nur bestimmte Ereignisse erwähnen werde, die mir während meiner Zeit als dritter Offizier im Gedächtnis blieben, und damit dieses Kapitel beenden werde. Ich möchte meine Dankbarkeit dafür zum Ausdruck bringen, dass mir mein Wachprivileg nie entzogen wurde. Auf manchen Schiffen in engen Gewässern war es üblich, die Wachen nur dem Ersten und Zweiten Offizier zu überlassen. Meine beiden Kapitäne waren jedoch der Ansicht, dass ein Mann, der nicht geeignet war, an einer Stelle Wache zu halten, auch nicht an einer anderen geeignet war, und diese Argumentation ist tatsächlich die richtige, denn wenn man einmal das Kommando über die Brücke eines Dampfers hat, muss man sich in der Regel ohne Vorankündigung mit allem auseinandersetzen, was passieren kann, und es ist ein wenig herabwürdigend für die Selbstachtung selbst eines jungen Offiziers, daraus zu schließen, dass er nicht jederzeit in der Lage ist, das Kommando über das Schiff zu übernehmen.

Es ist nicht angenehm, an diesem Dienst etwas auszusetzen, aber die Zeit der Dampfmaschinen war noch verhältnismäßig jung und es gab viele Dinge, die nicht ihrer wahren Bedeutung gerecht wurden. Ich möchte nur zwei davon nennen. Es gab keinen Maschinentelegrafen und Befehle wurden durch das Oberlicht des Maschinenraums gebrüllt; und zweitens, und das ist noch wichtiger, gab es keinen anerkannten Standardkompass. Das Schiff wurde direkt achtern auf dem Achterdeck gesteuert und es gab auf beiden Seiten ein Kompasshaus; das Steuerbord-Kompasshaus war das, mit dem das Schiff navigiert wurde, und das spricht so viel für sich, dass kein weiterer Kommentar nötig ist. Wenn ein Kapitän Ausgaben vorgeschlagen hätte, um ein geeignetes Navigationsinstrument wie einen gut platzierten Standardkompass zu beschaffen, bezweifle ich, dass seine Wünsche erhört worden wären. Man hätte ihm gesagt, dass er es sicherlich so machen könne wie andere. Es war Sir W. Thompson, dem späteren Lord Kelvin, vorbehalten, zunächst die Schiffsbauer am Clyde von der Notwendigkeit zu überzeugen, einen geeigneten Platz für einen Standardkompass bereitzustellen, und ihnen dann den größten Segen zuteil werden zu lassen, der den Seeleuten je zuteil wurde: einen wirklich zuverlässigen und effektiven Kompass.

Diese Reise war die letzte, bei der der Postdampfer auf dem Hinweg in Plymouth anlegte. Einige Jahre danach gab es viel Hin und Her, ob man in diesem Hafen anlegen oder Post anlanden sollte. Jetzt, da Dampfer so leistungsstark sind, dass sie sicher sein können, Post zu einer bestimmten Zeit in Southampton anlanden zu können, gibt es keinen Grund, warum man den westlichen Hafen anlaufen sollte, aber zu der Zeit, von der ich schreibe, war eine Fahrt den Kanal hinunter nach Plymouth in einem Dampfer mit geringer Leistung im Winter eine harte Erfahrung.

Wir hatten jetzt viele Passagiere in beide Richtungen und das Schiff war sehr komfortabel. Es gab keine großen Änderungen in der Routine und das Schiff war immer in tadelloser Ordnung. Die Samstagsinspektion war so gründlich wie möglich. Die Schiffe von Southampton waren, glaube ich, einzigartig, was die Inspektion der Mannschaftsquartiere angeht. Ob die Royal Mail oder die P. & O. diesen Brauch eingeführt hatten, kann ich nicht sagen, aber es war Brauch und zwar ein guter.

Es gab eine Kleinigkeit, die mich auf dieser Reise sehr beeindruckt hat und die ich nie vergessen habe. Bei unserem Besuch in der Tafelbucht auf dem Heimweg legten wir nicht an, sondern beendeten das Laden in der Bucht. Eines Morgens zur Mittagszeit kam der Kapitän in seiner Reitkleidung in den Salon. Ich glaube, ich sah ihn hungrig an, denn er fragte mich, ob ich mit ihm gehen wolle, und sagte, er würde auf mich steigen. Als ich wieder ganz zu Atem gekommen war, sagte ich natürlich ja und eilte davon, um mir passende Kleidung anzuziehen. Nun, wir gingen an Land und hatten eine herrliche Fahrt, bei der wir seine Freunde in Bishopscourt und Newlands besuchten. Eine solche Freundlichkeit war kein alltägliches Ereignis. Sie war für mich ein Beispiel dafür, wie man junge Offiziere behandeln könnte, wenn sich die Gelegenheit dazu bot, und in späteren Jahren versuchte ich, es ihm gleichzutun.

Auf der Heimreise hatten wir als Passagiere Mr. Molteno (später Sir John Molteno , der erste Premierminister der Kapkolonie unter verantwortlicher Regierung) und zwei seiner bezaubernden Töchter. Wenn sie in die Kolonie zurückkehrten, wurde ich in Claremont immer von der Familie willkommen geheißen, und einige Zeit später, als ich das Kommando über die *Mexican hatte* , hatte ich die große Freude und den Stolz, einige Familienmitglieder auf dem schönsten Linienschiff zu bewirten.

Weiß einer meiner Leser, was „Kohlenfieber" ist? Es handelt sich um eine schlimme Krankheit, die auf kleinen Dampfschiffen weit verbreitet ist, wenn Zweifel aufkommen, ob die Kohle an Bord ausreicht, um das Schiff in den Hafen zu bringen. Auf einigen unserer Schiffe war es ziemlich häufig, aber ich habe nie erlebt, dass es zu einem kritischen Punkt kam, bei dem das Holzwerk des Schiffes geopfert werden musste, was durchaus vorgekommen ist. In einigen Fällen wurden Vorbereitungen getroffen, um Ladebäume und alles, was brennbar war, zu zerschneiden. Ich würde sagen, das schlimmste Übel, das einem Schiffskapitän widerfahren kann, ist, dass er einen Chefingenieur hat, der nicht in der Lage ist, den Kohleverbrauch richtig zu erfassen.

Ich möchte noch einen Vorfall erzählen, der sich während meiner Dienstzeit als Dritter zutrug, denn er hat seine amüsante Seite.

Als wir einmal im Hafen von Cape Town lagen, wehte draußen ein starker Wind, und es gab einen heftigen Durchzug im Hafen, der dazu führte, dass das Schiff an seinen Verankerungen zerrte und heftig gegen eine Kante in der Hafenmauer stieß, die uns über die Haupttakelung brachte. Ohne dass einer von uns es wusste, rissen wir einige Nieten in der Seite auf. Auf dem Weg nach Algoa Bay hatten wir schlechtes Wetter und als wir den Ankerplatz erreichten, fuhren wir etwas weiter hinein als gewöhnlich, was den Leuchtturmwärter dazu veranlasste, zu sagen, wir seien an Land. Das Schiff setzte jedoch nicht auf und hatte reichlich Wasser unter sich.

Als der Kapitän gefragt wurde, ob er an Land gewesen sei, verneinte er, und man nahm ihm natürlich sein Wort ab; doch einen Tag oder so später kam heraus, dass wir im Achterschiff Wasser gelassen hatten , und Leute, die nichts von der Episode im Dock wussten, brachten die Geschichte von unserer Strandung wieder auf den Tisch. Der Hafenkapitän Skead , ein wirklich guter Kerl, trat erneut an unseren Kapitän heran und fragte, ob er, da sich ein Unfall ereignet hatte, die Geschichte des Leuchtturmwärters offiziell abstreiten würde. Das reichte, um den Kapitän in Fahrt zu bringen. Er erklärte in scharfen Worten, dass er dies bereits getan habe, aber wenn der Hafenkapitän wolle, dass ihm das Wort eines „Reptils" gegen seines dürfe, stehe es ihm frei, dies zu tun und alle von ihm gewünschten Schritte zu unternehmen.

Das Ergebnis war eine Untersuchungskommission, bei der etwa die Hälfte der Schiffsbesatzung anwesend war und schwor, wir hätten den Grund nicht berührt. Das Schiff wurde freigesprochen, aber der Hafenkapitän bemerkte hinterher zu mir: „Bis zu meinem Lebensende werde ich glauben, dass Sie alle Meineidige waren."

Auf der Heimfahrt trafen wir einmal den auslaufenden Dampfer *Celt*, einen unserer Schiffe, und fuhren in Rufweite vorbei. Bevor die Kapitäne ein Wort sagen konnten, ertönte ein Chor unserer Passagiere: „Was hat das Grand National gewonnen?" Ein ebenso lauter Chor antwortete: „Das Lamm." Zwischen diesem und dem Kanal hatten wir ein oder zwei Pannen, und ich erinnere mich, dass einmal nur die Passagiere die Großrah hissten , weil sie das Derby nicht sehen würden, wenn wir uns nicht beeilten. Das war Favonius ' Jahr.

Als die Zeit kam, die *Roman zu verlassen* , freute ich mich über meine Beförderung, bedauerte aber, meine Schiffskameraden zu verlieren. Ich hatte ziemliches Glück, denn zwei meiner Vorgesetzten hatten gerade gekündigt, um ihr Glück auf den Diamantenfeldern zu versuchen. Einer hieß Johnson, und ich weiß nicht, was schließlich aus ihm wurde; aber der andere war Doveton , der als Major der Imperial Horse in Wagon Hill getötet wurde. Er diente einst auf der *Cambrian* , als diese in der Saldana Bay anlegte, wo es an Kohle mangelte, und ritt in Rekordzeit nach Kapstadt, um Hilfe zu holen, denn er war einer unserer besten Reiter und ein erstklassiger Allrounder.

Die Gesellschaft hatte der Royal Mail deren Raddampfer *Danube abgekauft* , ihn zu einem Propeller umgebaut und insgesamt ein sehr nettes kleines Schiff daraus gemacht. Das Kommando übernahm Kapitän Baynton , der Kommodore war. Sie war daher das beste Schiff der Gesellschaft und ich war sehr stolz, als ich als Zweiter Offizier auf sie gerufen wurde. Es stimmte, dass man mir sagte, ich müsse mit einem Vorgesetzten tauschen, der damals auf dem Küstenschiff diente, aber das tat meiner Zufriedenheit keinen Abbruch.

KAPITEL VI

„Schön ist unser Los – oh, edel ist unser Erbe!" – KIPLING.

Die *Danube* war, wie ich bereits sagte, ein umgeschulter Paddler und erschien uns wie ein großes Schiff. Als wir zur Musterung gingen, machte Kapitän Baynton beiläufig darauf aufmerksam, dass sie vor ein paar Jahren auf Schiffen dienten, die nicht so lang waren, von der Heckreling bis zum Großmast, und benutzte seinen Lieblingsausdruck : „Es ist wunderbar !" Die *Danube* war etwa 300 Fuß lang, was eine Vorstellung von der Größe der Schiffe geben kann, mit denen die Union Company begann. Baynton war einer der Männer, die die besten Traditionen des Handelsdienstes aufrechterhielten. Persönlich war er klein und übermäßig stämmig, aber er besaß eine große natürliche Würde, war tapfer wie ein Löwe und hatte einen Blick, der keinen Widerspruch duldete. Er ließ mich eines Morgens für kurze Zeit verhaften, und soweit ich es beurteilen konnte, war mein Fehler, dass ich ihn auf eine Weise angesehen hatte, die er missbilligte. Aber danach waren wir gute Freunde und ich hatte eine sehr aufrichtige Hochachtung vor ihm. Ich glaube, dass er den früheren Teil seines Lebens im Dienst der Royal Mail verbracht hat, und er war Kommandant der *Medway* , als diese die HMS *Britannia* zum Beschuss der Forts von Sebastopol schleppte. Wie er mir einmal erzählte, waren seine Frau und eine treue Dienerin namens Anne bei diesem Anlass bei ihm, und er erklärte weiter, dass sie, als er mit dem Flaggschiff fertig war und nach ihnen sehen wollte, auf Campingstühlen auf einem der Stützflosse saßen und amüsiert zusahen, wie die Schüsse fielen. Hier sei erwähnt, dass die Besatzung der *Medway* gerne zustimmte, als die Frage aufkam, das Flaggschiff unter Beschuss zu schleppen, unter der Voraussetzung, dass ihre Familien im Todesfall finanziell genauso entschädigt würden, als ob sie in der Royal Navy in entsprechendem Rang gedient hätten.

Unser Chef, Sammy Valler , war auf seine Art ein ziemlicher Charakter, aber er bedarf keiner besonderen Erwähnung; der Dritte war ein recht netter junger Bursche, aber schwach wie Wasser und sein eigener Feind. Er mochte mich sehr, und wenn wir Schiffskameraden geblieben wären, hätte er wahrscheinlich eine bessere Karriere gemacht. Alles in allem war es eine gute Schiffsbesatzung, und ich war sehr froh, zur See zu gehen. Da es unsere erste Reise war, probierten wir natürlich aus, was wir aus dem Schiff herausholen konnten, und als ich in der ersten Nacht den Kanal hinunterfuhr, wäre ich beinahe mit einem Segelschiff zusammengestoßen, das in dieselbe Richtung fuhr wie wir, ohne auch nur ein Kompasslicht über dem Heck zu zeigen. Ich rief den Kapitän, der auf die Brücke kam und ein paar flüchtige Bemerkungen über die Ungerechtigkeiten von Segelschiffen im Allgemeinen machte, wonach er sich zurückzog. Wenn Baynton dem wachhabenden Offizier nicht trauen konnte, holte er sich jemanden, dem er vertrauen konnte. Ein Kapitän, der zu viel auf der Brücke ist, ist kein reiner Segen, denn er mindert das Verantwortungsbewusstsein des Wachoffiziers, und so seltsam es einem Landsmann auch erscheinen mag, die Brücke ist unter normalen Umständen nicht sein Platz. Baynton erkannte dies und handelte entsprechend. Das Wetter, das wir die ersten ein oder zwei Tage hatten, ließ das Schiff stark rollen, und die Takelage, da sie neu war, dehnte sich ungewöhnlich stark, so sehr, dass sie „ eingezogen “ werden musste, bis wir in ruhiges Wasser gelangen konnten. Ich beobachtete diese Operation mit einigem Interesse, wie sie unter der Aufsicht des Chefs und des Bootsmanns durchgeführt wurde, und obwohl ich dazu neige, Dampfschiffmatrosen zu kritisieren , gestand ich mir, dass sie auf seemännische Art durchgeführt wurde. Ich glaube, es war dieselbe Nacht während der Mittelwache, als der Wind frisch und ungehindert aus Norden kam und ich die Segel aufziehen konnte. Es war ein Vergnügen, dies zu tun, denn obwohl ein Großteil der Ausrüstung schmutzig war, da die Segel noch nie zuvor gesetzt worden waren, war es schön anzusehen, wie sie zeigte, dass sie die Aufmerksamkeit zu schätzen wusste. In dieser Zeit der Doppelschrauben und massiven Schiffe hatte Segeltuch wenig Bedeutung, aber auf gut ausgestatteten, feinlinigen Dampfschiffen war Segeltuch damals wie Wasser für eine durstige Pflanze und verlieh eine Bewegung und einen Auftrieb, die ein Vergnügen waren. Zur Geschwindigkeit der *Donau* konnte Segeltuch mindestens zwei Knoten hinzufügen.

Der Rest der Reise verlief ohne interessante Ereignisse, und zu gegebener Zeit erreichten wir die Bucht von Algoa und begannen mit dem Beladen für die Heimreise. Wir hatten einen neuen Plan in Angriff genommen, unsere eigene Wollladung zu verstauen, und natürlich war der zweite Offizier für die Angelegenheit zuständig. Das war ziemlich neuartig, und ich war sehr an der ganzen Sache interessiert. Eines Tages wollten der Chef und ich an Land zu einem Ball gehen, zu dem wir eingeladen worden waren, und der Kapitän hatte uns die Erlaubnis dazu gegeben, mit einer gewissen Portion Sarkasmus jedoch gesagt, dass er dachte, wenn alle Offiziere und auch der Bootsmann mitkämen, würden wir das Schiff bei unserer Rückkehr vielleicht noch schwimmend vorfinden. Wir nahmen jedoch in Kauf, dass die Atmosphäre etwas schwül war. Ich war an diesem Tag gerade dabei, das hintere Orlopdeck zu verstauen , als eine Stimme von oben ankündigte, dass der Kapitän herunterkäme. Er erschien ordnungsgemäß und wurde in einem großen Korb, einem sogenannten Käsekorb, hinabgelassen, der zum Ausladen kleiner Käseschachteln und auch zum Einladen schüchterner Passagiere in Boote bei schlechtem Wetter verwendet wird. Es gab eine Lücke, in die ich unbedingt einen Ballen Wolle bringen wollte, aber dies war mit erheblichen Schwierigkeiten verbunden, und Baynton , der es sich auf einem Stuhl bequem gemacht hatte, den ich für ihn besorgt hatte, äußerte die entschiedene Meinung, dass das Unternehmen unmöglich sei. Seine Bemerkungen blieben weiterhin sehr ätzend, bis er, als der Ballen an seinem Platz war, bemerkte: „Jetzt halten Sie sich wohl für einen verdammt schlauen Kerl“, und da er keine Leitern benutzte , rief er nach seinem Rücktransportmittel. Es muss noch viele Lebende geben, die sich diese Szene vorstellen können.

Wir gingen zu unserem Tanz und hatten eine großartige Zeit, und ich weiß, dass ich in dieser Krönungszeit stattliche Damen treffen werde, die, obwohl leider nicht mehr jung, bei dieser Gelegenheit dazu beitrugen, die Sonne viel zu schnell aufgehen zu lassen. Auf unserer Rückkehr nach Tafelbucht wurde ich von Nemesis eingeholt. Ich war viel zu bequem und zufrieden und musste deshalb auf den Küstendampfer *Natal* umsteigen , ein kleines Schiff mit weniger als 500 Tonnen. Der Mann, den ich ablöste, hieß Borlase , allgemein bekannt als „der schöne Henry“; er war älter als ich und hatte es geschafft, mit den Agenten der Gesellschaft das Orakel zu bewerkstelligen, und mein Kapitän hatte keine Einwände erhoben. Meine Schiffskameraden auf der *Donau* gaben mir ein sehr fröhliches Abschiedsessen und verabschiedeten mich, und ich begann mein neues Erlebnis mit großer Neugier, denn die Geschichten von der Küste waren zahlreich und unterschiedlich.

Es ist nicht leicht, nach vielen Jahren die Ereignisse in die richtige Perspektive zu rücken, besonders wenn viele Dinge gleichzeitig passierten, aber die Geschichte dieses kleinen Schiffes war ziemlich ereignisreich. Zunächst einmal war es vor kurzem mit der Post nach Hause geschickt worden, als der eigentliche Postdampfer eine Panne hatte. Man hatte die Passagierkapazität erheblich vergrößert, indem man an Deck einen Salon einbaute, was ein Vorteil war, und da zu dieser Zeit der Deutsch-Französische Krieg im Gange war, gab es in den Schiffsartikeln, als sie in Southampton eröffnet wurden, eine Klausel, die ungewöhnlich und, wenn ich das sagen darf, bedauerlich war! Sie lautete wie folgt: „Die besagte Besatzung verpflichtet sich, nach Ermessen des besagten Kapitäns nach besten Kräften zu kämpfen und das Schiff zu verteidigen." Die Gelegenheit, das Schiff neu zu beheizen , war nicht genutzt worden , und dies war eine endlose Quelle von Ärger, denn es machte den Abfahrtstag immer zu einer Zeit der Ungewissheit. Es war die alte Geschichte mit dem neuen Flicken auf einem alten Kleidungsstück, und ein Flicken an einer Stelle verursachte oft einen Ausbruch an einer anderen.

Doch wie auf allen Schiffen der Gesellschaft war das Offizierspersonal das beste. Ballard war Kapitän; ich habe ihn im Zusammenhang mit einem früheren Erlebnis erwähnt. Er war ein Seemann, seltsam ruhig, bis er aufgeweckt wurde, und dann konnte er die Funken mit aller Macht fliegen lassen; sehr in sich gekehrt, aber immer bereit und willens, jemandem einen guten Dienst zu erweisen, wenn er konnte . Ich bin froh, sagen zu können, dass ich sein Vertrauen gewonnen habe. Der Chef war der unglückselige Edward Manning, der später auf der *Teuton umkam* . Sein Ende verlief im Einklang mit seinem Leben, denn wahrscheinlich hat sich nie ein Mensch besser unter Kontrolle gehabt als Manning. Da er seine Arbeit genau kannte, erhob er selten bis nie die Stimme; nichts brachte – zumindest äußerlich – die ruhige Gelassenheit seines Gemüts durcheinander. Ich sah ihn nur zweimal hastig reagieren; Einmal, um das Ruder herumzukriegen, als ich eine Spitze ziemlich knapp kreuzte, und ein anderes Mal, um mir das Ende eines Seils zuzuwerfen, als ich das Ende eines mit einer Boje versehenen Kabels hochhob, das Boot kenterte und wir alle im Graben lagen. Er war ein sehr guter Charakter und ein guter Schiffskamerad. Unser dritter, Harrison, war auch ein guter Mann, aber nach kurzer Zeit wurde er von Jones abgelöst, von dem ich später mehr erzählen werde.

Die Aufgabe der *Natal* bestand darin, einmal im Monat eine Fahrt zwischen Kapstadt und Durban zu unternehmen, um Post und Passagiere aufzunehmen, die der Postdampfer nach Kapstadt brachte, und sie auf ähnliche Weise von Natal aus zu versorgen. Normalerweise dauerte es etwa zwei Tage, um das Umladen durchzuführen . Diese Arbeit war in gewisser Weise neuartig, da sie ziemlich abseits der ausgetretenen Pfade lag und die östlichen Häfen noch in einem sehr primitiven Entwicklungsstadium waren. Nehmen wir als erstes Ost-London, damals ein Hafen, der selbst mit dem kleinsten Boot nur sehr schwer anzulaufen war. Die Mündung des Buffalo River , der den Hafen bildete, war durch eine Sandbank verschlossen, die zeitweise sogar für Rettungsboote unpassierbar war. Die Arbeitsweise bestand darin, dass Leichter an Brandungsleinen, die über die Sandbank gelegt waren und ein gutes Stück in den Ankerplatz hineinreichten, herausgezogen wurden; das Schiff, das Fracht oder Passagiere zu löschen hatte, ankerte so nah wie möglich und lief dann eine Kette zum mit Bojen versehenen Ende der Brandungsleine, damit der Leichter das Schiff erreichen konnte; die Arbeit war hart, sehr hart und die Bootsführer passten sich perfekt ihrer Umgebung an. Ich möchte den Männern nicht unrecht tun, aber sie schienen der Abschaum der Rauheit und Schurkerei der Welt zu sein. Ihr Leben lag größtenteils in ihren Händen, und sie legten weder viel Wert auf sie noch auf die Sprache, mit der sie sie schmückten. Es war nicht ungewöhnlich, wenn auf der Sandbank Seegang herrschte – und das war meistens der Fall –, dass eine Brandung ein Brandungsboot von einem Ende zum anderen mitriss. Die Männer schafften es im Allgemeinen, sich festzuhalten, aber tödliche Unfälle waren nicht selten. Diese Boote brachten häufig Passagiere an Land, die während der Überfahrt sorgfältig festgebunden und in fast völliger Dunkelheit waren. Sowohl in diesem Hafen als auch in Durban wurden Passagiere in großen Körben, die mit den Ladepeitschen herabgelassen wurden, in die Leichter gesetzt, und wenn das Schiff rollte, war es kein ungewöhnliches Vorkommnis, einen Korb mit vielleicht drei oder vier Männern und Frauen halb herausgezogen und mit einem Ladebaum und einer Stütze festgehalten zu sehen, bis das Rollen nachgelassen hatte. Die Leute gewöhnten sich jedoch daran und es kam zu keinen Verbesserungen bis zum Besuch der Kaiserin Eugènie in Südafrika. Da kam einem Genie die Idee, einen Weidenkäfig mit einer Tür an der Seite zu bauen, sodass die Damen nicht mehr in den Korb gehoben werden mussten. Wenn die Damen jedoch jung und gutaussehend waren, gab es keine nennenswerten Schwierigkeiten, Freiwillige zu finden, die diese schwere Aufgabe übernahmen.

Beim Verlassen von East London navigierte das Schiff auf anderen Wegen als in Richtung Westen. Dort konnte man einen Kurs steuern und einigermaßen sicher sein, ihn in vernünftigen Grenzen zu halten, aber zwischen East London und Natal war man der vollen Kraft der Mosambikströmung ausgesetzt, die meist mit drei bis fünf Knoten nach Südwesten wehte, es sei denn, man befand sich in Küstennähe, wo man manchmal, aber nicht immer, mit einer Wirbelströmung begünstigt wurde .

Bei einem Schiff, das vielleicht neun Knoten fährt, war es daher notwendig, so weit wie möglich in Küstennähe zu bleiben, um die Sicherheit zu gewährleisten. Einen Kurs festzulegen war nicht möglich; tagsüber wurde das Schiff nach der Küstenlinie gesteuert, und bei Einbruch der Dunkelheit wurde ein Kurs festgelegt, der auf der Karte parallel zum Land verlief, aber die Strömung am Backbordbug erfasste, mit dem Ergebnis, dass das Schiff bei Tagesanbruch dreißig Meilen oder mehr draußen war und gegen die volle Kraft einer Gegenströmung ankämpfen musste. Das Endergebnis war, dass Passagen zwischen East London und Natal eine sehr unsichere Größe waren.

Diese Art der Wache bei Tageslicht gefiel mir sehr gut. Die Küste ähnelte größtenteils einer englischen Parklandschaft und ich nahm mir vor, sie so gründlich wie möglich kennenzulernen. Dabei wurde ich vom Kapitän auf jede erdenkliche Weise unterstützt, der keine Mühe scheute, die verschiedenen Orte namentlich zu nennen . Es war eine interessante Arbeit, denn sie gab einem die Möglichkeit, seine Initiative zu zeigen, die von meinen Vorgesetzten in keiner Weise eingeschränkt wurde.

Der Hafen von Durban war damals nicht so geräumig wie heute. Unter besten Bedingungen stand die Wassertiefe auf der Sandbank bei Flut vielleicht vier Meter. Häufiger waren es aber vier Meter oder sogar weniger. Außerhalb der Sandbank befanden sich die Überreste von drei Versuchen, den Hafen zu verbessern , die jedoch alle fehlgeschlagen waren. Man hatte den Eindruck, dass jeder von ihnen erfolgreich gewesen wäre,

wenn man beharrlich weitergemacht hätte, aber das Geld war
zu knapp, um das Experiment erfolgreich abzuschließen. Es
gab jedoch einen Mann, der schon damals fest entschlossen
war, dass Durban ein Hafen werden sollte, und er lebte lange
genug, um seinen Ehrgeiz zu verwirklichen . Sein Name war
Harry Escombe , später „Sehr ehrenwert ". Wenn Harry
Escombe und Cecil Rhodes heute noch am Leben wären, gäbe
es in den Räten des Empire ein gewisses Rückgrat. Aber das ist
ein Exkurs.

Es war eine Menge Formalität nötig, um die kleine *Natal* in den
Bluff Channel zu bringen, ein würdevoller Hafenkapitän, ein
orakelhafter Lotse, jede Menge Signale und ein letztes Zeichen
für die Barre. Ob wir angelaufen sind oder nicht, kann ich mich
nicht erinnern; höchstwahrscheinlich haben wir es getan, denn
das war ein sehr häufiges Vorkommnis – aber jedenfalls sind
wir reingekommen, haben im Bluff Channel festgemacht und
uns zufrieden umgesehen. Es gab allen Grund dazu. Ein
wunderschöner Hafen , ein herzliches Willkommen von allen
und eine völlige Abwesenheit von allem, was auch nur
annähernd an Hektik erinnerte. Außerdem war es das Land der
Zulu, die die ganze harte Arbeit verrichteten. Ich nehme an,
dass es schwierig sein dürfte, schönere Exemplare muskulöser
Menschlichkeit zu finden als die Zulu, die die Schiffsarbeit
verrichteten ; ihre spärliche Kleidung schien den weißen
Damen, die damals ihre ersten Bekanntschaften mit den Sitten
und Gebräuchen des Landes machten, vielleicht unzureichend,
aber wenn die Moderne jetzt auf Hosen in den Städten Natals
besteht, hat sie eine malerische Seite des nationalen Lebens
zerstört.

Natal war insofern völlig anders als jeder andere Teil
Südafrikas, als es hauptsächlich britisch war! In Kapstadt hörte
man genauso viel Niederländisch wie Englisch, wenn nicht
sogar mehr. Städte wie Stellenbosch oder Wellington könnte
man als ganz niederländisch bezeichnen, und ich erinnere
mich, dass ich mich bei meinem ersten Besuch dieser Orte vage
fragte, wie es dazu kam, dass die britische Flagge über ihnen
wehte, was zeigt, dass ich meine Geschichte nicht richtig
gelernt hatte. Aber in Durban herrschte eine andere
Atmosphäre. Es war im Wesentlichen britisch und die
Einwohner waren stolz darauf, auf dem neuesten Stand zu sein
und lebende Beispiele von Kolonisten zu sein. Sie waren

außerdem äußerst loyal und wussten genau , was ihr Land in Zukunft sein würde.

Ich saß eines Sonntagnachmittags im Durban Club und einige Männer diskutierten über die Möglichkeit einer Eisenbahn zwischen Durban und Pietermaritzburg, die damals mit dem Postwagen zurückgelegt wurde. Escombe brachte die Sache auf die Spitze, indem er an einen Zuckerrohrpflanzer namens Tom Milner, einen großartigen Kerl, der mich auf der ersten Reise der *Roman begleitet hatte* , die folgenden Worte richtete: „Hören Sie, Milner, ich gebe Ihnen einen Schilling pro Tag, bis ich mit dem Zug von Durban nach Maritzburg fahre ; danach zahlen Sie lebenslang meine Metzgerrechnung! – ist das eine Wette?" Milner sagte ja, und da dies im Jahr 1872 war, erhielt er seinen Scheck jährlich, bis etwa acht Jahre später die Eisenbahn gebaut wurde und die Wette geplatzt war. Ich glaube, er zahlte für jeden erhaltenen Schilling zwei zurück.

In Natal ging niemand zu Fuß. Wenn jemand hundert Meter die Straße hinuntergehen wollte, brachte der Kaffernjunge ausnahmslos sein Pferd mit. Es war nie schwierig, sich ein Reittier zu leihen. Die Leute waren äußerst großzügig und gastfreundlich; aber allem lag die Gewissheit zugrunde, dass man eines Tages mit der großen Zulu-Macht im Norden rechnen musste. Es gab einen kleinen Vorfall, der sich etwa zu dieser Zeit ereignete und hier erwähnt werden sollte, denn er zeigt, dass die Deutschen schon damals auf die große Expansion ihrer Nation fixiert waren. An der Küste gab es einen kleinen deutschen Handelsdampfer namens Bismarck . *Er wurde von einem sehr feinen Kerl namens* Staats kommandiert , der einen prächtigen Bart trug. Einmal hatte er eine Meinungsverschiedenheit mit den Bootsleuten von Point, die zwar nicht ganz so schlimm waren wie die Männer aus East London, aber fast, und sie erklärten, sie würden ihm den Bart abschneiden. Staats jedoch forderte sie heraus und erklärte, dass die deutsche Flagge schon damals ausreichen würde, um eine solche Schandtat zu verhindern, und dass dies für alle Zeit der Fall sein würde. Die Männer bewunderten seinen Mut und jubelten ihm zu, auch wenn dies keine leichte Aufgabe war.

Roman verließ , schenkte mir Leigh einen Segeltuchanzug, den er nützlich gefunden hatte. Tagsüber trug ich ihn, denn das Vorderdeck der Natal war kein Ort, an dem man feine Kleidung tragen konnte. Die wichtigsten Gegenstände, die wir mitnahmen, waren rohe Häute, Zucker und Wolle, und der

Geruch dieser Häute war unvergesslich. Es war kein Problem, die Ladung zu verladen oder zu löschen, aber ein Offizier musste die ganze Zeit anwesend sein, und in einem Segeltuchanzug konnte man sich hinsetzen. Die Zulus würden gut arbeiten, wenn man nicht die Fassung verlor, und da sie mich zufällig mochten, hatte ich nie Ärger mit ihnen.

Eine Reise war wie die andere, aber der Segeltag in Natal bot beträchtliche Abwechslung, denn er hing von den Launen der Sandbank ab. Ich habe Passagiere und ihre Freunde erlebt, die vier Tage hintereinander kamen und wegen Wassermangels aufgehalten wurden. Diese Tage endeten jedoch normalerweise mit einer Art Picknick auf der Klippe – und waren sehr unterhaltsam. Es war ein Vergnügen zu sehen, wie die Mädchen den steilen Abhang unter dem Leuchtturm bewältigten, und wenn es darum ging, in die Stadt zu fahren, gab es einen Ansturm auf die Landspitze, ohne allzu sehr darauf zu achten, auf wessen Pony man stieg, um dorthin zu gelangen. Einmal steckten wir über eine halbe Stunde lang auf der Sandbank fest und rumpelten ziemlich heftig, aber es war ein gut gebautes kleines Schiff und schien nicht viel Schaden anzurichten; die Masten rüttelten jedoch ziemlich stark. Auf der Fahrt entlang der Küste legten wir bei gutem Wetter in den Häfen an und nahmen so viele Passagiere und Fracht auf, wie wir konnten, und luden sie auf den Postdampfer in den Docks von Kapstadt um.

Nach ein paar Fahrten hatte ich eine gewisse Kenntnis des oberen Küstenabschnitts und empfand eine Abneigung dagegen, durch die Strömung meilenweit in der Mittelwache abgelenkt zu werden. Ich fragte daher den Kapitän, ob er mir die Entscheidung überlassen würde, das Schiff bei guter Sicht an Land zu halten. Ich fand, dass er damit einverstanden war, und ich meldete mich jede Stunde bei ihm und übergab das Schiff um 4 Uhr morgens weit in Küstennähe an den Chef. Dadurch verkürzte sich die Fahrt an der Küste beträchtlich, aber es kam mir auch in einer Hinsicht nicht zugute, denn als ich nach Hause wollte, sagte der alte Mann: „Nein, das Schiff hat seit Sie hier sind viel bessere Fahrten gemacht und ich werde Sie nicht gehen lassen." Das war ein bisschen hart, denn zu Hause gab es viele Beförderungen, neue Männer wurden als Chefs eingestellt und ich war, wie gesagt, aus Mangel an Erfahrung raus.

Auf einer Überfahrt ankerten wir in East London, und eine leichte Brise kam vom Meer herauf. In dieser Nacht gingen sieben Segelschiffe an Land, eines davon, eine Brigg namens *Nant -y- Glo* , fuhr dicht an uns vorbei. Daraufhin beschlossen wir, ohne Zeitverlust abzudriften und in See zu stechen; das taten wir auch, aber als wir am nächsten Tag mit dem Kutter an der Slipleine festgemacht hatten, trieb das Schiff auf uns zu, verheddertes sich mit dem Propeller in der Leine und kenterte uns alle ins Wasser. Das war einer der Momente, in denen ich Manning segeln sah. Kurioserweise warfen wir einen weiteren Anker los, und als wir ihn wieder einholten, holten wir das andere Kabel wieder herauf, mit dem wir uns verheddert hatten, und so war alles wieder freudig.

Die Kessel waren jedoch in einem so traurigen Zustand, dass gründliche Reparaturen notwendig waren. Einmal hatten wir unsere Abfahrt von Kapstadt wegen schwerer Lecks um vier Tage verschieben müssen, und da die Gesellschaft gerade den Vertrag für die Sansibar-Post erhalten hatte, ließen wir sie gründlich überholen. Das war gegen Ende des Jahres 1872, und die Arbeiten dauerten gut zwei Monate. Als sie abgeschlossen waren, fanden wir die *Natal* gelb angestrichen vor, um der erwarteten Hitze Sansibars besser standzuhalten.

Bevor wir die erste Reise auf der neuen Route antraten, machten wir eine Probefahrt nach Saldanah Bay und nahmen viele der wichtigsten Leute des Kaps als Besucher mit, darunter Mr. Molteno , den Premierminister, und seine beiden Söhne. Ich frage mich, ob sich einer dieser Söhne, heute Abgeordneter und Direktor einer Dampfschifffahrtsgesellschaft, daran erinnert, wie er unter meiner Anleitung eine unserer Zwölfpfünder-Signalkanonen abgefeuert hat. Es war eine sehr lustige Reise, und wir alle hatten großen Spaß. Etwa zu dieser Zeit wechselten wir unseren Ersten Offizier aus und bekamen an seiner Stelle einen Offizier namens Barker, einen Mann ohne auffällige Persönlichkeit, aber einen netten Kerl, der immer summend auf dem Deck herumlief und eine höchst merkwürdige Stimme hatte.

Als wir Natal auf unserer ersten Fahrt nach oben hinter uns ließen, fühlten wir uns alle wie Kolumbus, als er seine Entdeckungsreise antrat. Die Ostküste Afrikas war nur sehr unzureichend bekannt, und die Karten waren keinesfalls zuverlässige Wegweiser. Es war ein Glück, dass die Boote, die wir damals steuerten, klein waren und wenig Tiefgang hatten, sonst hätten die Pioniere wohl eine ganze Menge Orientierungspunkte hinterlassen. So gab es beispielsweise in der Delagoa Bay, obwohl sie ein herrlicher Hafen ist, absolut keine einzige Boje, die eine freundliche Führung hätte bieten können, und das Land in der unmittelbaren Umgebung der Einfahrt ist nicht auffällig genug, um eindeutige Orientierungspunkte zu bieten. Weder beim Ein- noch beim Auslaufen passierte ein wirkliches Unglück, aber wir hatten genug Erfahrung mit den verschiedenen Gezeiten, um zu wissen, dass man sich hier keine Freiheiten herausnehmen durfte. Auch Quillemane , der Hafen an der Mündung des Sambesi, wurde angelaufen; auch hier gab es eine Flusseinfahrt, die anscheinend groß genug war, um jedes Schiff aufzunehmen, aber es gab denselben Mangel – unvollständige Vermessung und Mangel an kompetenter Lotsenführung. Vermutlich wird dieser Hafen in der Zukunft einer der größten Häfen der Welt sein, damals galt er jedoch als ein Ort, den man unter allen Umständen meiden sollte.

Es war eine Abwechslung, nach Mosambik zu kommen, wo es einen Hafen mit reichlich Wasser gab, der gut genug vermessen war, um die Verhandlungen zu erleichtern; es war auch ein beeindruckender Ort vom Meer aus, mit einer prächtigen alten Festung, die (wie es hieß) aus Steinen gebaut wurde, die Anfang des 16. Jahrhunderts aus Portugal gebracht worden waren. Die Arbeit, die diese frühen Seefahrer und Siedler geleistet hatten, war einfach wunderbar ; man fragte sich, warum Menschen, die so unternehmungslustig und großartig als Entdecker gewesen waren, so schrecklich verfallen konnten. Mögen die Götter ein ähnliches Schicksal für Großbritannien abwenden! Soweit wir wissen, war das Land in der unmittelbaren Umgebung der Siedlung reich und fruchtbar, aber es war noch keine starke oder zufriedenstellende Herrschaft etabliert, und der gesamte Ort schien auf der Stelle zu treten.

Eine starke Strömung setzt sich entlang der Küste hinter Kap Delgado fort, aber wir hatten schönes und günstiges Wetter für die Fahrt nach Sansibar. Die Einfahrt zum Ankerplatz ist an ein oder zwei Stellen eng, aber mangels Bojen konnte das Schiff bei Tageslicht von oben zwischen den Korallenriffen leicht gesteuert werden, obwohl das tatsächlich kaum nötig war. Es war jedoch nicht ratsam, die engen Passagen in den Stunden der Dunkelheit zu versuchen, und daher legte der nach Süden fahrende Postdampfer normalerweise vor Mittag ab. Wir kamen zum ersten Mal an einem Sonntag in Sansibar an, bei einer Temperatur von 35 Grad im Schatten, keinem Lüftchen und dem Wasser, das so klar war, dass man in zehn Faden Tiefe auf den Grund sehen konnte. Wir fanden die HMS *Daphne* vor Anker und auch den BI-Dampfer *Punjaub* , der am Postauftrag von Sansibar nach Norden beteiligt war.

Etwa zu dieser Zeit gab es daheim einige Aufregung wegen der Sklaverei auf Sansibar, und Sir Bartle Frere besuchte den Ort mit der *Enchantress* . Er kam am Tag unserer Abreise an. Außerdem rüstete man dort eine Livingstone-Expedition unter der Führung von Colonel Pelly aus. Wir brauchen hier nicht näher auf den Ort selbst einzugehen, außer zu sagen, dass er malerisch war, die Menschen den Briten gegenüber wohlgesinnt und dass die Sklaverei, wie sie damals praktiziert wurde , im Großen und Ganzen eine respektable Institution war, obwohl mehr als ein Schwarzer zum Schiff schwamm und darum bat, die Küste hinuntergebracht zu werden. Tatsächlich wurden wir in späteren Jahren häufig von Freunden am Kap und in Natal gebeten, ihnen einen schwarzen Jungen zum Dienste mitzubringen, und es war nie schwierig, solche zu beschaffen. Zeitweise wehten sehr starke Winde mit Orkanstärke , und im Jahr zuvor war die Insel von einem Wind heimgesucht worden, der große Schäden angerichtet hatte.

Wir hatten ein kleines Beispiel dieser Art von Dingen. Eines Morgens hatten wir gerade begonnen, auf die übliche Weise Fracht zu verladen, indem wir sie von Leichtern an Bord holten, als sich im Nordwesten eine dichte Wolke zusammenzog und wir gelegentlich Blitze sahen. Gegen 7.30 Uhr kam der heftige Sturm. Wir nahmen Dampf auf, hatten aber keine Gelegenheit, ihn zu verbrauchen, obwohl ein kleines, mit Fracht voll beladenes Dau, das an uns festgemacht war, unterging und der Strand mit Dau übersät war, die aus ihren Verankerungen getrieben worden waren. Ich sah, wie sich ein Dach – ein Teil des Sultanspalastes – auf einer Seite hob, sich wie ein Stück Papier zusammenrollte und mit einem gewaltigen Krachen in den Hof wehte, aber ich hörte nicht, ob dabei viele Menschen umkamen. Gegen Mittag hatte sich das Wetter geändert, der Wind war verschwunden und die Leute begannen, die Trümmer aufzusammeln und ihren normalen Lebensalltag wieder aufzunehmen.

Kurz darauf brachen wir nach Natal auf und kamen dabei an der HMS *Briton* vorbei. Eine Reise auf dieser Route verlief wie die andere, doch verbrachten wir einen beträchtlichen Teil jedes Monats im Hafen von Natal . Meine letzte Reise verlief unter etwas anderen Umständen, denn Kapitän Ballard war auf die *Basuto ernannt worden* und Barker hatte kommissarisches Kommando über die *Natal* . Natürlich bekam ich eine kommissarische Anstellung als Chef, was in mir den Wunsch oder das Verlangen weckte, an dem Strom von Beförderungen teilzuhaben, der in Southampton floss, aber nicht zu mir strömte. Eine Zeit lang versuchte ich vergeblich, nach Hause zu kommen, aber solange Ballard das Kommando über die *Natal hatte* , schaffte ich es nicht, denn er wollte mich nicht gehen lassen. Er war jedoch sehr gut gelaunt und gewährte mir Urlaub.

Einmal wollte ich unbedingt zu einem Tanz in Maritzburg gehen , der an einem Montagabend stattfand. Ein guter Freund von mir, der von allen gut bekannt und beliebt war, namens Manisty , bot mir an, die nötigen Reittiere für mich zu suchen und mit mir zu reiten. Wir brachen am Sonntagnachmittag auf und kamen am Montag um 9 Uhr in Maritzburg an, nachdem wir einige Stunden auf der Fahrt geschlafen hatten. Nach einem Bad und Frühstück ritten wir zu einem 24 Kilometer entfernten Ort und dann wieder zurück zu einem Abendessen und Tanz, der bis 5 Uhr morgens dauerte. Dann zog ich mich um, stieg auf mein Pferd und ritt nach Durban, wo ich um 18 Uhr an Bord ankam, rechtzeitig zum Abendessen. Mein Begleiter auf der Hinfahrt war ein fröhlicher Mensch namens Innes. Es regnete die ganze Zeit in Strömen, aber es war der schönste Ritt, den ich je gemacht habe. Zwischen den Städten lagen 84 Kilometer, und die Reise dauerte etwas mehr als zwei Tage und umfasste insgesamt 230 Kilometer, aber ich hatte Pferdestaffeln, um die Strecke zu bewältigen, obwohl einige von allen möglichen Pferden darunter waren.

Bald nachdem Ballard die *Natal verlassen hatte* , um sich der *Basuto anzuschließen,* trafen wir sie im Hafen von Natal , und ich arrangierte einen Wechsel auf dieses Schiff für die Fahrt nach Kapstadt und den Umstieg auf ein Heimatschiff. Hier traf ich zum ersten Mal eine bemerkenswerte Persönlichkeit in der Person von Harry Owen, der Chef dieses Schiffes war und einer von denen, die von vielen über den Kopf hinweg eingesetzt worden waren. Er war damals einer der fröhlichsten Kameraden, die man finden konnte, und außerdem ein tollkühner Draufgänger. Wir trafen uns zunächst, um am

Geburtstag der Königin einen königlichen Salut abzufeuern. Wir hatten zwei große Kanonen auf der *Natal*, die *Basuto* hatte drei kleine, aber da die Schiffe nebeneinander lagen, wurde der gemeinsame Salut auf recht respektable Weise ausgeführt. Mehr kann ich nicht sagen, aber niemand wurde getötet oder verletzt, und das zählt schließlich nicht wenig. Hier traf ich auch zum ersten Mal Bischof Colenso, der im Bluff Channel an Bord unserer Schiffe kam und uns einfach mit seiner charmanten Gesellschaft erfreute; er war später mein Schiffskamerad und mochte Seeleute, aber es kam mir immer seltsam vor, auch nur mit dem Mann zu sprechen, dessen Buch über Algebra mir als Junge so viel Mühe bereitet hatte. Ich wechselte als Zweiter Offizier auf die *Basuto* und kam so unter Owens Befehl. Er war der schlechteste Wachablöser, den ich je kannte. Wir aßen um 18 Uhr zu Abend, und wenn ich den Wachposten beim Abendessen hatte, erschien er nie vor 19.30 Uhr auf der Brücke, denn der Chef wurde immer zum Abendessen abgelöst. Das war eine ziemliche Belastung für den Zweiten, der um Mitternacht ausrücken musste, aber es ging in ein paar Tagen zu Ende, und ich übergab die Heimfahrt dem *Europäer*, *der als Dritter Offizier fungierte. Ungefähr zu dieser Zeit hatte die Roman* einen Unfall und war zur Reparatur nach Kapstadt zurückgekehrt. Sie hatte eine Meinungsverschiedenheit mit einigen Felsen vor Dassen Island gehabt, und der *Europäer* wurde angewiesen, die Heimreise auf die beste Art und Weise zu organisieren, um die Neuigkeiten zu überbringen, denn damals gab es noch kein Kabel. Sie war für ihre Zeit ein schnelles Schiff mit einer guten Durchfahrtskapazität von zwölf Personen, was für uns außergewöhnlich war, und alle waren begeistert; sie war komfortabel und es waren viele Passagiere an Bord. Unser Kapitän hieß Jeffries, ein merkwürdiger Mensch, der nicht leicht Freundschaften schloss, aber wo er welche fand, blieb er ihnen treu. Ich würde gern viele Geschichten über ihn erzählen, aber ich verzichte darauf. Sein großes Hobby war Whist, und er spielte ein faires Spiel, aber sein Hauptfehler war, dass er wenig Taktgefühl im Umgang mit unbeholfenen Leuten hatte, und dies führte bei einer Gelegenheit, zusammen mit seinem taktlosen Ersten Offizier, dazu, dass eine Menge rücksichtsloser junger Passagiere einen großen Teil seiner Kabinenmöbel über Bord warfen, darunter verschiedene bestickte Bezüge, auf die er großen Wert legte. Ich persönlich kam gut mit ihm aus, und als meine Zeit gekommen war, übernahm ich viele Hinweise, die er mir hinsichtlich verschiedener Aufgaben gab, die der wachhabende Offizier erfüllen sollte.

Wir kamen gut nach Hause. Ich wurde freundlich empfangen und nach einer Krankenzeit, die ich beantragt hatte, um die Küste verlassen zu können, wurde ich nach Dundee geschickt, um mich der *American anzuschließen* , dem neuesten Schiff, das damals ausgerüstet wurde. Mein Antrag auf Krankenurlaub war jedoch kein Scherz; ich hatte eines Nachmittags auf der Fahrt von der Spitze nach Durban einen Sonnenstrahl abbekommen, und die besondere Art und Weise, wie die Krankheit behandelt werden sollte, führte zu einer deutlichen Meinungsverschiedenheit zwischen zwei berühmten Londoner Ärzten.

Es gab einen sehr netten alten Schotten, der ein Hotel betrieb, in dem wir in Dundee wohnten. Seine Familie war ebenso gastfreundlich wie er selbst; ich glaube, das Haus hieß Globe, aber jedenfalls lag es in der Nähe des Docks, wo die *American* ausgerüstet wurde. Eine Bemerkung von ihm hat sich mir ins Gedächtnis eingeprägt: „ Ihr wisst, dass wir in der guten Stadt Dundee allerhand zu bieten haben", und es schien, als ob zu dieser Zeit besonders gute Zeiten angesagt waren. Die Erbauer des Schiffes, Stevens & Co. und einige ihrer Bekannten namens Crowdace , waren besonders aufmerksam und höflich zu uns allen, aber ich kann mich überhaupt nicht erinnern, wer der Erste Offizier auf diesem Schiff war . Baynton hatte das Kommando und Mrs. Baynton war auch bei ihm. Sie kam mit dem Schiff nach Southampton, und es war ein glücklicher Tag für mich, als sie das tat, denn es ermöglichte mir, eine Freundschaft zu schließen, die, abgesehen von der Freude, die sie mir bereitete, für meine Zukunftsaussichten von unendlichem Wert war. Jedem jungen Mann würde ich sagen: Wenn Sie mit den Damen in Kontakt kommen, die mit Ihren Vorgesetzten oder Vorgesetzten zusammenarbeiten, geben Sie sich alle Mühe, ihr Interesse zu wecken und ihnen sympathisch zu sein, denn abgesehen von dem Vorteil, den Sie aus dem Umgang mit Frauen ziehen, die vermutlich „Lebenswissen" besitzen, wissen Sie nie, ob sie nicht vielleicht in der Lage sind, in ihrem häuslichen Umfeld ein Wort einzulegen, das Ihnen in Ihrer beruflichen Laufbahn von Nutzen sein könnte. Manche Männer mögen diesen Ratschlag belächeln, aber meiner

Erfahrung nach ist er gut. Auf jeden Fall war Mrs. Baynton eine gute Freundin für mich.

Als wir in Southampton ankamen, gab es viele Veränderungen im Offiziersdienst der Schiffe, und mittendrin fiel auf, dass ein Kapitän und ein Erster Offizier fehlten, die von irgendwoher kommen mussten. Der damalige Manager der Gesellschaft in Southampton war Mr. G. Y. Mercer; er war seit ihrer Gründung dabei und besaß große Macht. Er war sogar ein weitaus größerer Mann als der Marineinspektor. Nun waren Mrs. Mercer und Mrs. Baynton gute Freunde, und es sei erwähnt, dass letztere in einem sehr reizenden Haus in Shirley namens Trafalgar Lodge lebte; es war ein idealer Ort für die Menschen, die darin lebten. Ich wurde eines Abends zum Essen dorthin eingeladen und lernte dabei Mr. und Mrs. Mercer kennen. Später wurde mir ziemlich klar, warum ich eingeladen worden war, denn nachdem die Damen den Tisch verlassen hatten und die Männer sich über Dinge im Allgemeinen unterhielten, machte Mr. Mercer die beiläufige Bemerkung: „Nichts auf dieser Welt ist sicher, nicht einmal, dass Crutchley als Zweiter der *American* abreisen würde.“ Sehr bald danach wurde ich zum Chef der *Syria ernannt*, und mein Kapitän war Garrett, der zuvor auf der *Roman* gearbeitet hatte, was seine erste Reise als Kapitän war. Dies eröffnete mir eine neue Perspektive grenzenloser Möglichkeiten, denn das Schiff war eines unserer besten. Sowohl der Kapitän als auch ich waren Neulinge und sehr darauf bedacht, reinen Tisch zu machen. Unser zweiter hieß Merritt, ein netter Kerl, der aus Kapstadt kam. Garrett mochte ihn sehr, und als Merritt etwa ein Jahr später infolge eines Unfalls starb, war er monatelang untröstlich.

USS „SYRIA"

(*Aus einem Gemälde von Willie Fleming aus Kapstadt*)

Die Überfahrt verlief ereignislos, aber als wir in Algoa Bay ankamen, hatten wir etwas Zeit, die wir dort verbringen konnten. Das Schiff war in einem wunderbaren Zustand, sogar zur Zufriedenheit des Kapitäns, der aus purer Bosheit und aus Liebe zu mir ein Vergnügen daran hatte, herauszufinden, ob irgendetwas nicht stimmte. Nicht, dass es mir im Geringsten etwas ausgemacht hätte – es war eine gute Übung –, aber aus irgendeinem Grund stellte sich heraus, dass in der Nähe unseres Ankerplatzes ein oder zwei Anker und Ketten auf dem Boden lagen, und Garrett sagte mir, ich solle sie suchen und aufheben. Ich begann zu kehren und war bald an etwas Schwerem festgemacht, und die Bergungsarbeit begann. Ich nahm einen Anker und eine Kette auf, die angeblich einem der Castle-Schiffe gehörten, einen weiteren Anker und eine Kette sowie schwere Verankerungen, die einige Jahre zuvor für die Schiffe der Gesellschaft ausgelegt worden waren. Am letzten Tag, an dem ich an dieser Operation beteiligt war, nahm Garrett Merritt mit an Land zu den Rennen und hinterließ mir die fromme Beschwörung, auf keinen Fall jemanden zu töten. Es war eher ein Glück, dass wir keinen Unfall hatten, denn wir hatten es mit Schwergewichten und provisorischer Ausrüstung zu tun. Es wurde jedoch durchgeführt, obwohl der Kapitän bei unserer Rückkehr nach Hause nach dem Grund gefragt wurde, warum er die Festmacherleinen der Firma aufgehoben hatte. Es besteht jedoch kein Zweifel, dass es eine gute Arbeit war, denn es wurde ein großer Teil des besten Ankerplatzes freigemacht; es waren Festmacherleinen, die ein heutiges Linienschiff getragen hätten, aber der Platz war dafür nicht geeignet.

Auf der Heimreise machten wir Halt in St. Helena, und da im hinteren Laderaum noch Platz war , nahmen wir eine große Anzahl Walölfässer für Southampton mit. Sie waren alt und undicht und machten auf meinem wunderbar sauberen Teakdeck eine furchtbare Sauerei, bevor wir sie im hinteren unteren Laderaum verstauen konnten . Ich hatte von Anfang an große Bedenken, aber ich musste tun, was mir gesagt wurde. Als wir Ushant verließen, herrschte starke Querseerde und das Schiff rollte stark, mit dem Ergebnis, dass alle Fässer zusammenbrachen und kein einziges Fass an Land gebracht werden konnte. Es dauerte Tage, den Laderaum zu säubern, und es waren lange Proteste und allerlei Schwierigkeiten nötig, um die Haftung für den Verlust loszuwerden und sie den Versicherungsleuten aufzubürden.

Als wir in Southampton ankamen, wurde Garrett von seinem Kommando entbunden und, soweit ich mich erinnere, auf einen neuen Küstendampfer versetzt. Er nahm Merritt mit, der von Dacre Bremer abgelöst wurde, einem alten Wigram-Mann und sehr netten Kerl. Der neue Kapitän war H. E. Draper, und selbst jetzt, nach all den Jahren, fällt es mir schwer, seinen Charakter richtig zu beschreiben. Ich war lange Zeit mit ihm auf verschiedenen Schiffen unterwegs und fand ihn freundlich und rücksichtsvoll; er hatte jedoch einen beißenden Witz, der sehr treffend war und der vielleicht auf Kosten anderer wichtiger Eigenschaften genährt wurde. Ich kann mich an nichts besonders Bemerkenswertes erinnern, das auf der Hinfahrt oder an der Küste passiert wäre, aber auf der Heimfahrt im Südostpassagier hatte ich an einem schönen Sonntagnachmittag, wie viele andere auch, einen herrlichen Schlaf. Ich wachte auf und spürte eine schreckliche Vibration mit dem Eindruck, dass das Ende der Welt bevorstand. Als ich an Deck stolperte, schienen sich die Masten zusammenzubiegen, und das Erste, woran ich mich erinnere, war, dass der Chefingenieur in den Maschinenraum ging und einige Heizer vor sich hertrieb, die zu fliehen versuchten. Die Vibration hörte bald auf, und dann wurden wir informiert, dass die Hauptwelle weit hinten im Tunnel gebrochen war, dass sie beinahe durch die Seite des Schiffes gegangen war, dass das, was übrig blieb, im Stevenrohr verbogen war, und dass wir die Fahrt des Schiffes anhalten mussten, bis es so gesichert war, dass sich der Propeller nicht mehr drehen würde. Jetzt waren wir zu weit im Norden, um St. Helena unter Segeltuch zu erreichen, denn obwohl das Schiff als Brigg getakelt war und ziemlich gut segelte, hatte es keinen Sinn, bei Südostpassat Schlüsse zu ziehen, also nahmen wir, als die Welle gesichert war, Kurs auf Ascension und erreichten zu gegebener Zeit die Insel genau in Lee. Das Problem bestand darin, das Schiff vor den Wind zu bringen, aber das gelang mit ein wenig Intrige, und wir umrundeten die Ostseite der Insel und luvten in Richtung Ankerplatz in ganz bewährter Segelschiffmanier. Der Kapitän wollte es jedoch nicht riskieren, den richtigen Ankerplatz anzulaufen, und so warfen wir den Anker in einiger Entfernung hinaus und segelten am nächsten Tag weiter hinein. Zu meinem großen Missfallen wurde dies von einem Marineleutnant überwacht, dessen Einmischung meiner Ansicht nach völlig unnötig war. Aber wer bettelt, kann nicht wählerisch sein. Nach ausführlichen Beratungen wurde entschieden, dass wir versuchen sollten, das Schiff am Bug so zu trimmen, dass wir den Propeller abwerfen konnten, und dass wir versuchen sollten, dies vor der Ankunft der *American* zu tun , die in etwa einem Monat erwartet wurde, in der Hoffnung, dass sie uns nach Hause schleppen würde. Wir hatten eine ganze Menge Passagiere an Bord, aber glücklicherweise konnten sie viel Zeit an Land verbringen, wo sie sehr willkommen waren. Viele von ihnen, eigentlich fast alle, wurden schließlich auf die *Northam* umgeladen , die vor der *American* ankam , aber es hatte keinen Sinn, von ihr zu erwarten, dass sie sie schleppte; sie brauchte ihre ganze Zeit, um sich umzudrehen. Sie brachte jedoch Captain East, RN, den neuen Kapitän der Insel, mit, der, wäre er früher gekommen, meiner Meinung nach zu anderen Schritten geraten hätte als denen, die wir unternommen hatten. Doch dann war es zu spät, denn wir hatten es versäumt, das Schiff am Bug ausreichend zu trimmen, um an den Propeller heranzukommen, und mussten uns damit begnügen, ihn mit einer langen Stromkette zu sichern, die gesamte Ladung, die wir verschoben hatten, wieder zu verstauen und das Schiff auf ebenem Kiel zu lassen. Wenn man alles darüber nachdenkt, scheint es eher ein Glück zu sein, dass es nicht mit uns kenterte, denn wir haben uns ziemlich viele Freiheiten mit ihm genommen.

Eines Abends wurde Kapitän East an Bord festgehalten, als die „Roller" da waren und ein Schiff in der Nähe Signale gab. Da sie nicht vom Ufer wegkommen konnten, ging ich in unser Gig, um zu sehen, was sie wollten. Es war die Bark *Dione* hatte zu wenig Proviant und der Kapitän war sehr froh, meine Hilfe und die der Bootsbesatzung in Anspruch nehmen zu können, um den Ankerplatz zu erreichen. Ich stand weit drüben an der Ostspitze, wendete das Schiff dicht an der Küste und steuerte dann auf das Heck der *Syria* zu, luvte an, als ich sie umrundete, und legte dann alles flach auf den Rücken und warf den Anker in einem schönen küstennahen Liegeplatz, wo sie am nächsten Tag bekam, was sie wollte, und freudig weiterfuhr. Das war das letzte Segelschiff, das ich steuerte.

Während wir auf die *American warteten*, machten wir uns daran, unsere Schleppausrüstung fertigzumachen, und zu diesem Zweck holten wir aus dem Marinevorrat zwei große Taue. Eines war 13 Zoll groß und ein schönes Stück Seil, das andere war, wie sich herausstellte, von Trockenfäule befallen und machte zu verschiedenen Zeiten viel Ärger. Keiner von uns hatte Erfahrung im Schleppen von Schiffen, und ich fürchte sehr, dass unsere Vorbereitungen unbefriedigend waren, denn wir hatten vier Schleppleinen vorgesehen, und das waren drei zu viel. Aus Erfahrung ist leicht zu erkennen, dass ein großes Tau, das an einem Bugkabel befestigt war, das vom zu schleppenden Schiff beliebig weit gedreht werden konnte, die nötige Elastizität geboten hätte, um ein Brechen zu verhindern, und das schleppende Schiff hätte sein Ende jederzeit abrutschen können, wenn es es für nötig hielt. Zu gegebener Zeit traf die *American* ein, mit Kapitän Baynton am Kommando. Sie hatte auch eine ganze Reihe Passagiere an Bord, die nicht gerade erfreut waren, als sie erfuhren, dass ihre Überfahrt durch das Schleppen von uns verzögert würde. Aber Baynton beschloss, es zu tun, und die Taue wurden ausgehängt. Wir schickten einige Heizer an Bord, aber bevor wir losfuhren, rief uns Baynton zu, wir sollten sie zurückholen, was wir taten, denn er bemerkte: „Sie brauchen ein Kindermädchen, das auf sie aufpasst." Was die armen Teufel getan hatten, um ihn zu beleidigen, weiß ich nicht, aber er war von sehr pikanter Natur und hatte wenig Geduld mit irgendwelchen Hindernissen. Die Szene, als diese Schiffe von der Reede gelockt wurden, muss für die Zuschauer eine Quelle großer Unterhaltung gewesen sein, und selbst als erste Probe war sie in keiner Weise ehrenhaft. Wer eine solche Operation durchführt, braucht zwei Dinge: Geduld und Mäßigung in der Sprache. Leider war keiner von uns mit beidem belastet, aber wir schafften es, davonzukommen, nachdem wir uns Bemerkungen über alles und jeden erlaubt hatten, denen der Kommination Service gegenüber milde gewesen wäre. Wir trennten die Taue und machten im Allgemeinen so viel Chaos wie möglich. Diese Szene hatte jedoch ihren Nutzen, denn wenn wir darüber nachdenken konnten, war sie eine schöne Anschauungsstunde für die Zukunft. Das Ganze resultierte aus der Tatsache, dass es zwei Herren gab, und diese Schwäche wurde bei vielen späteren Gelegenheiten deutlich.

Ich brauche nicht auf die täglichen Einzelheiten einzugehen. Wir fuhren den Südosthandel weit nach Norden, und eines Morgens wurden wir durch eine Tafel am Heck der *American darüber informiert, dass wir nach* Goree fahren sollten, um Kohle zu holen, und das taten wir. Als wir dort ankamen, stellten wir fest, dass es nur sehr wenig zu holen gab, eigentlich nur genug, um uns nach St. Vincent auf den Kapverden zu bringen. Es wäre gut gewesen, wenn die *American* war allein dorthin gefahren, hatte Kohle aufgeladen und war zurückgekommen, damit wir sie in dem vergleichsweise ruhigen Wasser in der Nähe des Landes abschleppen konnten, aber das war nicht Teil von Bayntons Idee. Er hatte uns bis hierher geschleppt und hatte nicht vor, uns aus den Augen zu verlieren, bis er sah, dass wir, was die Bergung anging, sicher waren, also fuhren wir nach St. Vincent, wo der Nordostpassat fast immer einen halben Sturm hat . Dort fanden wir viele Schiffe und Transporter, denn der Ashanti-Krieg war gerade vorbei und die Truppen wurden nach Hause geschickt. Ich meine mich auch zu erinnern, dass es gewisse Komplikationen bezüglich der Ankerplätze gab, Meinungsverschiedenheiten sogar, aber bevor wir dort waren, kam die *Römerin* auf dem Heimweg mit Garrett als Kommandant an, und zu ihr die *Amerikanerin* lud so viele Passagiere um, wie untergebracht werden konnten. Auch wir nahmen, ebenso wie die *American* , einige der heimkehrenden Truppen an Bord, hauptsächlich verheiratete Männer. Nebenbei möchte ich erwähnen, dass das Kavallerieschiff *Tamar* in Luv von uns vor Anker lag, und eines

Nachmittags sah ich einen jungen Leutnant die beste Bootsfahrt vollführen, die ich jemals erleben durfte. Ich wünschte, ich könnte mich an seinen Namen erinnern. Nachdem alles geregelt war, machten wir uns wieder auf den Heimweg. Es wehte ein starker Wind aus Nordosten, und als wir den Hafen verließen , standen die Schleppseile manchmal steif, da die Schiffe dagegen anschlugen, aber wie wir mit der Zeit feststellten, ist es einfacher, bei Gegenwind zu schleppen als bei günstigem Wind. Auf dieser Reise gab es Vorfälle, mit denen ein Komödienschriftsteller und -zeichner ein Vermögen gemacht hätte, aber sie würden hier zu sehr ins Gewicht fallen. Wir machten in Madeira Halt, um Kohle zu holen, und machten uns auf die letzte Etappe der Reise. Es gab einen Südweststurm in der Biskaya, bei dem sich die Schiffe trennten und wir für einige Zeit aus den Augen verloren wurden, aber am nächsten Tag wurden wir wieder aufgenommen und wieder in Schlepp genommen, um den Kanal hinaufzufahren. Es war Sonntag, und es wurde gesagt, dass wir nur noch eine wirklich gute Kollision wollten, um unsere Erfahrungen zu vervollständigen, und wie es der Zufall wollte, bekamen wir sie.

Es war eine schöne, kalte Märznacht, und die Lichter von Portland waren in Sicht. Ich schlief in meiner Kabine, denn alles lief gut, als der Chefingenieur hereingestürzt kam und nach meinem Tomahawk fragte, um die Schlepptaue durchzuschneiden. Ich schnappte es mir selbst und sprang in einen scharlachroten Flanellschlafanzug gekleidet an Deck, wie es einige von uns damals ziemlich mochten. Dort sah ich, dass ein großes Segelschiff die *American* an der Backbordseite gerammt und ein großes Loch in sie gerissen und das Oberlicht des Maschinenraums über den Motoren heruntergerissen hatte, so dass sie nicht mehr bewegt werden konnten. Das Ruder *der Syria* war aus irgendeinem Grund nach Steuerbord gezeigt worden , und wir fuhren am Heck des Segelschiffs vorbei und zogen unsere Schlepptaue mit uns her; als diese sich zogen, zogen die beiden Dampfer nebeneinander her, und die *Aracan* , wie das Segelschiff hieß, lag quer über unseren beiden Hecks. Niemand, der eine Schauspielrolle spielte, kann eine solche Szene beschreiben. Ich kann nur gewisse Eindrücke wiedergeben – ich schaute über Bord und sah durch ein großes Loch im Schiffsinneren in den Damensalon der *American* . Dort stand eine Stewardess mit einer Kerze in der Hand und war völlig verblüfft. Auf dem Achterdeck der *American* saß Baynton gelassen wie ein Fisch, mit seinem Chef an seiner

Seite. Er sagte, es gäbe genug zu tun, *er* wolle nur seine Motoren freimachen. Am Achterdeck der *Syria* versuchte eine Menschenmenge an Bord der *American zu* kommen, weil sie dachte, wir würden sinken. Am Vorderdeck der *American* kam eine weitere Menschenmenge in ähnlicher Wahnvorstellung an Bord und zu allem Überfluss schrien einige irische Frauen wie am Spieß, entweder aus Angst oder aus Bosheit, ich weiß nicht, was von beidem. Auf Anweisung des Kapitäns brachte ich einige unserer Boote ins Wasser und ging dann an Bord der *Aracan* , deren Besatzung sie verlassen hatte, um sie von unserem Heck freizubekommen. Dies gelang mir. Sie trieb ein kurzes Stück ab und ging vorn unter. Ihre Masten krachten, als die Segel beim Abwärtstauchen das Wasser spürten. Sie war mit Munition für Hongkong beladen gewesen und es war eher ein Glück, dass nichts eine Explosion verursachte, denn ihr Bug war wie eine Wand eingedrückt, wo sie in die Seite *der American gesegelt war. Als ich zur Syria* zurückkam, erhielt ich den Befehl, die Boote zu hissen, und ich rief eines heran, es solle längsseits kommen, und fragte, wer das Kommando habe. „Sergeant Dighton, Sir“, war die Antwort. Die Besatzung bestand hauptsächlich aus Freiwilligen der Marineartillerie und Passagieren, und dieser Vorfall kam mir immer komisch vor. Inzwischen hatten sie die Motoren *der American freigemacht* , und Baynton , der sah, dass die Schleppseile frei von seinem Propeller hingen, gab wie der Teufel, der er war, volle Fahrt weiter. Jeder andere Mann hätte eine Feder ausgefahren, um die Schiffe zu trennen, aber er wollte um jeden Preis sofort raus sein – es war eher ein Glück, dass uns keine der Stangen heruntergefallen waren. Abgesehen von ein paar Brüchen wurde uns jedoch wenig Schaden zugefügt, und eines der Schleppseile hielt, sodass wir unseren Weg nach Southampton fortsetzen konnten. Ich kann nicht sagen, wie, aber wir kamen am nächsten Tag dort an, und ich für meinen Teil bedauerte es nicht.

Es gibt viele Zwischenfälle, sogar an Land, wegen Kollisionen. Die Anwaltsgehilfen sind sehr damit beschäftigt, Beweise zu sammeln oder zu beschaffen. Ich glaube, dass es in Kollisionen mehr Meineid gibt als in allen anderen Fällen. Es scheint mir, dass keine zwei Menschen dieselbe Sache im genau gleichen Licht sehen. So—

(*a*) Da ist die Sache, wie sie passiert ist.

b) Die Sache , wie sie sich jeder Einzelne vorstellte.

c *)* Das, was Sie vor Gericht angeben, nachdem Ihr Anwalt Sie von der konkreten Art und Weise überzeugt hat, wie es hätte passieren müssen.

Nachdem wir eine neue Kurbelwelle bekommen und die Schäden repariert hatten, gab es einen Kapitänswechsel. Draper musste wegen der Rechtsangelegenheiten zurückbleiben, und ich war wieder Schiffskamerad von Vyvyan. Die Reise verlief angenehm und ohne Zwischenfälle. Vor der Abfahrt von Southampton war ich gewarnt worden, mich für den Umstieg auf einen Küstendampfer bereitzuhalten, aber da mir niemand einen eindeutigen Befehl gab, machte ich die gesamte Reise mit, eine der angenehmsten von allen. Die Heimfahrt war sehr lustig und mit netten Passagieren.

African zum Dienst an der Küste abkommandiert und man sagte mir, dass es ein Kompliment sei, für diesen Posten ausgewählt worden zu sein, aber das erfordert ein eigenes Kapitel.

———

KAPITEL VII

„Man trifft hin und wieder kultivierte Männer, die alles
wissen." – EMERSON.

Ich bedauerte es, die *Syria verlassen zu müssen* , vor allem, weil
ich den Charakter meines Kapitäns inzwischen sehr zu
schätzen gelernt hatte und die vielen Gespräche, die wir über
Themen rund um das Meer und Seeleute führten, sehr genoss.
Er war ein außergewöhnlicher Mann, wie seine spätere
Karriere bewies, aber nicht jeder mochte ihn , und was das
betrifft, welcher Mann, der etwas auf sich hält, ist das schon?
Als ich nach Hause kam, fragte mich Kapitän Ker, der
Oberaufseher, warum ich nicht an der Küste geblieben sei,
worauf ich antwortete, dass mir niemand das befohlen habe.

als Passagier im *African* mitfahren ", erwiderte er, „und Mr.
Owen ablösen."

Diese Überfahrt zum Kap war für mich aus vielen Gründen
unvergesslich, die ich hier nicht im Detail beschreiben muss.
Baynton hatte das Kommando und Leigh war der Erste
Offizier. Der dritte, an den ich mich erinnere, war einer dieser
charmanten Taugenichtse, die man gelegentlich trifft. Sein
Name wird verschwiegen. Er verschwand bald, aber er war
talentiert, ein guter Seemann, ein guter Musiker und ein Mann,
der niemandes Feind war außer sich selbst. Ich fand es sehr
schön, viel Freizeit mit einer außergewöhnlich netten Schar
von Passagieren zu haben. Einige von ihnen sind jetzt meine
Freunde, aber die Zeit hat traurige Verwüstungen unter ihnen
angerichtet. Einer der besten war Sutton Vane, der talentierte
Dramatiker; er und ich spielten Hauptrollen in einer Farce, die
auf der Überfahrt aufgeführt wurde, und als Myles na
Coppylene bemerkte: „Gott sei mit diesen guten alten Zeiten."
Ich verneige mich auch jetzt noch vor Ihnen, meine lieben
Schiffskameraden, selbst wenn ich Ihre Namen nicht erwähne.
Kapitän Baynton war so freundlich, meine Hilfe als Navigator
anzunehmen, und da er für einen großen Teil der Reise
krankgeschrieben war, war es mir ein Vergnügen, ihm
behilflich zu sein. Die Offiziere hätten sich in manchen Fällen
über die Einmischung eines Offiziers auf der Überfahrt
geärgert, aber irgendwie dachten nur wenige daran, sich dem
„alten Ted", wie er hinter seinem Rücken genannt wurde,
entgegenzustellen. In ähnlicher Weise wurde Vyvyan

normalerweise „Lord George" genannt, während man mir in späteren Jahren zu verstehen gab, dass man allgemein von mir als „Buffalo Bill" sprach.

Wir erreichten Kapstadt zu gegebener Zeit und gingen unserer jeweiligen Wege; mein Weg war, wie sich herausstellte, einer der schwierigsten, die ich je bereist hatte, denn er führte mich zur *Basuto* , und von all den herzzerreißenden Schiffen, die es gab, war sie das schlimmste. Als nordisches, schlampig gebautes Schiff mit geringer Leistung, einem langen Achterdeck und einer kurzen Grube und einem kurzen Vorschiff konnte sie mit dem für diesen Zweck praktikablen Arbeitsaufwand nicht sauber gehalten werden, denn man sollte bedenken, dass die Diamantenfelder die übliche, gleichmäßige Routine der Küstenarbeit durcheinandergebracht hatten , und es war beträchtlich schwierig, überhaupt eine Mannschaft zu halten. Daher konnte die Disziplin nicht auf dieselbe Weise aufrechterhalten werden, wie dies auf der Heimroute möglich war. Ich weiß, dass wir ohne die unerschütterliche Unterstützung des in Kapstadt ansässigen Magistrats, Herrn John Campbell, Schwierigkeiten gehabt hätten, die Schiffe in Gang zu halten. Ich lege gern mein bestes Zeugnis für seine gerechte und vernünftige Auslegung des Merchant Shipping Act ab und auch für die Art und Weise, wie er ihn durchführte. Am Abfahrtstag kam es nicht selten vor, dass man in einer Droschke in die Stadt fahren musste, die Männer halb betrunken vorfand und sich dann in der Droschke auf sie setzte, bis man sie sicher an Bord bringen und in Ketten legen konnte, bis sie nüchtern waren. Auf der *Basuto* , mit Kapitän Draper als Kommandeur und Harry Owen als Chef, war es ziemlich warm gewesen, und als ich Owen ablöste, wusste ich ziemlich genau, was mich erwartete, und ich wurde wirklich nicht enttäuscht. Es gab immer Ärger mit irgendeinem Teil der Mannschaft, und es kam nicht selten vor, dass man mehr als nur moralische Überredungskunst aufbringen musste, um die Arbeit auf dem Schiff fortzusetzen. Owen hatte die Angewohnheit, ein Schießeisen bei sich zu tragen, und hatte es nützlich gefunden, um den Eindruck zu erwecken, er sei als Yankee-Maat ausgebildet worden, aber eine Pistole schien mir nie eine notwendige Vorsichtsmaßnahme zu sein.

Im Zusammenhang mit dem Einsatz physischer Gewalt an Bord von Schiffen haben mich und andere vor kurzem die Erlebnisse eines Kapitäns eines der Dampfschiffe der

Irrawaddy-Flottille sehr amüsiert, die er wie folgt schilderte: „Der beste Friedensstifter, den man haben kann, ist ein Sandsack, der etwa 30 cm lang und 2,5 cm dick ist. Mein Maat und mein Ingenieur haben einen, und wir schaffen es immer, das Deck von einer Menschenmenge zu befreien." Ich denke, er ist besser als ein Belegnagel, den man manchmal kaum in seinen Seestiefeln mitnehmen kann.

Wie dem auch sei, ich stellte fest, dass an Bord der *Basuto praktisch alles in meinen Händen lag* , und das kam mir sehr gelegen. Wir verbrachten unsere Zeit zwischen Kapstadt und Sansibar; Eile hatte keinen Sinn, denn das Schiff konnte nur eine bestimmte Geschwindigkeit fahren, und wenn wir eine Post verpassten, kamen wir rechtzeitig zur nächsten, aber wir scheuten nichts, um unsere Arbeit gut zu machen. Wir hatten das Glück, einen Mann als zweiten Offizier zu haben, vor dem ich als Seemann den größten Respekt hatte, E. T. Jones, und außerdem fand ich durch praktische Erfahrung heraus, dass er in Notfällen ein guter Mann war und man sich absolut auf ihn verlassen konnte. In Natal konnten wir ein großes Beiboot der Gesellschaft benutzen, das als Kutter getakelt war. Es war ein Anblick, Jones es allein segeln zu sehen, aber er hatte auch seine Zeit bei der Trinity House abgeleistet.

Aus irgendeinem Grund war entschieden worden, dass Kapitän Ker Southampton als Marineinspektor verlassen und in Kapstadt als Manager der südafrikanischen Gesellschaft leben sollte. Als er in Kapstadt ankam, fand er die *Basuto* nach einer Überholung blitzsauber vor und dachte wohl, das sei ihr üblicher Zustand, was für mich Pech war. Es hatte nie große Herzlichkeit zwischen uns geherrscht und in Zukunft sollte es auch weniger sein, denn so sehr ich mich auch bemühte, seiner Meinung nach stimmte mit meinem Schiff immer etwas nicht, und ich glaube, er ärgerte sich, wenn er Offiziere in Häusern traf, die er besuchte, besonders da Damen einer höheren Stellung nicht immer den Respekt zollen, auf den ihr Besitzer Anspruch zu haben glaubt. Aber wie dem auch sei, Tatsache bleibt, dass wir uns nie liebten.

Von Zeit zu Zeit beförderten wir viele angesehene Männer oder solche, die auf dem Weg waren, es zu werden. Besonders erinnere ich mich an zwei geistliche Würdenträger; einer davon war Bischof Colenso. Er gestand mir einmal, dass er verärgert darüber war, dass der neue Bischof von Kapstadt von jemandem inthronisiert werden sollte, der in der Church of

England unter ihm stand, während er selbst aufgrund seiner Ansichten von der Ausübung des Amtes ausgeschlossen war. Zu gegebener Zeit reiste auch der neue Bischof mit uns, und als wir infolgedessen die übliche Dosis schlechtes Wetter bekamen, weigerte er sich, sich zurückzuziehen, und sagte mit einem fröhlichen Augenzwinkern, dass es unwürdig wäre, wenn etwas passieren würde, wenn ein Bischof ohne seine Gamaschen gesehen würde. Er ist jetzt Erzbischof, aber zu der Zeit, von der ich schreibe, war sein Haar schwarz, und er war sich nicht zu schade, einen Kampf mit dem Singlestick zu führen.

Ungefähr zu dieser Zeit herrschte im ganzen Land große Unruhe, die sich von Zululand bis nach Ost-London erstreckte. Es war kurz nach den Unruhen in Langalibalele, und auf unserem Weg die Küste entlang erhielten wir den Befehl, in Kowie anzulegen und ein amerikanisches Schiff namens *Tecumseh , das sein Ruder verloren hatte* , nach Algoa Bay zu schleppen . Kapitän Ker kam, um die Operation zu überwachen, und wir nahmen auch den Historiker Herrn J. A. Froude als Passagier an Bord, der damals auf dem Weg nach England war. Er hatte das Land bereist, um sich für seinen Freund Lord Carnarvon eine eigene Meinung über die politische Lage zu bilden, und man darf die Bemerkung erlauben, dass es sehr schade war, dass er sich die Lage nicht genauer angesehen hatte, denn die südafrikanische Politik konnte man damals nicht während eines dreimonatigen Aufenthalts im Land lernen, und was das betrifft auch nicht in sechs. Jedenfalls erkannte er nicht, dass die Lage in Zeilen aus Alice im Wunderland zusammengefasst wurde.

„Die älteste Auster zwinkerte und schüttelte ihren grauen Kopf .
Damit wollte sie sagen, dass sie das Austernbett nicht verlassen wollte.“

In meinen Augen habe ich Herrn Froude immer für den Burenaufstand verantwortlich gemacht, der in Majuba seinen Höhepunkt erreichte .

Natürlich kann man bei der Ausführung eines ungewöhnlichen Auftrags nicht erwarten, dass die Dinge ganz reibungslos ablaufen, und das war bei dieser Gelegenheit auch nicht der Fall. Ich war an Bord der *Tecumseh gewesen* und hatte ein provisorisches Ruder mit einer Stromkette montiert und war zu meinem eigenen Schiff zurückgekehrt, um die Schleppvorrichtung für einen Start bei Tagesanbruch vorzubereiten. Am Morgen war ich natürlich früh auf und hatte die Situation, wie ich dachte, für mich allein. Es gab einen AB, der mir ständig Ärger machte, wenn es etwas zu tun gab, und der normalerweise noch vor Ende des Tages irgendwie korrigiert werden musste. Bei dieser besonderen Gelegenheit dachte ich, ich würde die Korrektur vornehmen, bevor der Tag begann, um keine weiteren Probleme zu haben, aber als ich mich umsah, stellte ich fest, dass Herr Froude mir genauso viel Aufmerksamkeit schenkte, wie ich für nötig hielt. Er fragte, ob dies meine übliche Methode sei, Disziplin aufrechtzuerhalten, was ich bejahte, und der Vorfall war beendet. Wir schleppten das Schiff in Ordnung nach Algoa Bay, aber zwei Kapitäne auf einem Schiff sind völlig unnötig. Kapitän Ker mischte sich jedoch ein und zog sich am Ende des Schleppzugs den Zorn und die Worte des Yankee-Kapitäns zu, die er auf meisterhafte Weise zum Ausdruck brachte, was ich mit unheiliger Genugtuung anhörte.

Bei einer anderen Überfahrt gab er mir, wie ich mich erinnere, den Befehl, den Kurs zu ändern, ohne Draper zu konsultieren. Das war ein absolut unverantwortliches Vorgehen, obwohl er Manager für Südafrika war. Seine letzte Heldentat auf See war jedoch großartig. Ein anderer Manager wurde ernannt und er übernahm das Kommando über eines der Schiffe der Gesellschaft, das in einer Winternacht bei Ouessant auf die Felsen lief. Er rettete Mannschaft, Passagiere, Post und Bargeld in zwanzig Minuten, und dafür brauchte man einen Mann.

Als wir in Kapstadt ankamen, geschah etwas Amüsantes. Eines Sonntags gingen Jones und ich mit ein paar heiteren Seelen zum Mittagessen ins Coghills in Wynberg . Mr. Froude saß am Tisch und unterhielt sich lautstark über seine guten Freundinnen daheim. Auch Mr. Savage, einer unserer Direktoren, war anwesend, den Jones zufällig nicht kannte. Mitten beim Mittagessen begann Jones seinen Freunden zu erzählen, wie er einige schöne Straußenfedern von einem Vogel bekommen hatte, den er auf einer Reise begleitet hatte. Ich konnte ihn nicht davon abhalten, denn meine Beine waren nicht lang genug, aber ich beobachtete Savages Gesicht, bis er trocken unterbrach und sagte: „Ich hoffe, diese Federn waren nicht als Fracht unterwegs, Mr. Jones.“ Viele am Tisch verstanden den Witz und brachen in schallendes Gelächter aus.

Ich war nicht traurig, als ich nach etwa zwölf Monaten eine Versetzung nach Hause bekam. Ich möchte hier jedoch das Ende der *Basuto erwähnen* . Sie hatte verschiedene Eigenheiten, eine davon war die spielerische Angewohnheit, ihren hinteren Laderaum zur Hälfte mit Wasser zu füllen. Natürlich hatte das nie etwas mit dem Tunnel oder dem Maschinenraum zu tun, das sagten zumindest die Ingenieure; ich hatte meine eigene Meinung dazu. Andererseits war sie von Ratten befallen, und wir gewöhnten uns an, abends, wenn wir im Hafen lagen, mit kleinen Revolvern auf sie zu schießen . Von kleineren Missständen wie dem Anker, der immer den Vorsteven verfing, wenn wir ihn bekamen, sage ich nichts. Jedenfalls blieb sie etwa zwei Jahre an der Küste, nachdem ich sie verlassen hatte, und kam dann nach Hause und wurde an ein paar Franzosen verkauft. Der Rest der Geschichte über sie ist so, wie sie mir erzählt wurde. Die neuen Besitzer verstanden all ihre kleinen Mängel nicht so wie wir; ein Kerl zog eines Morgens einen Besenstiel aus einem Loch, und das löste einen Wassereinbruch aus, mit dem sie nicht fertig wurden. Ich habe gehört, dass die Besatzung nicht einmal die Motoren abgestellt hat, als sie das Schiff verließ – für den Wahrheitsgehalt dieser Geschichte kann ich allerdings nicht garantieren.

Ich bekam meine Heimreise auf der *Nyanza* als überzähliger Zweiter. Warleigh war Kapitän, William Somerset Ward war Chef und Henry Barnes war Zweiter. Die anderen habe ich vergessen. Ward war einer der Männer, die man mir über den Kopf wachsen ließ, als es hieß, man brauche „erfahrenere Männer" (im Gegensatz zum heutigen Geschrei, man sei mit vierzig zu alt). Er war einer von Greens Männern und ein sehr guter Offizier. Er hatte viele der alten Blackwall- Moden mitgebracht, eine davon war, dass die Männer beider Wachen auf ihren Namen hören sollten, wenn die Wache abgelöst wurde . Das war ein Plan, den ich von diesem Schiff für den Rest meiner Seekarriere mitnahm, aber es war ein unpopuläres Verfahren, wenn auch aus disziplinarischer Sicht äußerst nützlich. Barnes hingegen kannte ich seit meiner ersten Seereise, als er auf der *Elphinstone war* . Er wirkte feurig und sein Charakter täuschte nicht darüber hinweg, aber im Herzen war er ein wirklich guter Kerl und ich mochte ihn. Bald kam es zu Ärger. Warleigh schrieb in das Nachtkommandobuch, dass die Essenswache abwechselnd vom zweiten, überzähligen zweiten und vierten Offizier gehalten werden sollte. In der Regel wurden sie nur vom dritten und vierten Offizier gehalten, sodass Barnes den Eindruck bekam, dass Warleigh mich übermäßig bevorzugte , obwohl ich tatsächlich Barnes' Vorgesetzter in der Kompanie war. Er ging daher am nächsten Morgen in die Kapitänskajüte und schloss die Tür. Niemand wusste je genau, was vorgefallen war. Barnes war ein großer, lauter Mann und Warleigh schmächtig und ruhig. Zweifellos wurde Klartext gesprochen, denn als Barnes wieder auftauchte, ging er in seine Kabine und blieb unter Arrest, bis wir nach Hause kamen und er den Dienst verließ. Er erzählte mir später, dass er Warleigh gesagt hatte , „er könne seinen Kumpel zum zweiten Maat machen, und vielleicht würde ihm das gefallen"; aber ich war immer erstaunt, dass er seine Aussichten absolut grundlos opferte.

Wir erreichten Southampton ohne Zwischenfälle, die besonderer Beachtung bedurft hätten, und zu gegebener Zeit wurde ich vom geschäftsführenden Direktor, Mr. Mercer, nach Hause geschickt, der mir mitteilte, dass Kapitän Ker mich nach Hause geschickt hatte, da mein Schiff immer im Rückstand war und ich meine Männer ständig ins Gefängnis brachte. „Aber", sagte er in seinem freundlichsten Ton, „ da dieser Bericht so anders ist als der, den Sie immer bekommen haben, werde ich Sie als Chef der *Roman* hinausschicken ." Ich dankte ihm nach besten Kräften und war erfreut über die Veränderung. Mein neuer Kapitän war A. W. Brooke-Smith, mit dem ich nie Unannehmlichkeiten hatte und dessen Freundschaft ich heute noch schätze. Er teilte mir vertraulich mit, dass er erfreut war, mich als Chef zu haben; aber dass wir an der Küste keine schöne Zeit haben würden, da Ker mich hasste und sicher etwas zu bemängeln finden würde. Bevor wir in See stachen, kam Warleigh eines Morgens zu mir, um mir einen Rat zu geben. Er lautete: „Machen Sie nicht so viel selbst; lassen Sie die anderen Offiziere mehr tun." Von da an befolgte ich diesen Rat; es steigerte meine Beliebtheit bei meinen Kameraden nicht, aber der Rat war gut. Beliebtheit kann zu teuer bezahlt werden, und schließlich sind es unsere Vorgesetzten, denen wir gefallen sollten. Brooke-Smith bestand sehr darauf, dass Befehle buchstabengetreu befolgt wurden, ohne Rücksicht auf Ermessensspielraum. Er neigte auch dazu, unangemessene Anforderungen an die Leistungsfähigkeit der Leute zu stellen. So gab er beispielsweise am Samstag um 9 Uhr den Befehl, die Topsegelrahen herunterzulassen, und erwartete dann, dass das Schiff um 11 Uhr so prüfungsbereit war, als ob nichts anderes getan worden wäre. Untere und obere Rahen gehörten alle zur

Tagesarbeit, aber Topsegelrahen waren eine Neuerung und kaum fair für Samstagmorgen. Es wurde jedoch getan, und alles lief gut. Als ich auf diesem Schiff war, hatte ich das Glück, viele Freunde zu finden, einer davon war Herbert Rhodes (Bruder der Colossus). Was für einen großartigen Charakter dieser Mann hatte – einen Kopf zum Planen, eine Hand zum Ausführen und das Herz eines Kindes. Ich glaube, ich war der letzte seiner Freunde, der ihn vor seinem vorzeitigen Tod gesehen hat.

Auf der Heimreise waren Lord Rossmore und sein Bruder, der ehrenwerte Peter Westenra, dort. Sie waren sehr lebhafte Kameraden – ich habe in dieser Hinsicht noch nie ihresgleichen gefunden. Sie schienen nie schlafen zu wollen, und wenn es etwas zu tun gab, war es nicht nötig, Freiwillige zu rufen. Sie waren fröhliche Schiffskameraden und hinterließen eine angenehme Erinnerung. Ich erinnere mich auch gut an Captain Byng, RN, den Kommandanten der *Active*, Admiral Hewitts Flaggschiff. Er war auch eine fröhliche Seele, und wir verbrachten unsere Abende gewöhnlich zusammen. Ich lernte von ihm viele Tricks im Umgang mit Menschen.

Ich hatte jetzt etwas mehr Zeit, um meine persönlichen Angelegenheiten zu regeln, und eine wichtige Angelegenheit war, mein Kapitänspatent zu bekommen. Ich konnte jetzt um Urlaub bitten, um in die Stadt zu gehen und dort zu verbringen, und erhielt sowohl von der Gesellschaft als auch von meinen Kapitänen ausgezeichnete Referenzen. Zu dieser Zeit hatten wir Kapitän Walter Dixon als Marine-Superintendenten, der jahrelang die Schiffe der Gesellschaft kommandiert hatte. Er war ein ganz ausgezeichneter Mann für den Posten, freundlich, höflich und rücksichtsvoll. Aber trotz seiner angenehmen Eigenschaften gab es nie Zweifel an seiner Fähigkeit, seinen Willen durchzusetzen, und sein Wort galt dem Vorstand sehr. Darüber hinaus war er der leidenschaftlichste Sportler. Er liebte einfach Pferde und Sport und legte einen ziemlich pferdeartigen Kleidungsstil an den Tag. Er hat mir viele gute Dienste erwiesen, wie ich gerne erzählen werde.

Als Kapitän durchzugehen war zu der Zeit, von der ich schreibe, keine große Tortur, aber aus folgendem Grund etwas knifflig: Die Prüfer in der Seemannschaft waren zwangsläufig alte Segler. Man kann davon ausgehen, dass sie einen Dampfschiffmann als eine Art minderwertiges Wesen betrachteten, oder sagen wir, als ein Hybridwesen – bestenfalls als einen Behelfsmatrosen. Tatsache war, dass viele Offiziere, die auf Dampfschiffen aufgewachsen waren, nicht meine Erfahrung im Segeln hatten oder die Gelegenheit, die alte Kunst des Seemanns zu erlernen, und es ist verständlich, dass es Zeiten gab, in denen sie sich im Prüfungsraum ein wenig unwohl fühlten. Ich sollte ein Beispiel dafür sehen. Natürlich ging ich noch einmal zu John Newton, um mich ein letztes Mal auf die Probe stellen zu lassen, obwohl ich mich schon seit einiger Zeit selbst trainiert hatte, denn es gab immer neue Modeerscheinungen seitens der Prüfer, auf die man vorbereitet sein musste. Aber ich fürchte sehr, dass ich wieder der böse Junge der Klasse war, denn Newton sah mich manchmal mit ernsten Augen an und hatte keine optimistische Einschätzung meiner Erfolgschancen.

Schließlich kam der ereignisreiche Tag, an dem sich unser Schicksal entscheiden sollte. Ich erinnere mich, dass ich einen Fehler in meinen Berechnungen gemacht hatte, den ich korrigieren konnte, denn es wurde jede erdenkliche Fairness geboten. Der Prüfer in dieser speziellen Angelegenheit saß kürzlich bei einem Mittagessen im Trinity House neben mir, ein jüngerer Bruder wie ich, und ich erinnerte ihn mit Vergnügen an alte Zeiten.

Aber nach der Navigation kam die Seemannschaft und das war „eine ganz andere Geschichte". Kapitän Steel war mein Prüfer und er begann, mich aufs Genaueste zu prüfen. Schließlich kam er auf das Thema, wie man ein Segelschiff bei schwerem Wetter unter Segeln steuert. Er ging von einem System aus, das verschiedene Windwechsel voraussetzte, und fragte mich schließlich, was ich unter bestimmten Bedingungen tun würde. Ich war verblüfft. Dann holte er Kapitän Dommett herein, der im Nebenzimmer damit beschäftigt war, einen Ersten Offizier der Royal Mail zu prüfen, und sagte ihm, was mich verwirrte. Schließlich ließ er mich mit einem Diagramm zurück, das ich studieren sollte, während sie beide ins Nebenzimmer gingen, um dem Mann von West India Mail dieselbe Frage zu stellen. Plötzlich fiel mir die richtige Antwort ein. Sie war nur in einem Zimmer einprägsam, in der Praxis wäre sie auf See greifbar gewesen, und als Kapitän Steel zurückkam, sagte ich ihm lediglich, dass die Antwort „Schiff tragen" sei. Das war der Abschluss der Prüfung, und ich wurde für meine gute Leistung gelobt, aber der Mann im Nebenzimmer hatte nicht so viel Glück. Einen erfahrenen Offizier in eine erstklassige Linie zu holen, ist eine ernste Angelegenheit, und der Prüfer holte sich zu Recht vorher eine zweite Meinung ein. Der unglückliche Offizier in diesem Fall hatte seine Zahlen fehlerfrei und weitaus besser als ich durchgerechnet, aber aus Mangel an Segelschiffserfahrung wurde er auf einem Dampfer zurück zur See geschickt, „um Erfahrung zu sammeln", um eine Frage zu beantworten, die mich beinahe umgebracht hätte. Das war einer der besten Tage meines Lebens, denn ich dachte, der Ball liege vor mir, als ich zum Telegrafenamt raste, um ein Telegramm an Kapitän Dixon zu schicken, der sich sehr für die Karrieren seiner Offiziere interessierte. Er war der Meinung, er könne Männer finden, die für jeden Dienst geeignet waren, und war stolz darauf. Danach ging ich zu John Newton, wo sich eine Versammlung der Auserwählten befand. Newton war überrascht über meinen Erfolg und fragte mich, ob ich Freimaurer sei, was ich verneinte, denn man hegte die absurde Annahme, mein Bestehen sei auf die Richtigkeit dieser Vermutung zurückzuführen. Ich verabschiedete mich herzlich von ihm und bedankte mich herzlich für die Mühe, die er sich um mich gemacht hatte.

Ungefähr zu dieser Zeit erhielt ich meine Beförderung zum Leutnant der Royal Naval Reserve und bin mir bis heute nicht sicher, ob ich damals einen guten oder einen schlechten Arbeitstag hatte. Außerdem habe ich geheiratet.

Das Kommando über die *Roman* wurde nun Kapitän S. R. P. Caines übertragen, einem Mann mit beachtlichem Charakter, aber nicht sehr diskret. Er war wahrscheinlich sein eigener größter Feind, denn als Schiffskamerad fand ich ihn einfach perfekt. Er hatte nicht viel Interesse daran, mit Passagieren zu verkehren, außer zu den Mahlzeiten, und verbrachte seine Abende normalerweise in meiner Kabine, oder besser gesagt, er kam und rauchte zwei Stunden lang, wenn ich von der Wache kam. Es erübrigt sich zu sagen, dass die Arbeit auf dem Schiff gut voranging, wenn Kapitän und Chef so miteinander auskamen, und wir fühlten uns wie in der alten *Roman* und dachten, wir könnten anderen Schiffen zeigen, wie man die Dinge richtig macht.

Wir hatten mit unseren Mannschaften fast immer Glück, denn die Männer erfuhren, was von ihnen erwartet wurde, und ich weiß, dass ich den Kapitän zu vielen Neuerungen anstachelte. So war ich beispielsweise eines Tages in der Algoa Bay neugierig, wie lange es dauern würde, alle Boote herauszuholen und das Schiff zu verlassen. Das taten wir eines Tages ganz plötzlich, mit dem Ergebnis, dass wir einschließlich Feuerübung und Wiederaufrichten aller Boote nur vierzig Minuten brauchten. Ich lernte dort auch, auf die Boote zu achten. Einmal, als wir Southampton verließen, kletterte ein Heizer (betrunken) an die Reling, sagte, er fahre zu seiner Frau zurück und sprang in der Needles-Passage über Bord. Der zweite Offizier (Pybus), der dritte, zwei Quartiermeister und ich sprangen in das mit Cliffords Ausrüstung ausgerüstete Boot, ließen es ins Wasser, nahmen unseren Mann auf, wurden hochgezogen und fuhren in acht Minuten weiter; das war eine ziemlich clevere Arbeit, aber ich hatte persönlich dafür gesorgt, dass das Boot eine halbe Stunde zuvor in Ordnung war. Ich fürchte, dass Cliffords Patent nicht mehr so beliebt ist wie früher. Es ist zwar etwas teuer in der Wartung und erfordert Sorgfalt, wenn es mit einem schweren Boot verwendet wird, aber mit diesem Patent kann ein Boot vollkommen sicher ins Wasser gelassen werden, egal wie schnell das Schiff ist, und ich weiß, dass ich mich während meiner gesamten Seefahrt daran gehalten habe. Andererseits war es bei uns üblich, das Schiff so weit wie möglich zu entkleiden, wenn wir gegen den Südosten fuhren. Ich wollte unbedingt herausfinden, welchen Unterschied es machen würde, wenn wir zusätzlich zum Einholen der Rahen unsere Stengen einholten. Als dies jedoch getan werden musste, fand ich heraus, worauf ich mich da eingelassen hatte. Es war eine schwere Arbeit auf See, aber da sie einen Unterschied von einem Viertelknoten in der Geschwindigkeit ausmachte, musste ich sie bei jeder Reise durchführen. Beim letzten Mal erledigten wir die Arbeit zwischen 7 und 9 Uhr morgens und hatten danach einen ganzen Tag Arbeit, aber das Aufrichten der Stengen war manchmal eine heikle Angelegenheit. Wir haben jedoch nie jemanden getötet .

Ich möchte hier einen Vorfall erwähnen, bei dem sich einmal die meisten Besatzungsmitglieder auf See betranken und außer Kontrolle gerieten. Es war eine Samstagnacht und dazu noch eine wunderschöne Mondnacht. Woher die Männer den Alkohol hatten, wissen wir nicht, aber es kam zu Gewalt und mehr oder weniger zu einer Schlägerei, bevor einige von ihnen zur Sicherheit in Ketten gelegt und an den Großbaum gebunden wurden, bis sie nüchtern waren. Wir hatten einen jungen Pfarrer an Bord, den Reverend R. H. Fair, einen Jungen aus Cape, der früher in Cambridge Sportler war und jetzt

Pfarrer von West Meon ist . Er war sehr bestürzt, weil er keine legitime Entschuldigung dafür hatte, an dem Gedränge teilzunehmen, aber er hatte schließlich doch seinen Anteil daran. Auf dem Höhepunkt des Gedränges wurde ich rückwärts über eine Türschwelle geschleudert, und hätte Fair meinen Angreifer nicht weggerissen, wäre ich am schlimmsten davongekommen. Es endete alles ohne ernsthafte Folgen, und die Männer schämten sich am nächsten Morgen zutiefst. Wir bestraften einige von ihnen, als wir in Southampton ankamen. Ungefähr zu dieser Zeit, im August 1877, nahm ich mir für einen langen Urlaub frei und verließ das alte Schiff voller Bedauern. Ich wollte an einigen Übungen der Marinereserve teilnehmen, und soweit ich mich erinnern kann, gab es damals in Southampton kein Übungsschiff. Jedenfalls musste ich in London bleiben, um an Bord der HMS *President zu üben* , und dazu möchte ich hier nur sagen, dass die Ausbilder zwar wahrscheinlich die besten waren, die man bei der Marine finden konnte, und die Ausbildung erstklassig war, den Offizieren gegenüber aber immer eine unterschwellige Gleichgültigkeit zu herrschen schien. Ich wollte unbedingt lernen, bekam aber bei weitem nicht genug, um mich zufriedenzustellen. Auf meinem Zeugnis stand, dass ich „energisch und sehr aufmerksam" gewesen sei, aber ich hatte Gefallen am Dienst für die Königin gefunden, was mich sehr oft dazu veranlasste , Dingen, die enger mit Geldverdienen zu tun hatten, weniger Aufmerksamkeit zu schenken, als ich es sonst getan hätte.

Plötzlich erhielt ich die Anweisung, auf die *Donau zu fahren* , und fuhr erneut nach Southampton, wo mein alter Kapitän Draper das Kommando übernahm und das Schiff für Truppentransporte abgeholt wurde. Meines Wissens nach war es das Hauptquartier des 32. Regiments und sie waren auf dem Weg nach Queenstown, Südafrika. Truppentransporte sind eine Erfahrung, die man mit zunehmender Bekanntschaft noch besser macht, aber damals war man geneigt zu glauben, dass die Einschiffungsbeamten übermäßig pingelig waren. In Wirklichkeit waren sie das überhaupt nicht, denn man kann nicht allzu viel Sorgfalt walten lassen, um die Gesundheit der Truppen zu erhalten. Der Marinekapitän, der die Inspektion durchführte, sagte mir, er wisse, dass Boote mein Hobby seien, und wolle diese Angelegenheit mir überlassen.

Ich glaube, der Offizier, der die Truppen kommandierte, Major Rogers, VC, war unverheiratet, denn am Tag der Einschiffung machte er sich grimmig über das Thema lustig, dass Offiziere sich um die Hutschachteln ihrer Frauen kümmerten, anstatt sich um ihre Männer zu kümmern. Er und ich kamen sehr gut miteinander aus. Tatsächlich waren sie alle ein sehr angenehmer Haufen, abgesehen von zwei Junioroffizieren, mit denen ich überhaupt nicht klarkam. Die Damen waren charmant, aber es war manchmal ein wenig amüsant, ihnen zuzuhören, wie sie ihre offene Meinung über einige ihrer Kollegen äußerten. Als Passagier nach Natal gab es auch Major Mitchell, später Sir Charles Mitchell, KCMG, eine sehr bemerkenswerte Persönlichkeit. Ich glaube, er war bei den Marines gewesen. Er machte meine Bekanntschaft, indem er die Art und Weise guthieß, wie die Decks morgens gereinigt wurden. Er benutzte den Ausdruck „sie waren wie die Zähne eines Hundes", und da das stark nach Salzwasser roch, mochten wir uns und schlossen eine Freundschaft, die länger hielt als Meinungsverschiedenheiten. Er hatte ein wunderbares Gedächtnis. Ich erinnere mich, wie er auf dem Achterdeck saß, von einer Menschenmenge (hauptsächlich Damen) umringt, und wie er ohne Noten das „Lied des letzten Minnesängers" rezitierte, und zwar auf eine Art und Weise, die sein Publikum in ihren Bann zog. Ich traf ihn oft nach der Reise in verschiedenen Teilen der Welt. Er zeigte immer dieselbe höfliche, fröhliche Persönlichkeit, die für eine Person des öffentlichen Lebens so wertvoll ist.

Auf der Überfahrt gab es nichts Aufregendes; alles verlief reibungslos, aber der folgende Vorfall verdient es, erzählt zu werden. Der Offizier, der die Truppen kommandierte, besuchte jeden Morgen um elf Uhr die Truppenquartiere in Begleitung seiner Offiziere und mir. In verschiedenen Teilen des Schiffes waren Wachen postiert, und eine stand neben der Hauptluke. Als wir nach unten gingen, wurde ein Punkt angesprochen, und der OC wandte sich an den Wachposten und sagte: „Gehen Sie und suchen Sie Sergeant So-und-so." Der Mann, ein junger Mann, wurde sehr rot und sagte: „Ich darf meinen Posten nicht verlassen, Sir." Der OC wurde ebenfalls rot und sagte: „Aber ich sage Ihnen, Sie sollen gehen", und erhielt wieder dieselbe Antwort. Inzwischen hatte der OC wieder zu Atem gekommen, jemand anderes wurde geschickt, und dem Wachposten wurde gesagt, dass er ganz richtig gehandelt hatte. Als die Inspektion vorbei war, sagte ich dem OC gegenüber, dass ich mir vorstellte, dass der Kerl bald befördert werden würde, und ich stellte fest, dass der OC meine Ansicht teilte. Es war ein interessanter Fall für mich, denn ich fragte mich, ob unter diesen Umständen ein Wachposten gezögert hätte, einem sofortigen Befehl seines Kommandanten Folge zu leisten.

Eine andere Geschichte ganz anderer Natur. Arbeitstrupps wurden manchmal abkommandiert, um die Decks zu reinigen, und sie wurden normalerweise von einem Vollmatrosen betreut, der ihnen beibrachte, dies richtig zu tun. Eines Nachmittags war ich außer Sichtweite, aber in Hörweite eines Trupps, der mit einem Matrosen namens McRae arbeitete, einem Mann, dem ich alles zutrauen konnte, der aber ein furchtbar wilder Schurke war, wenn er außer Kontrolle geriet. Einer der jungen Tommies sagte : „Was würden Sie tun, wenn Sie uns nicht dazu gebracht hätten, das Schiff für Sie zu reinigen?" McRae sagte: „Wenn es nicht Leute wie Sie, Aas, gäbe es keinen Schmutz zu reinigen." Ich zog mich in meine Kabine zurück und lachte lauthals darüber. Ich glaube, wir landeten das Regiment in East London, wobei wir Käsekörbe benutzten, um die Männer in die Leichter zu bringen, und machten uns zu gegebener Zeit auf den Heimweg, aber es gab einen Vorfall in der Algoa Bay, über den ich endlich die Wahrheit erzählen möchte. Zu dieser Zeit herrschte zwischen einigen Schiffen eine große Rivalität darüber, welches die schnellste Fahrt gemacht hatte, und ein brillantes Genie kam auf die Idee, ein Bildnis eines krähenden Messinghahns mit ausgebreiteten Flügeln anzufertigen. Dieses wurde auf dem Jackstab des Schiffs des Kommodore, der *German* , angebracht , aber viele von uns dachten, dass sie die Trophäe nicht verdiente, denn selbst die alte *Roman* , *die zu diesem Zeitpunkt im Hafen lag, hatte eine wunderbare Fahrt hingelegt, nachdem ein kluger Chefingenieur die Neigung seiner Schieber geändert hatte. Wie dem auch sei, es wäre ein gutes Geschäft, dem Chef der German* einen Punkt abzujagen , wenn uns das gelingen würde. Es gab einen Offizier auf der *Danube,* der für den Unfug geboren war, sein Name war Samuel Pechell . Später wurde er zum Baronet erhoben und starb bald. Aber zu der Zeit, von der ich schreibe, war er dritter oder vierter Offizier. In der Bucht befanden sich viele Schiffe, von denen einige zur Currie-Flotte gehörten, sodass die Verdächtigungen über die Täter des Raubes geteilt waren, insbesondere da es hieß, dass einige Leute vom *Conway Castle* bereits zuvor einen Überfall in Kapstadt versucht hatten.

Es war eine helle Mondnacht, kurz nach 3 Uhr morgens, als Sammy Pechell und McRae, nachdem sie unser Dingi mit weißen Laken abgedeckt hatten, vor der *American zu paddeln begannen* und sich am Kabel hängend bis zum Bug hinunterließen. Wie ein Affe war McRae am Kabel hoch und in weniger Zeit, als ich zum Schreiben dieser Zeilen brauche, war er mit dem begehrten Vogel wieder unten. Ich hegte den starken Verdacht, dass die *Melrose , eines der gerade einlaufenden Currie-Küstenschiffe, den Überfall gesehen hatte, aber ich nehme an, dass ein Boot unter dem Bug eines gegnerischen Schiffs sie nicht interessierte. Auch auf der German* gab es eine Wache , denn „sieben Glocken" wurden geschlagen, kurz nachdem der Hahn verschwunden war. Wir hatten vorgehabt, sie auf der *Roman* aufzustellen , aber ich legte in dieser Nacht alles Weitere unter. Der Vogel wurde anschließend in einen Wildkorb gepackt und zu Wait, dem Ersten Offizier, nach Southampton gebracht. Am nächsten Morgen herrschte in der gesamten Flotte ein großer Tumult; es gab vielleicht Verdächtigungen, aber keine Gewissheit, denn viele dachten, es sei von einigen der Currie-Männer getan worden. Zu gegebener Zeit erzählte ich es meinem Kapitän, der die Ungeheuerlichkeit des Diebstahls des Vogels des Kommodore betonte und mir sagte, ich sollte entlassen werden, weil ich so etwas gefördert hätte. Der gute alte Kapitän Coxwell war der Kommodore, und seine Bemerkungen zu mir, als wir uns das nächste Mal trafen, waren malerisch, aber ich werde nie vergessen, wie McRae sich bekreuzigte, bevor er das Kabel hochkletterte. Alle Leute auf der *Deutschen* waren über den Vorfall ganz außer sich, und ich fürchte, Pechell hatte später eine schlimme Zeit, als er mit McLean Wait segeln musste, der, wie ich annehme, die Wahrheit über die Sache herausgefunden hatte.

Ich möchte nur eine Bemerkung nebenbei machen, und zwar die über die Gefahr, jederzeit bei einem Fehlverhalten erwischt zu werden. Auf der Heimfahrt in den Kanal wurden wir zu Doppelwachen von jeweils sechs Stunden eingeteilt – und sechs Stunden sind bei kaltem Wetter, wie es damals war, eine lange Wache; Pechell war mein Junior und sollte den Ausguck auf dem Vorschiff beaufsichtigen, war aber eigentlich viel mit mir auf der Brücke. Ich hatte die erste Wache, die um 2 Uhr morgens endete, und gegen ein Uhr sagte ich zu Pechell : „Gehen Sie in meine Kabine, trinken Sie selbst einen Schluck und bringen Sie mir so schnell wie möglich ein Glas heißen Grog herauf." Er ging, und kurz darauf kam der Kapitän auf die Brücke und nahm die Wetterecke unter dem Fliegengitter in Besitz. Ich hörte, wie meine Tür aufging und Sam hereinkam. Da er den Kapitän im Dunkeln nicht sah, bemerkte er hörbar: „Da sind Sie ja, Sir, ich habe es steif gemacht!" Der Whiskygeruch in der Nachtluft war spürbar, als ich ihn trank, und Draper machte sarkastische Bemerkungen. Ich muss ihm jedoch die Gerechtigkeit widerfahren lassen, mir zu sagen, dass er mich selten belästigte, und ich bin sicher, er hätte mir lieber selbst eine Erfrischung gebracht, als dass ich einen Fuß von der Brücke gesetzt hätte.

Als wir damals in Southampton ankamen, war es Sonntag, und ich bedauerte nur, dass Kapitän Dixon nicht gekommen war, um sich das Schiff anzusehen. Es war in einem solchen Zustand, dass es sogar mich zufriedenstellte, und Draper, ein sehr anspruchsvoller und adretter Mann, konnte nicht einmal einen Vorschlag machen, denn ihr Erscheinen war die Krönung all der Jahre, die ich als Chef gedient hatte, um zu lernen, wie man ein Schiff in Ordnung bringt und hält. Aber ich wurde immer unzufriedener, es wurden Männer ins Kommando gestellt, die im Vergleich zu mir Neulinge waren, und da es ein altes Sprichwort gab, „dass Bescheidenheit bei einer Frau eine süße Sache ist, aber bei einem Mann keinen Pfifferling wert", steckte ich die Reste, die ich hatte, in meine Tasche und belagerte Kapitän Dixon. Meine Freundin, Mrs. Baynton , hatte auch mit mehr als einem der Direktoren ein paar einfache Worte über mich gewechselt, von denen einer (Mr. Savage) mir vor kurzem gesagt hatte, „dass es mir gut ginge, aber dass sie dachten, ich hätte kaum genug Ballast." Darauf erwiderte ich, dass ich eine Frau habe und das sicher genug sei, um einem Stabilität zu geben. Kapitän Dixon war sehr freundlich. Ich wies darauf hin, dass ich für das Kommando geeignet sei und dass ich hoffte, dass er mir helfen würde, worauf er antwortete, dass er mich gern zum Kapitän Crutchley machen würde, aber dass er leider keine Schiffe bauen könne. Er würde mich jedoch zu Hause behalten, damit ich zur Stelle sein könne, wenn eine Stelle frei würde. Ich erinnere mich nicht, wer mich ablöste, aber ich verließ die *Donau,* um mich allgemein auf den Schiffen verschiedener Unternehmen im Hafen nützlich zu machen. Zu dieser Zeit gab es nur wenige Männer, die es für notwendig hielten, die Prüfung des Board of Trade für Dampfschiffe zu bestehen, aber da ich die Zeit dafür fand, tat ich es, und wenn ein solches Zertifikat einem Kapitän auch nur einmal nützlich ist, ist es die

Mühe wert, es zu erwerben. Es hat mir einmal wesentlich geholfen. Es gab zwei Prüfingenieure, und die Erfahrung war neu für sie, aber sie nutzten ihr überlegenes Wissen nicht ungerechtfertigt aus, und ich hatte die Genugtuung, mein Zertifikat mit den Worten „Bestanden für Dampfschiffe" versehen zu sehen. Meine praktische Prüfung fand im Maschinenraum der *Asiatic statt* , und merkwürdigerweise wurde ich zwei Tage später angewiesen, den Kapitän der Asiatic flussabwärts zu führen. Zu dieser Zeit befand sich ein weiterer Erster Offizier an Land, A. McLean Wait, der zuvor Chef der *German gewesen* war. Ich hätte nicht im Traum daran gedacht, dass andere Leute die Fäden ziehen könnten, die mir in die Quere kommen könnten, aber es geschah mehr, als mir bewusst war. Ich sollte erwähnen, dass Wait, obwohl er eigentlich mein jüngster Kompaniechef war, vor seinem Eintritt in die Kompanie ein hohes Kommando innegehabt hatte und allgemein als für eine baldige Beförderung vorgesehen galt. Er und ich waren gute Freunde, und ich hatte ihm bei einer Veranstaltung auf der *German geholfen* , als diese noch ein neues Schiff war. Er war ein Mann mit beträchtlichen Errungenschaften, aber irgendwie lag etwas in seinem Benehmen, das die Leute nicht anzog; er hatte jedoch viele gute Freunde, und was sein persönliches Erscheinungsbild betraf, war die Natur ihm gegenüber gnädig gewesen.

Eines Morgens hatte ich einiges an Bargeld, das von einem unserer Schiffe an Land gebracht worden war, zur Bank von England gebracht und ging danach zum Büro der Gesellschaft in der Leadenhall Street, um dies zu melden. Als ich ging, traf ich Wait auf dem Weg dorthin; ich unterhielt mich später mit ihm und wollte eine Stunde im Aquarium verbringen, bevor ich nach Southampton zurückkehrte. Es gab zwei Dinge, die ich nicht wusste. Erstens, dass an diesem Tag eine Vorstandssitzung stattfand, zweitens, dass das Kommando der *American* vakant war und dass Wait gerufen worden war, um es ihm zu geben. Er wurde vor den Vorstand gerufen, und dort wurde eine Bemerkung darüber gemacht, dass er ein Schiff verloren hatte; das schien gegen ihn zu sprechen, denn es kam die Nachricht, dass nach mir gefragt wurde. Ich war nicht zu finden, und Wait wurde ernannt, da das Schiff bald ablegen sollte. Dies zeigt, von welchen Kleinigkeiten die Dinge abhängen, denn die wenigen Wochen Dienstalter, die er dadurch erhielt, verschafften ihm eine Reihe von Chancen, die durchaus Teil meiner Lebensgeschichte hätten sein können.

Dadurch blieb er im Kommando, als die Flotte der Gesellschaft verkleinert wurde, und konnte später Marineinspektor und später Agent der Gesellschaft in New York werden. Wir pflegten stets einen herzlichen, wenn auch lockeren Briefwechsel.

Es wurden eine Reihe neuer Schiffe für die Dienste der Gesellschaft gebaut, und nun war die *Pretoria an der Reihe* , in Erscheinung zu treten. Man erwartete Großes von ihr, und als die *African* nach Hause kam, wurde George Larmer von ihr abgelöst und ihm das Kommando über das neue Schiff übertragen. Dadurch wurde eine weitere Stelle frei, und dann war ich an der Reihe, in den Vorstand gerufen zu werden. Sir Benjamin Phillips war Vorsitzender, und der Stuhl zu seiner Rechten war immer für den Kapitän reserviert , der gerade *seziert wurde* . Diesmal war es eine angenehme Erfahrung, denn in seiner höflichsten Art bemerkte er: „Kapitän Crutchley , wenn Sie stets bedenken, dass die Ehre der Gesellschaft , soweit es die *African* betrifft, Ihrer Obhut anvertraut ist, werden Sie uns gefallen und zufriedenstellen: Wollen Sie uns nun das Vergnügen Ihrer Gesellschaft beim Mittagessen bereiten?“

Es ist seltsam, aber obwohl die Erinnerung an diesen Tag sehr dunkel ist, erinnere ich mich immer an diese Worte und die ernste Höflichkeit, mit der sie gesprochen wurden. Die Direktoren waren natürlich Männer mit unterschiedlichem Temperament. Es hatte früher einen Direktor gegeben, den ich nie getroffen habe, den ich H nennen werde, dessen Aufgabe es war, einen Meister zu tadeln, wann immer ein solches Verfahren nach Ansicht des Vorstands notwendig wurde. Es wurde behauptet, er habe ein großes Sprachtalent, worüber ich eine Geschichte erzählen sollte. Er war Kaufmann und hatte in seinem Geschäft einen Neffen, der als Mr. John bekannt war (später ein herzlicher Freund von mir), der auf irgendeine Provokation hin einem der Angestellten gesagt hatte, er sei ein verdammter Narr. Der Angestellte beschwerte sich bei H, der ihm direkt ins Gesicht sah und mit seinem breiten schottischen Akzent sagte: „Ob Mr. John Recht oder Unrecht hatte, Sie einen Narr zu *nennen* , *werde ich nicht* auf mich nehmen , zu entscheiden, aber Sie *sind* ein verdammter Narr – das sind Sie – das sind Sie – das sind Sie.“ Und der Mann floh.

Wenn ich es mir recht überlege, war dieser Vorstand gut für eine geradlinige konservative Politik, aber wie sich die

Ereignisse zeigten, war er nicht gut geeignet, mit den anspruchsvolleren Bedingungen fertig zu werden, die die Konkurrenz der modernen Reedereien mit sich bringt. Tatsächlich war er nicht auf der neuesten Stand und hat nie den Sauerteig entwickelt, der ihn in die Lage versetzt hätte, mit der Situation fertig zu werden, die durch die Opposition der Castle Company entstanden war. Es war das größte aller Schande, als die Flagge der Union Company mit der der Castle Line verschmolz. Es war ohne Zweifel ein stolzer Tag für Sir Donald Currie, aber ich werde immer daran denken, dass er für diejenigen, die die Übertragung zuließen, und insbesondere für den Hauptakteur der Kapitulation, entehrend war. Die Übertragung fand nicht während meiner Dienstzeit bei der Company statt, aber selbst für einen alten Angestellten war es ärgerlich, zu sehen , wie sich ein verhasster Trojaner die Rüstung des Achilles angeeignet hatte.

Ich hatte zuvor schon eine Überfahrt mit der *African gemacht* , so dass mir mein erster Befehlshaber keineswegs fremd war. Es war ein hübsches kleines Schiff mit etwas mehr als 2000 Bruttotonnen, einem schönen langen Achterdeck und bequemen Passagierunterkünften. Ihre Geschwindigkeit allein unter Dampf lag bei etwas über zehn Knoten, aber mit Hilfe von Segeltuch und starkem Gegenwind konnte sie 300 Meilen pro Tag zurücklegen. Das kam jedoch nicht oft vor. Meine Kabine war im Achterdeck ganz vorne an Steuerbord, und sie hatte den Nachteil, dass man, außer bei sehr schönem Wetter, nicht mit offener Salontür dort sitzen konnte. Aber um das zu vermeiden, ließ ich manchmal eine Segeltuchplane aufhängen, um das Problem zu lösen, denn es war nicht notwendig, immer auf der Brücke zu bleiben. Das Schlimmste an dem Schiff war der Kompass. Der Standard war ein großer Spirituskompass, der immer Probleme machte, und der Steuerkompass auf der Brücke befand sich in der Nähe einer Masse von Eisentanks, Stützen und allgemein störendem Material, so dass es fast unmöglich war, lokale Störungen auszugleichen. In jeder anderen Hinsicht war das Schiff einwandfrei, aber diese kleine Angelegenheit mit dem richtigen Kompass, von dem so viel abhing, wurde in den Hintergrund gedrängt und von allen geringgeschätzt . Als Junior war es auch nicht meine Aufgabe, Fehler zu finden. Ich musste mich mit dem zufrieden geben, womit meine Vorgänger zufrieden waren, und das Schiff war zufällig von Kapitän Dixon kommandiert worden, bevor er zum Superintendenten ernannt wurde, sowie von Kapitän

Baynton , dem Kommodore. Meine Strategie bestand darin, mich bedeckt zu halten und mit der Zeit zu bekommen, was ich kriegen konnte. Man erzählt sich die Geschichte eines gewissen Kapitäns, eines sehr großen Mannes, der dem stellvertretenden Superintendenten gegenüber erwähnte, dass seine Koje nicht lang genug zum Schlafen sei. Dies, so heißt es, wurde Mr. Mercer gemeldet, der in seiner üblichen trockenen Art antwortete: „Wenn der Mann nicht in die Koje passt, müssen wir eine andere finden, die passt; zum Glück ist die Welt groß und das Feld weit." Der letzte Teil der Antwort wurde oft angedeutet, wenn unbequeme Bitten geäußert wurden.

Es gab eine sehr nette Gruppe von Offizieren auf dem Schiff, aber der Chef war ein älterer Mann, und es ist ein wenig unangenehm, statt eines Kollegen Kapitän zu werden. Er war ein Mann vom Kap namens Chiappini und kam später bei einem Sturz während seines Dienstes auf der *Arab ums Leben* . Der dritte war ein junger Mann namens East , der Sohn von Quartermain East vom berühmten Tichborne- Anwärter. Der erste und der letzte segelte viele Jahre mit mir, und zwischen uns bestand eine große Freundschaft. Der zweite, Walter Foster, war auch ein netter Kerl, aber sehr zart, obwohl er einen starken Mut hatte. Auch die Ingenieure waren ein guter Haufen. Der Chef, Ernest Gearing, ist heute, glaube ich, einer der führenden Köpfe in der Welt der Ingenieure, und schon damals stellte man leicht fest, dass seine Kenntnisse nicht alltäglich waren. Zum Schluss möchte ich noch Henry Black erwähnen, den zweiten Ingenieur. Wir waren uns zu keiner Zeit besonders sympathisch, aber er segelte während des größten Teils meiner Seekarriere als Chefingenieur mit mir.

Ich bin auf diese Einzelheiten eingegangen, um zu zeigen, mit welcher Art von Männern die Schiffe der Gesellschaft besetzt waren. Endlich war der Tag der Abfahrt gekommen; es gab nicht viele Passagiere, aber einer unserer Direktoren kam, um das Schiff zu verabschieden, und brachte eine seiner sehr bezaubernden Töchter mit, die so freundlich war, mir Glück und eine erfolgreiche Führung zu wünschen. Ich betrachtete dies als gutes Omen, und wenn ich ihren Namen nicht erwähne, heißt das nicht, dass ich ihn oder die anmutige Freundlichkeit, die mir mehr als einmal entgegengebracht wurde, vergessen hätte. Wir kamen zu gegebener Zeit in Plymouth an, und dort erfuhr ich zu meiner großen

Genugtuung, dass mein Freund Harry Escombe sich in letzter Minute entschieden hatte, mit mir zu überfahren. Er kam zu gegebener Zeit an Bord, und ich begann eine neue Erfahrung – die, mein eigener Kapitän zu sein. Diese besondere Reise, auf der wir uns befanden, war auch eine Neuheit, denn die Leute in Algoa Bay hatten sich beschwert, dass sie ihre Waren im Verhältnis nicht so schnell erhielten wie die Leute in Kapstadt. Wir sollten daher in St. Vincent anhalten, um die neuesten Nachrichten aus dem Kabelfernsehen zu erfahren, und dann direkt nach Algoa Bay fahren, vorbei an Kapstadt. Wir sollten auch nach Natal fahren.

Ich bin eher der Meinung, dass Inhaber von Zertifikaten eine kleine Portion kaufmännische Bildung erhalten sollten, und eine Sache, die ihnen unbedingt eingetrichtert werden sollte, ist, dass es fast schon ein Verbrechen ist, einen Geschäftsbrief zu schicken, ohne eine Kopie aufzubewahren. Ich habe diese Lektion lange nicht gelernt, aber jetzt wünschte ich, ich hätte Kopien der Briefe, in denen ich meinen Vorgesetzten zu Hause die verschiedenen Ereignisse der Reisen mitteilte. Kapitän Dixon hatte mich gebeten, ihm ausführlich zu schreiben, was ich immer tat und sogar so weit ging, Klatsch zu erzählen, aber die Briefe an die Sekretärin waren notwendigerweise zurückhaltender. Denn zu Recht oder zu Unrecht wird eine Sekretärin von der Belegschaft an Bord normalerweise als Feind der gesamten Menschheit angesehen. Das ist ganz natürlich, denn in der Regel kommen die Ausflüchte durch ihn, und er seinerseits erlangt allmählich die Vorstellung, dass er durchaus kompetent ist, einen Meister in jedem Thema zu unterweisen – dass er kurz gesagt eine stellvertretende Person ist, die die vereinte Weisheit des Vorstands erbt. Dieser Anspruch wird nicht in jedem Fall anerkannt. Leider muss ich gestehen, dass ich den Eindruck hatte, Kapitäne hätten natürliche Feinde, aber wenn ich bedenke, wie viele Jahre ich gelebt habe, ohne Tagebuch oder Aufzeichnungen von Ereignissen zu führen, bin ich nicht bereit zu behaupten, dass sie nicht indirekt Ärger heraufbeschwören. Ich weiß, dass die Suche, die notwendig war, um Daten für diesen Bericht einzufügen, keineswegs unerheblich war, und die guten Dienste von Admiral Inglefield von Lloyd's haben mir geholfen, frühere Auslassungen nachzuholen. Er ließ eine Aufzeichnung meiner Befehle anfertigen und half mir so wesentlich dabei, die Fakten in die Reihenfolge zu bringen, in der sie sich ereigneten.

Einen besseren Start als auf dieser Reise hätte man sich nicht vorstellen können, denn der schöne Nordostwind brachte uns bis nach St. Vincent. Ich glaube, wir fuhren mehrere Tage lang fast 300 Meilen, und dann kam die Aufgabe, das Schiff in einer schönen Mondnacht in den Hafen zu bringen. Das ist keine schwierige Angelegenheit, wenn man daran gewöhnt ist, aber wenn man der Fantasie freien Lauf lässt, kann man manchmal merkwürdige Ergebnisse erzielen. Aufgrund früherer Erfahrungen, die Unentschlossenheit auf der Brücke zeigen, hatte ich mich entschieden, dass ich das nicht tun würde! Ich hatte so viele Kapitäne gesehen, die in einen Ankerplatz irrten und alle in den Wahnsinn trieben, während sie versuchten, einen Liegeplatz zu bekommen, dass ich entschlossen war, mich nicht einem solchen Vorwurf auszusetzen. Ich segelte einmal mit einem Mann, der, wenn er den ganzen Ankerplatz zur Auswahl hätte, einem einzelnen Schiff einen schlechten Liegeplatz geben würde, einfach weil er nicht wusste, wohin er wollte. Ich sah ihn das einmal in Natal Roads tun. Außerdem sollte man es vermeiden, beim Einlaufen in einen Ankerplatz die Motoren ständig auf gut Glück abzustellen oder zu drosseln. Aber ich spreche hier von Zeiten vor langer Zeit und ich wage zu behaupten, dass die Männer von heute genau wissen, wann sie ihre Motoren drosseln müssen, um keine Zeit zu verlieren.

Bei dieser besonderen Gelegenheit dachte ich, ich wüsste, wohin ich wollte, und war in Eile. Ich ankerte etwas früher als geplant, aber es war in Ordnung, und Escombe kam, um mir zu gratulieren, wie ich das Schiff hereingebracht hatte. Ich hatte jedoch bereits herausgefunden, dass es einen viel besseren Liegeplatz gab als den, in dem ich lag, und hatte Befehl gegeben, sofort den Anker zu holen und zu verlegen, was ich auch tat, wobei ich meine Gründe dafür sorgfältig für mich behielt. Ich möchte anmerken, dass Dampfer an den meisten Orten näher an der Küste ankern als Segelschiffe. In St. Vincent ist diese Reihenfolge umgekehrt.

Wir füllten die Kohle und fuhren zu gegebener Zeit ab. Es waren nicht viele Salonpassagiere da, aber wir waren eine sehr fröhliche Gesellschaft. Die enge Bekanntschaft eines Mannes wie Escombe , der neben großen natürlichen Begabungen einen unbändigen Wissensdurst entwickelt hatte, war eindeutig der Beginn einer liberalen Ausbildung. Er interessierte sich besonders für Astronomie und sein Wissensschatz stand ihm jederzeit offen. Sogar in den Feinheiten des Seemannsberufs war er gut bewandert, denn seine Praxis als Anwalt hatte ihm viele seltsame Fälle beschert, die er lösen musste.

Algoa Bay erreichten, gab es nicht viel, was eines Kommentars bedurfte . Hier Escombe auf einen Küstendampfer umgeladen , um Natal früher zu erreichen als geplant, da wir einen Teil unserer Ladung löschen mussten. Er tat dies gegen meinen Rat, und da er nicht die Zeit einsparte, die er erwartet hatte, verspielte er eine Wette mit mir um das beste Fernglas, das bei Baker's of Holborn zu bekommen war . Es reichte mir während meiner Zeit auf See, und ich habe nie ein besseres Paar gesehen. In der Algoa Bay lag die *Dunrobin Castle* vor Anker. Sie wurde von Alec Winchester kommandiert, der ein hervorragender Seemann war und sein Schiff wunderbar führen konnte. Mein alter Freund Barnes war dort ebenfalls Erster Offizier, denn Mr. Currie, wie er damals hieß, war immer erfreut, jeden guten Offizier abzuwerben, der unseren Dienst verließ. Inzwischen herrschte zwischen den beiden Diensten eine etwas bessere Stimmung, und ich weiß, dass Alec Winchester mir viele Dinge über ein Schiff beigebracht hat, die nur wenige lernen, außer durch Erfahrung, und ich erkenne diese Verpflichtung gern an. Wir fuhren weiter nach Natal, beendeten das Entladen und Laden und erreichten zu gegebener Zeit an einem Sonntagnachmittag auf der Heimreise die Tafelbucht.

Da es bereits dunkel wurde und ein ziemlich starker Südostwind wehte , würde ich diesen Vorfall gern übergehen, kann dies jedoch nicht, um der Wahrheit der Geschichte gerecht zu werden.

Der Eingang zum Kapstadt-Dock hatte damals Ähnlichkeit mit dem Hinterbein eines Esels, da er eine Krümmung hatte. Die Innenseite dieser Krümmung wurde durch das Ende einer Steinmauer und einen kleinen Anlegesteg gebildet, und es wurde vereinbart, dass wir in der Schleuse oder Einfahrt bleiben sollten, bis wir ablegten. Ich wollte hinein, aber da die beiden Innenseiten der Krümmung zu leewärts von mir waren, prallte ich ziemlich hart gegen das Ende des Steinpiers, während das Heck des Schiffes anmutig auf dem Anlegesteg ruhte. Die *African* hatte, ich danke der Vorsehung dafür, einen Klipperbug. „Gehen Sie nach vorn", sagte ich zum dritten Offizier, „und sehen Sie, wie viel von ihr zertrümmert ist." Er kam mit der Information zurück, dass das Schiff intakt und unversehrt sei. Es war nur ein wenig gegen die Steinmauer gelaufen und hatte ein oder zwei große Steine verdrängt. Inzwischen hatten wir die Taue ausgeholt und es in den Wind gedreht (wo wir bis zum Abfahrtstag blieben) und saßen eine Stunde später beim Abendessen. Ich habe mir viele nette Gedanken über die Vorsehung gemacht, aber selbst dann war mir, fürchte ich, nicht völlig klar , welche Verpflichtungen ich hatte.

Der Abfahrtstag kam, es wehte immer noch ein starker Wind aus Südosten, und ich musste das Schiff mit dem Heck voran zurückfahren. Ich sah der Aufgabe nicht gerade mit Zuversicht entgegen, sondern behielt gegenüber allen und jedem ein freches Gesicht. Warleigh , der dort im Dock war, kam kurz vor meiner Abfahrt vorbei und plauderte mit mir, und erklärte mir mit absoluter Genauigkeit, wie sich das Schiff bei Heckfahrt verhalten würde. Das war sehr nett von ihm, und das sagte ich ihm auch. Wir kamen ohne Unfall heraus; tatsächlich war ich zufrieden, und ich habe oft festgestellt, dass die meisten Beteiligten dasselbe Gefühl mit mir teilen, wenn ich es habe.

Eine Stunde nach unserer festgelegten Abfahrtszeit sollte die *Warwick Castle* , Mr. Curries neuestes und schnellstes Schiff, ablegen. Das Kommando übernahm Kapitän Webster, der, wie man mir sagte, versprochen hatte, mein Schiff vorzuführen. Sobald ich den Wellenbrecher hinter mir hatte, zog ich die Segel an, und ich bilde mir ein, dass mein Chefingenieur die Nadel ebenfalls erfasst hatte, denn obwohl wir die *Warwick* aus der Bucht kommen sahen, konnte sie nicht aufholen und wir sahen sie einen Tag oder länger hinter uns, bis wir sie aus den Augen verloren. Der Grund dafür war natürlich, dass wir einen starken Passatwind hatten, und unsere Segel halfen uns. Wir hatten günstigen Wind bis Kap Verde, und da wusste ich, dass unser Vorsprung dahin war. Als wir in Madeira ankamen, war das andere Schiff bereits seit einigen Stunden abgelegt, aber man sagte uns, Kapitän Webster habe einige Zeit im Heizloch der *Warwick verbracht* und sei wütend gewesen, weil er uns nicht überholen konnte.

Um die relativen Vorzüge von Southampton und London als Häfen für nach Süden fahrende Dampfschiffe zu zeigen, möchte ich erwähnen, dass mein Schiff angedockt war und entladen wurde und ich in London gewesen war und meine Direktoren gesehen hatte, bevor die *Warwick Castle* Gravesend passiert hatte. Zwischen Madeira und Plymouth geschah nichts Besonderes, aber ich verließ den letztgenannten Hafen an einem Dezembernachmittag um fünf, als Nebel aufzog. Ich hielt die Fahrt aufrecht und war dazu berechtigt, da ich nichts traf. Schließlich, als ich glaube, neun Faden Wassertiefe erreichte, drehte ich die Fähre genau nach Westen und sah die Needles rot an meiner Steuerbordseite aufleuchten. Ich muss nicht mehr sagen, als dass die Vorsehung auf meiner ersten Reise vielleicht sogar bis zum Ende Parteilichkeit zeigte.

Ich muss sagen, dass Herr Mercer bei meinem Treffen mit meinen Direktoren so freundlich war, mir zu sagen, dass ich eine bemerkenswerte Überfahrt nach Madeira gemacht hätte.

KAPITEL VIII

„ Es ist schade, dass die Wahrheit, Bruder Toby, sich in solch
uneinnehmbaren Festungen einschließt ." – STERNE.

Es war ein sehr angenehmes Gefühl, mich in dem Kreis
wiederzufinden, zu dem ich so lange aufgeschaut und den ich
beneidet hatte, aber ich hatte nicht den Eindruck, dass ich in
irgendeiner Weise eine andere Person war als früher. Ich
meine, ich empfand nichts von dem Gefühl stolzer Allmacht,
das ich mir immer als untrennbaren Bestandteil eines Meisters
vorgestellt hatte. Vielleicht lag das teilweise daran, dass mein
alter Kumpel Harry Owen im Hafen war und sich auf die
Abfahrt nach Natal vorbereitete, wo er das Kommando über
einen Schlepper übernahm, der für die Dienste der
Gesellschaft gebaut worden war. In seiner Gesellschaft konnte
man jedenfalls nicht lange ernst sein.

Die *Union* , wie sie genannt wurde, war ein besonderes Schiff,
denn sie hatte an jedem Ende einen Propeller, mit einer Welle,
die von einem Ende zum anderen reichte. Ziel war es, auf der
kurzen See vor der Natal-Sandbank ein Rennen zu verhindern,
indem immer ein Propeller im Wasser war. Bernard Copp ,
jetzt Kapitän Copp aus Southampton und einer der letzten der
alten Truppe, war Erster Offizier, und ich denke, dass die
Ereignisse dieser Überfahrt gut hätten aufgezeichnet werden
können, da sie mir in äußerst gewagter Sprache erzählt wurden.
Ich gab sie auf der nächsten Reise vor Agullas ab , und sie kam
nach vielen Wechselfällen sicher in Natal an.

Es war nicht meine Aufgabe zu murren, aber ich fühlte mich
dazu geneigt, als ich erfuhr, dass wir zehn Tage zu Hause
verbringen und ausgerechnet am Weihnachtstag ablegen
würden. Das war eine Unverschämtheit, denn es war nicht
nötig; es war nur einer dieser sarkastischen Scherze, an denen
sich Direktoren manchmal kollektiv erfreuen. Wir sollten keine
Passagiere mitnehmen, sondern eine etwas längere Reise als
üblich machen, denn nachdem wir Natal erreicht und wieder
verlassen hatten, wollten wir vor der Heimreise noch einen
Abstecher nach Sansibar machen; tatsächlich sollte es eine
fünfmonatige Reise werden. Nie werde ich diesen
Weihnachtsmorgen vergessen. Wir sollten mittags abreisen,
und jeder schien darauf erpicht zu sein, uns hinauszuwerfen
und an seinen eigenen Herd zurückzukehren. Außerdem hatte

ich mehr als nur eine Ahnung, dass einige der Besatzungsmitglieder Heiligabend noch nicht ganz überstanden hatten. Ich hatte einen Bootsmann namens Barrett, einen guten Mann, der aber etwas Führung brauchte. Wir erreichten die Needles und stellten fest, dass eine steife Brise wehte, mit zu viel Wind, um ganze Dreisegel zu tragen, also bestand die Aufgabe darin, ein Reff zu setzen und sie zu setzen. Zu diesem Zeitpunkt schliefen die meisten Besatzungsmitglieder, und mein erster Offizier war körperlich kaum der Mann, um sie anzutreiben, also ging ich zunächst zur Bootsmannkabine. Es war ein heikles Unterfangen, aber Barrett war nüchtern genug, um stolz auf seine Männlichkeit zu sein, und danach gab es keinen Ärger mehr. Er war ein Mann mit kräftiger Statur, also erschien die Besatzung im Handumdrehen wie Bienen aus einem gestörten Bienenstock, und die Arbeit war bald erledigt. Der Arzt, der Ernest Walters hieß und jetzt in Essex praktiziert , erwies sich als guter, nützlicher Mann, wenn sich die Gelegenheit ergab, auch außerhalb seiner eigenen Arbeit.

Ich hatte versucht, die Kompasse im Dock zu verbessern, aber das Ergebnis war so unbefriedigend, dass ich mir nicht sicher war, ob ich den Start oder Ushant nehmen sollte, um den Kanal hinunterzufahren, denn wir sollten auf dieser Reise nicht in Plymouth anlegen. Ich musste bei der ersten Gelegenheit einen sehr verhassten Kompensator ersetzen, aber im Großen und Ganzen kamen wir ganz gut zurecht, wurden jedoch ordentlich nass, als wir Finisterre verließen. Etwa zu dieser Zeit gab es zwei Denkrichtungen darüber, wie man einen Dampfer bei schlechtem Wetter am besten steuert. Eine Partei vertrat die Ansicht, dass frontal aufs Meer der richtige Plan sei, die anderen Leute unterschieden sich in den Einzelheiten, stimmten aber darin überein, das Prinzip „end-on" zu verwerfen. Bei dieser Gelegenheit probierte ich den Plan „end-on", kam aber zu dem Schluss, den ich seither beibehalten habe, dass bei wirklich schlechtem Wetter fast jede Position besser ist; natürlich hat die Größe des Schiffes dabei eine große Rolle.

Meines Wissens erreichten wir Kapstadt und legten am Morgen des 22. Januar 1879 an, dem Tag, an dem die Schlacht von Insandlwana stattfand. Wir hatten eine Menge Fracht zu landen, und es bestand keine große Eile. Am Abend war ich in der Stadt und tratschte im Club oder so etwas in der Art, als gegen 23 Uhr das Gerücht aufkam , dass die Briten eine große Niederlage erlitten hätten. Alle Küstenbeamten der Kompanie waren auf dem Land oder im Bett, und mir fiel ein, dass es in Kapstadt Truppen gab, die nach Natal verlegt werden mussten, und dass ich der Mann war, der das in aller Eile erledigen konnte. Ich machte mich sofort auf den Weg zum Büro des *Cape Argus* und erreichte aus Bescheidenheit den Herausgeber. Ich wünschte, ich könnte mich an seinen Namen erinnern. Er war nicht beliebt, aber bei dieser Gelegenheit zeigte er mir jede Höflichkeit. Ohne Einzelheiten zu nennen, teilte er mir mit, dass eine Katastrophe passiert sei und dass an der Front dringend Verstärkung benötigt würde. Das genügte mir für meinen Zweck. Ich ging direkt zum Government House und von dort zum Schloss. Dann ging ich zum Schiff hinunter, wohl wissend, dass ich den Auftrag bekommen hatte, die vorhandenen Truppen nach Natal zu bringen. Das war umso erfreulicher, weil drei oder vier Currie-Schiffe im Dock lagen, die kurzfristig hätten ablegen können, aber ich bezweifle, dass sie so schnell hätten fahren können wie wir. Als es hell wurde, beauftragte ich jeden damit, die Ladung aus dem Zwischendeck zu holen , um Platz für die Truppen zu schaffen, und ich muss sagen, meine Kameraden haben richtig gearbeitet. An diesem Nachmittag ging ich zu Sir Gordon Sprigg , dem damaligen Premierminister, und versprach, dass ich zwischen dem Kap und Natal nicht vor Anker gehen würde. Mit freundlicher Genehmigung von Captain A. D. W. Browne, Captain und Adjutant des 2. Bataillons des King's Own Regiment, kann ich aus den Regimentsakten zitieren.

„Das Detachment in Kapstadt (*d* . *h*. die Kompanien C, G und die Hälfte der Kompanie E mit Major Elliott, den Kapitänen Knox und Leggett und den Leutnants Bonomi und Ridley) wurde innerhalb weniger Stunden an Bord der SS nach Maritzburg gebracht . " *African* am 23. Januar und Landung in Durban am 26..“ Ich erlaube mir jedoch, die absolute Genauigkeit dieses Berichts aus folgendem Grund anzuzweifeln. Das Unglück ereignete sich am 22.. Sicherlich verging ein Tag, denn es war am Nachmittag des 23., als ich Sir Gordon Sprigg sah , und ich erinnere mich deutlich daran, wie wir vor dem Frühstück bei dichtem Nebel aus dem Dock ausliefen, und an die Warnung des Hafenkapitäns, dass ganz nahe der Dockeinfahrt ein großes Segelschiff vor Anker liege. Diese Diskrepanz ist jedoch nicht von großer Bedeutung. Es gab einen kleinen Zwischenfall bei der Einschiffung der

Truppen, der mir sehr auffiel. Der junge Bonomi sagte: „Ist Ihnen aufgefallen, Major, als wir abfuhren, dass die Kaserne brannte?", als wäre dies nur eine Angelegenheit von aller geringster Bedeutung. Wenn sie brannten, waren sie jedenfalls bald gelöscht.

Wir verließen die Docks von Kapstadt in dichtem Nebel, der sich jedoch auflöste, als wir die Einfahrt zur Bucht erreichten, und wir machten uns auf den Weg um die Küste herum. Wir mussten in der Bucht von Algoa anlegen , aber ich ankerte nicht, wie ich es (wenn auch nur für ein paar Minuten) in East London tun musste, und am Abend des 26. waren wir alle sehr dankbar, das Licht der Klippe in Natal zu erreichen, wo wir gegen 20 Uhr ankerten. Ich sollte erklären, dass es laut allgemeinem Gerücht eine von Cetewayos Drohungen war , dass er eines Nachts hereinkommen und die große Kerze auf der Klippe, womit er den Leuchtturm meinte, auslöschen würde, sodass es uns Erleichterung verschaffte, als wir das Licht sahen, denn wir wussten auf jeden Fall, dass das Schlimmste nicht passiert war. Heute kann man leicht in Ruhe darüber nachdenken, aber damals herrschte große Unsicherheit darüber, wozu die Macht der Zulu tatsächlich fähig war. Auf der vorhergehenden Reise hatte ich Richter Lushington Phillips, der das Land genau kannte, die Bemerkung machen hören, dass wir, wenn wir es mit den Zulus aufnehmen würden, noch vor Ende der Angelegenheit viele leere Sättel haben würden. Leider war diese Vorhersage richtig.

Captain Baynton fungierte jetzt als Manager der Kompanie in Natal. Er kam so schnell wie möglich und ließ die Truppen von Bord gehen. Außerdem gab er mir die Anweisung, eine der Zwölfpfünderkanonen der *African mit der gesamten notwendigen Ausrüstung zur* Verteidigung des Lagers in Pynetown anzulanden . Dies geschah, und die Kanone wurde ordnungsgemäß montiert, obwohl sie nie zum Einsatz kam.

Es besteht kein Zweifel, dass man sich damals in Durban nicht sicher war, was passieren würde. Man hatte beschlossen, dass im schlimmsten Fall alle auf die Schiffe gehen müssten, und deshalb wurden in aller Eile große Holzbarrikaden über die Landspitze errichtet, um den Widerstand gegen jeden siegreichen Impi zu unterstützen , der zu diesem bestimmten Zweck unterwegs sein könnte. Viele der robust gebauten Häuser in Durban waren mit Sandsäcken gesichert, und die gesamte männliche Bevölkerung wurde für den bestmöglichen Widerstand organisiert . Am ersten Abend meiner Landung ging ich in eine große Halle – ich habe vergessen, welche es war – und sah, wie der Polizeiinspektor Alexander die Stadtbewohner mit alten Snider-Gewehren exerzieren ließ. Es gab nie einen aufmerksameren Unterricht. Soweit ich mich erinnern kann, gab es zu dieser Zeit keinen Marineoffizier, der die Landspitze beaufsichtigte; all das geschah im Laufe des nächsten Monats oder so.

Aber obwohl Rorke's Drift umkämpft war und der Zulu-Ansturm anhielt, musste der normale Handel weitergeführt werden, und ich wurde bald wieder die Küste hinuntergeschickt. Es ist erstaunlich, was in solchen Notfällen mit Mut und Erfahrung bewirkt werden kann. In all der Aufregung blieb Baynton ungerührt, abgesehen vielleicht von ein wenig Verachtung für diejenigen, die die normalen Rückschläge des Krieges zu ernst nahmen. Das 24. Regiment, das in Isandlwana zerschlagen wurde , war bei allen sehr beliebt , und ich kannte viele der Offiziere sehr gut und genoss die Gastfreundschaft ihrer Messe. Bis heute hängt Pat Daleys Bild in meinem Schlafzimmer als Erinnerung an eine der geschätzten Freundschaften aus frühen Tagen, denn er war einer der besten von ihnen, aber der alte Ted war streng praktisch veranlagt und erzählte den Uneingeweihten gerne von den Lektionen, die er im Krimkrieg gelernt hatte. Auf meiner letzten Heimreise hatte ich unter den Passagieren die Frauen und Kinder getöteter Offiziere an Bord , und die Katastrophe löste für mich einen großen persönlichen Verlust aus.

Die Erfahrung zeigte, dass die Postarbeit auf Sansibar besser mit größeren Schiffen erledigt werden konnte als mit denen, die wir an der Küste hatten, und die *African* sollte das erste unserer Zwischenschiffe sein, das die Reise antrat. Einer unserer Kapitäne, H. De La Cour Travers, war für kurze Zeit in Diensten der Kompanie an Land an der Ostküste gewesen und kam mit mir die Küste hinauf. Es geschah nichts Wichtiges, aber unser Aufenthalt auf Sansibar war sehr angenehm. Als wir den Hafen verließen, waren zwei interessante Passagiere da. Einer war Archibald Forbes, der andere Lord William Beresford. Über den großen Kriegskorrespondenten gibt es nicht viel Neues zu erzählen, aber die folgende Anekdote sei erlaubt: Ich mochte das

Kartenspielen im Salon an Sonntagen nicht und sagte das auch, aber als ich nach dem Abendessen mit einem offenen Auge in meiner Kabine döste, kamen einige der anderen zu Forbes und baten ihn, mitzuspielen und mich zu ignorieren. „Nein", sagte Forbes, „der Kapitän ist kein schlechter Kerl, und er mag es nicht, also wird es kein Spiel geben", und es gab keins. Das fiel umso mehr auf, da ich ihm zu einem bestimmten Thema ein paar unangenehme Bemerkungen machen musste. In Bezug auf Lord William war es eine andere Sache. Die meisten von uns haben eine Vorstellung von der Energie der Familie Beresford, aber hier war die Quintessenz davon. Ich traf ihn zum ersten Mal, als er die Stufen von De Sousas Laden hinuntersprang, genau wie ein Kind, beide Füße zusammen. Wir verstanden uns bald sehr gut, und ich verdanke ihm meine Einführung in Gordons Gedichte und einige andere Dinge ähnlicher Art. Er war voller Romantik, und um einen Einblick in den Zulukrieg zu bekommen, nahm er Briefe von Lord Lytton entgegen, dem Generalgouverneur von Indien, dessen ADC er gewesen war. Ich sah ihn nie wieder, nachdem ich mich im Durban Club mit den Worten „Glück und ein VC" verabschiedet hatte. Er bekam beides.

Natal Roads war im April ein anderer Ort als im Januar oder sogar März. Es gab dort eine große Ansammlung von Dampfschiffen und der gesamte Hafen war sehr belebt. Wir Kapitäne fanden es etwas umständlich, an Land zu gehen und wieder abzureisen, da der Schlepper der Gesellschaft fast das einzige zuverlässige Transportmittel war und sie nicht nur unserem Schiff ihre individuelle Aufmerksamkeit widmen konnte. Schließlich bekamen die Curries einen eigenen Schlepper und das machte die Sache besser. Die *African* war nun auf dem Heimweg und alles lief sehr reibungslos. Als wir von Kapstadt aus losfuhren , blieben wir jedoch einige Stunden in der Bucht, um einige Prominente aufzunehmen, die mit uns segeln wollten. Unter ihnen war der Reverend Charles Clarke, der berühmte Vortragskünstler. Wir wurden gute Freunde und ich genoss seine Gesellschaft sehr. Der Salon war voller Passagiere und ich erinnere mich gut an die Ereignisse dieses Segeltages. Ich musste mich einerseits mit streitlustigen Männern auseinandersetzen, die für ihre Rechte eintraten, und andererseits mit den Bitten einer Schönheit in Not, während ich mit ruhiger Gelassenheit die wundervollen Augen betrachtete, die Jahre später meine Leitsterne sein sollten. Ich musste beträchtliche Diplomatie aufbringen, um die Dinge zu regeln, aber schließlich war es geschafft, und für den Rest der Reise herrschte Frieden. Bei dieser Gelegenheit hatten wir eine wirklich lebendige Schiffsmutter, und jeder , der viel gereist ist, weiß, was das bedeutet; aber sie war eine charmante, gutmütige Seele, und ihr Mann war der gutmütigste Mann, den ich je getroffen habe. Falls sie noch am Leben sind und zufällig auf diese Zeilen stoßen, möchte ich sagen, dass die besten Erinnerungen an sie bleiben, denn wir waren später mehr als einmal Schiffskameraden. Damals war es zu Hause sehr ruhig, und ich machte meine erste Erfahrung als Sachverständiger in einem Rechtsfall. Es ging um den Verlust eines Schiffes am Point Padrone in der Algoa Bay. Die Honorare, die wir erhielten, waren dankbar und tröstend, aber die meisterhafte Zusammenfassung des Falls durch den damaligen Kapitän der Rolls, Sir George Jessel , war unvergesslich.

Wir waren noch immer auf der direkten Route über die Algoa-Bucht, Natal und Sansibar, die nach Natal führte, dann zum Kap, dann nach Sansibar und *über* Kapstadt nach Hause. Auf der Hinreise machten wir in der Delagoa-Bucht Halt und nahmen S. E. Gouverneur Castilho an Bord, der nach Mosambik weiterreiste. Er war von Beruf Marineoffizier (Portugiese) und seit einigen Jahren als Konsul in Kapstadt wohlbekannt. Er war ein Mann von sehr ausgeprägten Fähigkeiten und sprach perfekt Englisch. Ich fragte ihn einmal, wie es kam, dass er unsere Sprache so rein sprach. Seine Antwort war: „Sie haben das Sprechen von Ihrer Amme gelernt. Ich habe mein Englisch vom *Spectator* .“ Vor kurzem erhielt ich eine angenehme Erinnerung an unsere alte Freundschaft, denn er schickte mir ein Foto von ihm. Er ist jetzt Admiral und ich muss ihn auf diesen Seiten mehr als einmal erwähnen. Zwischen Seeleuten herrscht immer eine gewisse Rivalität und daran fehlte es auch in diesem Fall nicht. Mosambik ist ein Hafen, den man damals während der Dunkelheit nicht anlaufen durfte, da es keine Leitlichter gab, die eine sichere Navigation gewährleistet hätten. Es war dunkel, bevor wir das Licht auf St. George's Island erreichten, und Castilho bemerkte, dass ich draußen ankern müsse. Der Widerstandsgeist ließ mich antworten, dass ich nach innen gehen sollte. Um es kurz zu machen, ich drehte etwas zu früh ein, und das Backbord-Löschsignal zeigte „halb vier“ direkt nördlich des Insellichts. Es war eine Korallenformation und das bedeutete, dass wir uns sehr nahe am Meeresgrund befanden. Castilho, der auf der Brücke war, sagte: „Sie sind auf der Nordseite", aber ich wusste es besser, legte das Ruder nach Backbord, gab Vollgas und war wieder in Sicherheit. Aber es war heikel. Inzwischen hatte ich jedoch Vertrauen auf der Brücke gewonnen, und Gott sei Dank hat es mich nie verlassen. Ich ließ meinen Freund, den Gouverneur, in Mosambik zurück, denn er sagte mir, er würde auf dem Rückweg mit mir zum *Kap fahren*.

Muss ich noch erwähnen, dass Kapitäne manchmal mit heiklen Aufträgen betraut sind? Die hier besprochene Reise war ein typisches Beispiel. Der Agent einer Firma soll, wenn er ordnungsgemäß akkreditiert ist, die Befugnisse der Eigentümer ausüben, wenn dies erforderlich ist, aber der Kapitän ist auch der Vertreter der Eigentümer, soweit es sein Schiff betrifft. Die Frage, inwieweit ein Agent die Befugnisse des Kapitäns außer Kraft setzen kann, ist eine schöne Frage, aber das Problem ist heute vielleicht nicht mehr so schwierig, da es so viele Möglichkeiten gibt, Informationen telegrafisch zu übermitteln. Zu meiner Zeit jedoch nahmen unsere Kapitäne nicht mehr Aufträge von den kleineren Agenturen an, als sie bequem bewältigen konnten. Unser Sansibar-Agent war ein ziemlich schwieriger Mann, aber er konsultierte mich immer, bevor er irgendeinen Punkt bezüglich eines Schiffes entschied. Als ich Kapstadt verließ, wurde ich von unserem Hauptagenten, dem späteren Sir T. E. Fuller, KCMG (über dessen Befugnis es keinen Zweifel gab), beauftragt, mit dem Sansibar-Agenten über die Konten der Firma zu sprechen, die sich anscheinend in einem etwas schlechten Zustand befanden. Dies war eine ziemlich heikle Angelegenheit, aber ich tat mein Bestes und die Angelegenheit verlief wie erwartet sehr gut. Ich erhielt die Zusicherung, dass die Abrechnungen ohne weitere Verzögerung erfolgen würden. Die HMS *London* war das Stationsschiff in Sansibar zur Unterdrückung des Sklavenhandels, und natürlich standen wir mit den verschiedenen Offizieren auf gutem Fuß, und am Morgen unserer Abreise ging ich mit ihnen zum Damm des Sultans. Am Abend zuvor hatten wir das Schiff mit blauem Licht beleuchtet, da es Ramadan-Zeit war, und S.H. Seyyed Burghesh war so freundlich, mir ein Kompliment zum Aussehen der *African zu* machen, denn von seinem Wachturm aus konnte er alles sehen, was vor sich ging. Der Deich war um 10 Uhr geschlossen und ich ging an Bord, um mittags abzusegeln.

Gegen 12.30 Uhr traf der Agent mit den Schiffspapieren ein, und ich bemerkte beiläufig, dass ich sehr viel Wert auf Pünktlichkeit lege und nicht im Traum an die Mine dachte, die ich in Brand setzte. Unter anderem sagte er etwas davon, dass er eine bestimmte Art Ochse und Ziege nach Algoa Bay schicken wolle. Ich schloss daraus, dass er dies beabsichtigt hatte, und dachte nicht weiter darüber nach. Wir verließen den Hafen und fuhren ohne Probleme durch die Passage. Aber ohne mein Wissen hatte der Sultan, während ich am Deich war, einen Ochsen und eine Ziege an Bord geschickt (wie sich schließlich herausstellte, als Geschenk für mich als Anerkennung für unser Feuerwerk). Als ich sie sah, nahm ich an, dass es sich um den Ochsen und die Ziege handelte, die der Agent erwähnt hatte und die in Algoa Bay an Land gebracht werden sollten. Damit können wir diese Angelegenheit für den Moment ruhen lassen, aber es folgt noch mehr. In Mosambik nahmen wir sowohl den alten als auch den neuen Gouverneur von Delagoa Bay und einen Major Da Andrade auf, der in Quillimane an Land gebracht werden sollte . Ich glaube, er hat seitdem eine wichtige Rolle in Portugiesisch-Ostafrika gespielt. Als wir in Quillimane ankamen , war kein Schiff in Sicht, also brachten wir nach langem Warten die Passagiere, Post und das Bargeld an Bord eines arabischen Schoners, der draußen vor Anker lag, und fuhren in Richtung Delagoa Bay. Heutzutage mag das als lockere Art der Geschäftsabwicklung erscheinen, aber damals war es nicht zu ändern.

Zu dieser Zeit war Delagoa Bay politisch in einem sehr schlechten Zustand. Die Regierung war eine Autokratie, die nicht immer klug war, und die Verwaltung der Eingeborenen war eine Quelle beträchtlichen Profits für die sogenannten Auswanderungsagenten. Tatsächlich herrschte großes Durcheinander, und ich glaube kaum, dass Castilho es bedauerte, der Bühne seiner letzten Gouverneurszeit den Rücken zu kehren, denn die Ereignisse waren ein wenig zu schwer zu steuern gewesen.

Wir erreichten die Untiefen, als es bereits dunkel wurde und an vielen Untiefen schwere See aufkam. Es gab weder Markierungen noch Lichter, also setzte ich sie an einer der dunklen Stellen an und sie kam gut durch; tatsächlich war es der sicherste Plan, den man sich hätte ausdenken können. Aber ich muss zugeben, dass es eine holprige Navigation war, die den Erfordernissen der Zeit und den Umständen des Falles angepasst war. Auf dem Heimweg erreichten wir Kapstadt zu gegebener Zeit. Dort traf ich zu meiner Zufriedenheit meinen Freund Herbert Rhodes und organisierte eine kleine Lunchgesellschaft an Bord, um den Anlass zu feiern. Ich dachte, ich hätte meine Gesellschaft gut ausgewählt, denn ich hatte Castilho und Rhodes, die einander gegenüber und neben mir saßen. Da waren F. St. Leger, „der Heilige", wie der liebe alte Herausgeber der *Cape Times* allgemein genannt wurde, Peter van Breda und andere, deren Namen mir jetzt nicht einfallen. Ich war sehr überrascht, dass Castilho nicht gern mit Rhodes sprach und dass dieser Grund zur Heiterkeit hatte, die er mir damals nicht mitteilte. Als wir den Tisch verließen, bemerkte Castilho zu mir: „Wenn ich Ihren Freund in der Delagoa Bay hätte erreichen können , wäre er für lange Zeit ins Gefängnis gegangen." Ich war ein wenig erstaunt, aber dann löste sich die Gesellschaft auf. Und das war der Grund für alles. Seit einigen Jahren waren viele junge Engländer auf der Suche nach Abenteuern nach Südafrika gekommen, und es gab kaum etwas, das für einige von ihnen zu heiß oder zu schwer war, um es auf die eine oder andere Weise in Angriff zu nehmen. Einige waren Soldaten, ich erinnere mich an Major Goodall und Captain Elton in den frühen Siebzigern; dann gab es junge Männer wie Dawnay , Reggie Fairlie , Campbell und andere wie Rhodes. Sie mochten jagen, Transportfahrten unternehmen oder auf Entdeckungsreise gehen, aber man war ziemlich sicher, dass kein Unfug angezettelt wurde, der irgendwie verhandelt werden konnte. Ein Stückchen weiter oben am Fluss, der in die Delagoa-Bucht mündet, lebte ein düsterer Potentat, dessen Seele nach dem Besitz eines Artilleriegeschützes dürstete, und sei es noch so klein, und der ihm als Beweis seiner Ernsthaftigkeit im Gegenzug ein Glas voller Diamanten anbot. Ich habe nie gehört, dass diese einen festen Wert haben sollten, aber das hätten sie sein müssen, denn die Portugiesen verboten streng die Einfuhr von Artillerie jeglicher Art, und jeder, der sich auf Schmuggel einließ, hätte es schwer haben können. Ich bin nicht sicher, wer Rhodes' Gefährten waren, aber einige derjenigen, die ich erwähnt habe, waren mit Sicherheit in diesem Geschäft tätig. Sie charterten in Natal einen kleinen Schoner namens Pelham und *besorgten* sich ein altes Sechspfünder-Messinggewehr, das sie eines Nachts an Land in die Delagoa-Bucht schmuggelten und in den Mangrovenbüschen oberhalb der Stadt vergruben. Sie bekamen ihre Diamanten, und anstatt dann an Bord ihres

Schiffes zu gehen, wie es vernünftige oder ältere Männer getan hätten, begannen sie, Lourenço Marques mit der grellsten Farbe , die sie bekommen konnten, rot anzustreichen. Dort war eine gewisse Dame mit sehr scharfen Ohren, die, als sie zu dem Schluss kam, das Wild den Behörden verriet, und die jungen Abenteurer verdankten ihre Freiheit der Tatsache, dass sich in der Bucht von Delagoa zufällig kein portugiesisches Kanonenboot befand, wie es normalerweise der Fall war. Zweifellos war dieses Fehlen jedoch in Betracht gezogen worden. Dies war die vorletzte Gelegenheit, bei der ich meinen Freund Rhodes sah. Das letzte Mal war, als er kurze Zeit danach zu meinem Schiff in Quillimane kam , um einige Elfenbeinstoßzähne für zu Hause mitzubringen, etwas Enos Fruchtsalz und wenn möglich eine Zahnbürste zu holen und vor allem, um mich zu sehen. Es scheint, dass er von einem Häuptling im Landesinneren eine große Jagdkonzession erhalten hatte und am nächsten Tag losfuhr, um sie in Besitz zu nehmen. Wir unterhielten uns lange über gemeinsame Freunde, und das war das Ende von ihm, denn am nächsten Tag ereignete sich am Lagerfeuer ein Unfall, bei dem er solche Verbrennungen erlitt, dass ein qualvoller Tod den Tod eines Mannes bedeutete, der für mich immer als Verkörperung von Charles Ravenshoe gelten kann .

Etwa zu dieser Zeit hatte ich den verstorbenen Arthur Sketchly , bekannt als „Mrs. Brown", als Beifahrer dabei, der die Abenteuer dieser Dame in Südafrika aufschreiben wollte. Er war ein Mann von großer Statur und bewegte sich langsam. Eines Abends beim Abendessen waren einige Jungen sehr glücklich und fröhlich. Er drehte sich zu mir um und sagte: „ Junge Männer! Junge Männer! Sie können rennen, springen, lachen, essen, Liebe machen, alles tun. Pfui, ich hasse sie !"

Auf meiner nächsten Überfahrt von zu Hause wurden wir südlich der Biskaya von einer heftigen Staubwolke überzogen. Aus meinen Notizen erkenne ich, dass wir ein Rettungsboot verloren, die Brückengeländer zertrümmert, ein Mann vom Steuerrad gespült und verschiedene andere Schäden verursacht wurden; aber so etwas passiert eben manchmal. Wir erreichten die Algoa- Bucht am 25. Dezember 1879, und dort begann der Spaß mit dem Ochsen und der Ziege, die unerlaubt an Land gebracht worden waren , und ich musste allerlei Geldstrafen zahlen. Außerdem wurde mir gesagt, dass der Sansibar-Agent von einem „Büffel und einem Kalb" geschrieben hatte, und diese waren nicht wie beschrieben. Unter diesen Umständen kann es zu viel Korrespondenz und, wie in diesem Fall, zu ernsten Folgen kommen. Ungefähr zu dieser Zeit steckte ich in ernsten häuslichen Schwierigkeiten, die einen Mann in seinen Grundfesten erschüttern können, aber glücklicherweise muss man, wenn man zufällig ein Zahnrad einer Maschine ist, am Laufen bleiben und hat so weniger Zeit, über die Machenschaften des Schicksals zu grübeln. Ich war dankbar für die Gesellschaft zweier meiner Passagiere, Herbert De La Rue und Fred Struben , die beide inzwischen bekannte Männer sind. Wir kamen nach Sansibar, und dort wurde mir berichtet, dass der Agent Berichte über meine Nüchternheit verbreitet hatte, als ich auf der vorherigen Reise den Hafen verließ. Ich kümmerte mich nicht darum, bis der Agent dies meinem Ersten Offizier mitteilte. Es ging um „Ochse und Ziege", denn die Aussage lautete, dass mir der Agent in gutem Englisch gesagt hatte, dass sie ein Geschenk des Sultans für mich seien, aber ich war nicht in der Verfassung, zu verstehen, was gesagt wurde. Nun war ich am fraglichen Morgen, wie gesagt, am Deich des Sultans gewesen und hatte zum Zeitpunkt der Abfahrt vom Hafen keine Rauschmittel angerührt. Die Schlussfolgerung, dass Kaffee und Sorbet mich beeinflusst hätten, war natürlich unerträglich. Da die Aussage jedoch beharrte, blieb mir keine andere Wahl, als die Angelegenheit vor den Konsul zu bringen. Es gab zahlreiche unabhängige Zeugen vom Ufer, die zu meinen Gunsten aussagten, und der Agent wurde mit einer Geldstrafe belegt und mit den Gerichtskosten belastet. Sie hatten eine sehr zügige Art, Geschäfte vor diesem Gericht abzuwickeln, denn ein Angeklagter wird aufgefordert, „unverzüglich" zu erscheinen. Um den Vorfall abzuschließen, wurde im Hafen darüber gesprochen , was für eine „Freche" es sei, dass ein Kapitän einen Agenten vor Gericht schickt, aber ich wusste, dass diese Lüge mein Leben lang hätte halten können, wenn ich nicht sofort Maßnahmen ergriffen hätte. Als ich das nächste Mal vor meinem Vorstand stand und das Thema zur Sprache kam, sagte der Vorsitzende, Sir Benjamin Phillips, zu mir: „Wir denken, dass Sie ganz richtig gehandelt haben, Sir", und das war alles, was ich brauchte. Ich möchte auch meine Wertschätzung für die Freundlichkeit von Sir John und Lady Kirk zum Ausdruck bringen, wobei Sir John zu dieser Zeit politischer Agent in Sansibar war. Der Rest dieser Reise verlief, soweit es mich betraf, ereignislos, außer dass ich es für absolut notwendig hielt, mich wirklich in der Sternennavigation zu üben . Damals hatte ich als Ersten Offizier Franz K. Thimm bei mir , einen alten Jungen aus Worcester, und er unterstützte meine Bemühungen mit allen ihm zur Verfügung stehenden Mitteln. Gemeinsam kamen wir zu dem Schluss, dass wir bei Bedarf von Beobachtungen bei Tageslicht unabhängig sein könnten, und dieser Zustand war an einer Küste nützlich, an der die Strömungen oft sowohl stark als auch in unsichere Richtungen verlaufen. Aber abgesehen von seiner Nützlichkeit während meiner gesamten Seefahrtskarriere verlor ich nie mein Gefühl des Staunens darüber, dass der Mensch ein Buch wie den Nautical Almanac zusammenstellen konnte. An Deck zu gehen, drei oder vier Rundumschüsse auf die Sterne abzugeben und dann hineinzugehen und das Schiff genau zu verorten, gibt einem Anlass zum Nachdenken und Dankbarkeit für die Arbeit der großen Entdecker, die ihren Nachfolgern so viel Nutzen gebracht haben.

Als wir zu Hause ankamen, gab es einige Änderungen. Waite, der, wie ich bereits erklärt habe, ein paar Tage mein Vorgesetzter war, lag mit der *American im Hafen, und auf der Clyde wurde die Trojan* gebaut , für die ein Kapitän ernannt werden musste, der die Ausrüstung abschließend überwachte und sie nach Southampton brachte.

Eines Tages wurde Wait nach Norden beordert - ich zur *American* , dann wurde Wait zu seinem alten Schiff zurückbeordert und ich zur *Trojan* . Das war ein ziemlicher Glücksfall für mich, denn auf der Hinfahrt brach die Schraubenwelle der *American und sie sank. Glücklicherweise konnten alle Männer gerettet werden, was dem* Kapitän und den Offizieren unendlich hoch anzurechnen ist. Kapitän Hepworth, RNR, CB, vom Wetterdienst war damals Erster Offizier und mein alter Freund Jones von der *Basuto* der Zweite. Ich erfuhr auf folgende Weise von dem Unfall. Eines Nachmittags war ich in meiner Unterkunft, als der Bürobote Fancourt mit sehr wichtigtuerischer Miene hereinkam: „Mit freundlichen Grüßen von Kapitän Dixon, er möchte Sie gern sofort sprechen." Wer Fancourt kannte, wird sich vorstellen , wie die Nachricht überbracht wurde, denn ich glaube wirklich, dass er dachte, er leite die Gesellschaft auf dieselbe Weise, wie der Mann im Rampenlicht die Bühne beherrscht. Ich ging in das Büro meines Chefs, der mir entweder ein großes Kompliment machte oder mich auf den Arm nahm. Der Tisch war mit Karten bedeckt, und er sagte: „Die *American* ist auf Breite —— Länge —— gesunken. Alle Besatzungsmitglieder konnten sich in den Booten retten. Ich möchte, dass Sie mir sagen, wo wir nach diesen Booten suchen müssen, denn ich bin der Meinung, dass Sie mehr darüber wissen als jeder von uns." Zufällig lag ich mit meiner Schätzung falsch, denn die Boote wurden von Schiffen aufgenommen, aber die Strömungen, sowohl die in Guinea als auch die in Äquatorial, könnten bei der Bestimmung ihres Ziels eine Rolle gespielt haben. Einige der Passagiere erlitten auf dem Schiff, das sie aufgenommen hatte, einen zweiten Schiffbruch, und es gab Todesfälle. Ich kann mich nicht mehr genau erinnern, wann die Nachricht zuerst nach Hause gelangte, aber einige Einzelheiten stachen ziemlich deutlich hervor. Eines war, dass das Theater auf dem Achterdeck, wo am Vorabend Theateraufführungen stattgefunden hatten, beim Untergang deutlich zu sehen war, und auch, dass der zweite Offizier dabei beobachtet worden war, wie er den Wassertank des Metzgers in sein Rettungsboot brachte. Das war typisch für Jones, im Grunde ein praktischer Seemann. Ich bat ihn später, mir davon zu erzählen und ob er irgendwelche Probleme gehabt hatte. „Als ich ins Boot stieg", sagte er, „warf ich, um Ordnung zu schaffen, mehrere Bündel mit Sachen hinaus , die nutzlos waren und Platz wegnahmen. Eines davon gehörte dem Koch, der mein Verhalten übel nahm. Ich sagte ihm nur, wenn er noch mehr sagen würde, würde ich dafür sorgen, dass er seinem Bündel folgt, und dann gäbe es keinen weiteren Ärger." Ich habe immer beglückwünscht, dass ich dieser Sache entgangen bin. Kapitän Wait wurde für seine Tat mit Recht hoch gelobt, und auch seine Offiziere erhielten ihre Anerkennung .

Trojan zu übernehmen . Sie war ein Schiff mit etwas weniger als viertausend Tonnen, aber das war damals für uns eine große Nummer. Alles in allem war sie eines der schönsten kleinen Schiffe, mit denen ich je zu tun hatte, und merkwürdigerweise war sie das *zweite* Schiff, das elektrisches Licht hatte. Ich glaube, die *City of Berlin* war das erste, aber die *Trojan* war das zweite. Es war nur eine Bogenlampe im Salon, und Kapitän Dixon bezeichnete sie als „eine der Marotten des Vorsitzenden". Außerdem wurde eine spezielle Kabine eingerichtet, um die Kaiserin Eugenie vom Kap nach Hause zu bringen. Sie war mit der *German gereist* . Ich fand die beiden Brüder Thompson, die das Schiff gebaut hatten, sehr angenehm, und sie taten ihr

Bestes, um mir meinen Aufenthalt angenehm zu machen. Als wir Clydebank bei Hochwasser verließen, überbrückten wir tatsächlich den Clyde, zufällig, das war wahr, aber wir hätten leicht in eine sehr unangenehme Lage geraten können. Wir gingen ins Gareloch , um unsere Kompasse einzustellen, und dort hatte ich zum ersten Mal das Vergnügen, Sir William Thompson, später Lord Kelvin, zu treffen. Seeleute sollten ihm ewig dankbar sein, denn er gab uns neben einem perfekten Kompass auch ein Echolot, das bei richtiger Verwendung einfach von unschätzbarem Wert ist. Einige Jahre später – und ich bin froh, dass ich seine Freundschaft behalten habe – fragte ich ihn einmal, warum er uns kein zuverlässiges Logbuch geben könne, das die Geschwindigkeit des Schiffes genau aufzeichnen würde. Er antwortete, das sei kein Problem, aber da es falsches Vertrauen erwecken würde, hielt er es für besser, die Finger davon zu lassen, denn nicht erklärbare Oberflächenströmungen würden die Richtigkeit jedes Logbuchs verfälschen. Wir führten unsere offiziellen Versuche nicht im Norden durch, sondern in Stokes Bay. Auf dem Weg dorthin war Kapitän Dixon bei uns, und ich erfuhr, dass ich das Schiff herausholen sollte. Das, dachte ich damals, war ein bisschen zu schön, um wahr zu sein, denn ich wusste, dass irgendein Vorgesetzter kommen und mich aus dem Schiff drängen würde, und nachdem wir unseren Geschwindigkeitsversuch in Stokes Bay absolviert hatten, hatte Travers es tatsächlich so hinbekommen, dass er mit der *Asiatic nach Hause kam* und der Austausch ordnungsgemäß durchgeführt wurde. Meine Verbindung mit dem *Trojan* war nicht lang, aber aus vielen Gründen überaus angenehm. So hatte ich beispielsweise Gelegenheit, die meisten meiner Direktoren sozusagen inoffiziell kennenzulernen, und ich war überzeugt, dass es Zeiten gab, in denen sie sich wie Menschen benehmen konnten. Besonders erwähnen möchte ich die unerschütterliche Höflichkeit von Mr. Giles, der den Vorsitz übernommen hatte. Er war damals Abgeordneter für Southampton, und seine Dinnerpartys bei Radleys , zu denen alle unsere Kapitäne im Hafen eingeladen waren, wurden von den Gästen sehr geschätzt.

Es gab viele hässliche Schiffe auf See – die *Basuto* zum Beispiel –, aber für ihre schiere Hässlichkeit und unverhohlene Brutalität muss man der *Asiatin* den Vorzug geben. Sie wurde in einem Hafen im Norden gebaut und hatte einen Bug wie ein runder Heuhaufen. Wenn sie leicht war und eine Brise wehte, musste man sie sehr gut steuern, um zu verhindern, dass sie die Kontrolle übernahm. Aber sie hatte auch ihre guten Seiten: Zum einen hatte sie einen anständigen Kompass und ließ sich bei schönem Wetter gut steuern; zum anderen war sie auf See recht komfortabel, aber sie war nicht gut instand gehalten worden und machte insgesamt einen schlampigen Eindruck . Dies machte ich mir sofort zum Ziel, und als sie das nächste Mal in Southampton ankam, bot sie ein völlig anderes Erscheinungsbild. Wir waren natürlich im Zwischendienst, aber als wir in Sansibar ankamen, gab es aus irgendeinem Grund eine große Feier, an der wir teilnahmen. Ich gab ein Abendessen und einen Ball, an dem alle Damen des Ortes teilnahmen, außer zweien – der Frau und der Schwester des französischen Konsuls. Sie waren abwesend, wie mir der Kapitän eines französischen Kriegsschiffs streng vertraulich erzählte, weil das Kleid der unverheirateten Schwester hübscher war als das der Madame. Tatsache ist, dass wir, glaube ich, acht Damen aufbieten konnten, und sie waren sehr zufrieden. Wichtiger war in meinen Augen jedoch ein Schießwettbewerb zwischen den Offizieren des Kabelverlegeschiffs HMS *London* und uns. Die *London* fand die Gewehre und die Munition, und P. G. VanderByl , einer der Leutnants, leitete das Team der *London* . Ich kannte seine Leute am Kap seit Jahren und war später mit ihm Schiffskamerad auf der alten *Devastation* . *Wir fuhren* in einem der Segelkutter *der London den* Hafen hinauf ; sie hatten mehrere, und sie trugen sehr phantasievolle Namen – nach den Namen, die damals auf den Titelseiten der Walzermusik in Mode waren. Dieses hier hieß *Olga* und wurde von VanderByl gesteuert und gesteuert , als wäre es ein Schlachtschiff. Es ist vielleicht unnötig zu erwähnen, dass wir auch für ein Picknick ziemlich gut versorgt waren. Ich hatte in meinem Team einen großen, massigen Quartiermeister, den ich zu Hause auf dem Schießstand sehr gut schlagen gesehen hatte, und ich verließ mich darauf, dass er und einige meiner Offiziere eine gute Show abliefern würden. Um es kurz zu machen, die *Londons* schossen grauenhaft, und wir schnitten noch schlechter ab, wobei das Kabelschiff schlechter Dritter wurde. Mein Quartiermeister war ein ausgesprochener Versager. Die *Londons* waren erfreut, dass sie nicht geschlagen wurden, denn wie sich später herausstellte, wäre ihr Kapitän darüber verärgert gewesen. Zu dieser Zeit lernte ich Kapitän Ouless , RN, kennen, der Navigator der *London war* . Ich fand Navigationsoffiziere immer sehr bereitwillig, einem Schiffskapitän mit der Zeit oder mit allen Informationen, die ihnen zur Verfügung standen, auszuhelfen. Ich glaube, es war auch auf dieser Reise, wo ich zum ersten Mal H. M. Stanley traf. Einer der Offiziere des Konsulats, ein netter Kerl namens Holmwood , führte mich in einen großen, niedrigen, ziemlich hellen Raum. Ein kleiner weißer Mann lehnte an der Wand, und überall im Raum hockten die Männer, die Stanley für seine Reise ins Landesinnere anheuerte. Es war eine ziemlich bemerkenswerte Versammlung, aber um die Wahrheit zu sagen, machte er weder damals noch später auf mich den Eindruck des bemerkenswerten Mannes, der er in Wirklichkeit war. Im Hafen lag auch diese wunderschöne Jacht, die *Lancashire Witch* , die später von der Admiralität als Vermessungsschiff gekauft wurde. Sie gehörte Sir Thomas Hesketh , aber ich kann mich nicht erinnern, ihn kennengelernt zu haben. Die Streitkräfte des Sultans standen damals unter dem Kommando eines britischen Marineoffiziers namens Matthews, und der Erfolg seiner Bemühungen war sehr bemerkenswert. Seine Männer begegneten ihm mit enormem Respekt und Verehrung und wären für ihn durch Feuer und Wasser gegangen. Es war ein ziemlicher Anblick, ihnen beim Exerzieren auf dem Platz vor dem Palast zuzusehen. Ich muss auch erwähnen, dass der Sultan sehr großzügig war und Besuchern, die reiten wollten, Pferde zur Verfügung stellte. Er hatte eine Art Handlanger namens Mahomet, der sehr gut Englisch sprach, aber, wenn ich mich recht erinnere, kein unerschütterlicher Mohammedaner war, denn manchmal bewunderte er die Weine Frankreichs. Obwohl er schwer an Elephantiasis litt, einer dort sehr verbreiteten Krankheit, kümmerte er sich immer um jede Kleinigkeit, die an Land erforderlich war, aber natürlich gefielen ihm seine Nebenvergünstigungen und er sorgte dafür, dass er sie bekam. Wenn der Bericht richtig war, hätte er die Geschichte erzählen können, wie es zum Tod des tapferen Kapitäns Brownrigg, RN, kam, aber da ich keine Fakten nennen kann, hat es wenig Sinn, über diese traurige Geschichte zu sprechen.

Für die Heimreise von Natal und dem Kap gab es eine ganze Menge Passagiere, darunter ein frisch verheiratetes Paar, dessen Braut eine sehr schöne Holländerin war. Bevor wir das Kap verließen, war es ziemlich lustig. Eines Tages fuhren wir in einem Wagen zu einem Picknick in Newlands, aber es begann stark zu regnen. Ich kannte einen Mann namens

Raphael Bensusan , der in der Nähe unseres Aufenthaltsortes wohnte. Er war ein netter Kerl, also fuhren wir zu dem Haus. Er war nicht da, aber sein Bruder oder ein männlicher Verwandter war da, und er gesellte sich zu uns zu unserem Picknick auf dem Boden des Esszimmers, denn das Haus war zufällig halb geschlossen. Das war ein sehr lustiger Nachmittag, und der Tag endete mit einem jener Bälle im Exchange Building, die Kapstadt zu einem der angenehmsten Orte machten, die man kennen lernen kann.

Die folgende Geschichte ist absolut wahr und zeigt, wie die Umstände dem Henker manchmal dabei zu helfen scheinen, dem Opfer den Strick um den Hals zu legen. Wenn ich das Kommando hatte, schlief ich normalerweise nachmittags und blieb dann bis zur Mittelwache. Auf der *Asiatic* befand sich meine Kabine am vorderen Ende des Salons an Steuerbord. Eines Nachts, etwa um halb eins, saß ich mit einem Kapitän Le Breton auf, rauchte und plauderte. Die Tür war offen, ebenso die Fenster und Bullaugen, denn die Nacht war sehr warm. Das war vor der Zeit der elektrischen Lampen, und meine Kabine wurde von einer Moderatorlampe beleuchtet, und eine weitere hing im Salon, denn die normalen Kabinenlichter wurden um 23 Uhr gelöscht, außer wenn sie auf Anweisung des Arztes weiter brannten. Plötzlich stürzte ein Mädchen herein, schrie, dass jemand durch das Bullauge in ihre Kabine schaue und um Rettung bitte, warf sich auf einen Stuhl und fiel in Ohnmacht. Genau in diesem Moment blies ein Windstoß meine Lampe aus, was meines Wissens noch nie zuvor passiert war. Dann ging ich zur Lampe im Salon, die ebenfalls ausging, woraufhin ich den Quartiermeister ins Schwarze traf und die Stewardess rief, die das verängstigte Mädchen in ihre Kabine zurückbrachte und die Sache wieder in Ordnung brachte. Als ich und mein Begleiter wieder allein waren, fragte ich ihn, ob er, wenn er in einer Jury wäre, an eine solche Kombination von Umständen glauben würde, und er antwortete ohne Zögern mit Nein, und ich kann mit Sicherheit sagen: Ich auch nicht .

Die *Asiatic* kehrte mit einem so schmucken Aussehen nach Southampton zurück, dass sie sich kaum wiedererkannte. Es ist wirklich falsch, sich über mein Schiff lustig zu machen, aber auf ihrer ersten Reise, als sie von Kapitän Coxwell , dem Kommodore, kommandiert wurde, wurde er bei ihrer Ankunft in der Algoa Bay von seinen Bekannten wegen seiner Fähigkeit verspottet, sein Schiff mit dem Heck zuerst ins Wasser zu bringen, denn sie gaben vor zu glauben, dass kein existierendes Schiff einen Bug wie die *Asiatic haben könnte* . Diesen Glauben hätte man ihnen beinahe verziehen.

Nun zurück zur *African* , denn was die Dienstzeit anging, war ich dort an meinem richtigen Platz. Die Direktoren waren zu dem Schluss gekommen, dass sie eine monatliche Linie nach Hamburg betreiben würden, in Verbindung mit dem Zwischendienst nach Sansibar, und die *African* war die erste, die dieses Geschäft übernahm. Unser Vorsitzender, Mr. Giles, der in Cuxhaven Ingenieursarbeiten durchgeführt hatte, hielt es für fair, die Kapitäne zuerst als Passagiere hinüberzuschicken, damit sie die Elbe sehen konnten, bevor sie mit ihren Schiffen dorthin fuhren. Dies war eine rücksichtsvolle Tat, denn ein gefrorener Fluss war für mich, wenn nicht für andere, eine neue Erfahrung. Ich nahm daher eine Mitfahrt auf einem der Schiffe der General Steam Navigation. Die Elbe war zugefroren, und es war merkwürdig zu sehen, wie der Dampfer eine große Eisscholle angriff und sich ihren Weg durch alles hindurch spaltete und zerriss. Die Hauptschwierigkeit schien jedoch darin zu liegen, dass das Einspritzwasser gelegentlich gefror, und dort mussten sie eine spezielle Vorrichtung verwenden, um Dampf durch die Einspritzplatte zu blasen. Ich telegrafierte diese Information ordnungsgemäß nach Hause, aber sie wurde nicht beachtet, und ich hatte im *African genau die gleichen Probleme* . Man konnte nicht anders, als beeindruckt zu sein von der eisernen Ordnung, die in Hamburg jedem auferlegt wurde. Die Leute lebten nach Regeln, und sie lebten gut; die Docks waren in ausgezeichnetem Zustand und weitaus besser ausgestattet als unsere, egal ob in London oder Southampton. Ich wurde vom Agenten der Gesellschaft zu einem Ball mitgenommen, wo der Eintritt sechs Pence kostete. Es war 2 Uhr morgens und es waren etwa dreitausend Menschen aus der Arbeiterklasse anwesend, aber keine Spur von Rauferei oder betrunkenem Verhalten. Es war eine Art Offenbarung, aber es gab noch viel mehr zu lernen. Ich nehme an, ich hatte, wie die meisten jungen Briten dieser Zeit, die Idee fest in meinem Kopf verankert, dass wir das einzige Volk der Welt waren und dass niemand sonst zählte. Unser Agent war ein sehr netter Kerl, und wir hatten nie die geringste Reiberei, aber irgendwie schaffte er es, mir klarzumachen, dass es eine Nation von Deutschen gab, die beabsichtigte, – wie sie sich damals selbst dachten – die Platzhirsche der Welt zu werden. Ich habe bereits früher ein Beispiel hierfür erwähnt.

Ich habe mir alles angeschaut, was ich konnte, und bin dann zurückgefahren, um mein Schiff herüberzubringen. Und wer glaubt, die Nordsee sei ein schönes Revier zum Segeln, der soll das gerne glauben. Ich glaube das nicht. Ich nehme an, dass sich die dort Handel treibenden Leute mit der Zeit daran gewöhnen, aber es muss sie zu Seeleuten machen, und dieser Faktor sollte bei der Einschätzung des Wertes unserer teutonischen Vettern als mögliche Rivalen auf See berücksichtigt werden.

Es ist zweifellos eine gute Sache, mal die Route zu wechseln. Der ständige Wechsel zwischen den gleichen Orten ist in vielerlei Hinsicht angenehm, aber man sieht wenig Neues und der Geist neigt dazu, in einer Spur zu kreisen, was nicht gesund ist. Und wiederum schärfen neue Gesichter und Orte Ihren Verstand und beseitigen den Eindruck, dass Sie alles gelernt haben, was es zu wissen gibt.

Eine erste Fahrt die Elbe hinauf im Winter war ein gutes Gegenmittel gegen jedes Gefühl der Stagnation. Die Gesellschaft war so freundlich, uns einen Nordseelotsen zur Verfügung zu stellen, einen Schiffskapitän, der mit diesen Gewässern vertraut war, aber ich hatte nicht vor, ihn etwas anderes tun zu lassen, als mich zu konsultieren. In diesem Fall war er nicht erpicht darauf, irgendeine Verantwortung zu übernehmen, aber als wir eines Nachts nach Einbruch der Dunkelheit an der Elbmündung ankamen, holten wir als Lotsen einen kleinen alten Mann an Bord, der uns an Rip Van Winkle erinnerte. Es gab viel Eis, das herunterkam, und ich war ziemlich überrascht, als der Lotse mich bat, den Anker zu werfen, während das Schiff mindestens sechs Knoten durch das Wasser fuhr. Es war jedoch alles in Ordnung, und am nächsten Tag erreichten wir Hamburg.

Meine Anweisung war, einigen Schifffahrtsmagnaten ein Abendessen und Unterhaltung zu geben, und das tat ich auch, indem ich auf Anraten unseres Agenten Einladungen verschickte. Der ereignisreiche Abend kam, und ich hatte seit etwa einem Tag Zweifel an der strikten Nüchternheit meines Chefstewards. Während des Abendessens blickte ich nach hinten, wo ich die Speisekammer sehen konnte, und bemerkte dann den Steward in einem hilflosen Zustand der Trunkenheit.

Er fing einen Blick von mir auf, der genügt hätte, um einen
Anker zu verwelken, aber er war zu weit weg, um davon
berührt zu werden. Mein persönlicher Diener und der
Oberkellner brachten uns jedoch gut durch. Der Nachtisch
war kaum auf dem Tisch, als einer der Gäste aufstand und auf
die Gesundheit des Kaisers klopfte, und der Rest stand auf und
schrie „Hoch" so laut, dass die Deckbalken hochgingen. Ich
saß da und sagte nichts, denn die Situation war peinlich. Ich
war Gastgeber, aber es war ein britisches Schiff, und unsere
Königin musste zuerst kommen. Als die nationale Erregung
abgeebbt war, stand ich wie gesagt auf, um den ersten Toast
des Abends auszubringen: „Die Königin und der Kaiser". Das
war vielleicht ein zu großes Zugeständnis, aber unter den
gegebenen Umständen war es besser als Missklang. Es wurde
gebührend gewürdigt , und der Rest war Harmonie, denn ich
hatte für die Musik gesorgt. Mein Diener war damals ein
perfekter Diener; ich brauchte ihm kaum etwas zu sagen, denn
er hatte die Gabe, meine Wünsche zu erahnen. Einer der Gäste
war den ganzen Abend über unnötig prodeutsch, aber am
Ende musste er in ein Taxi gesetzt und nach Hause geschickt
werden. Ich stelle mir vor, dass er für seinen letzten Brandy mit
Soda Brandy mit Gin getrunken haben muss. Ich gab
diesbezüglich keine Anweisungen oder Hinweise, aber ich
hatte den Eindruck, dass die Ehre am Ende ziemlich einfach
war. Ungefähr einen Tag später kam er, um mir *eine gute Reise*
zu wünschen , aber er schien nicht sehr wohlauf zu sein, und
ich bezweifle, dass er es ernst meinte. In Hamburg war es so
kalt, dass die Dampfwinden an Deck die ganze Nacht in
Bewegung gehalten werden mussten, wenn sie nicht benutzt
wurden, damit sie nicht einfroren. Da der Eisbrecher zu
diesem Zeitpunkt nicht richtig funktionierte, mussten wir uns
unseren Weg durch das Eis bahnen, das uns den Fluss
hinunterführte. Als wir nach Southampton zurückkehrten, war
die Farbe an den Seiten des Schiffs an der Wasserlinie
abgenutzt, und die Stahlseite war messerscharf und hatte
dieselbe Farbe .

Als wir im Laufe dieser Reise Natal erreichten, hörten wir vom
Ausbruch des ersten Burenkriegs, der mit dem Abschuss eines
unserer Regimenter ohne jegliche Kriegserklärung begann. Ich
möchte nur so viel sagen: Die Stimmung zwischen den
Holländern und den Briten war damals und noch viele Jahre
danach so heftig, dass der letzte Burenkrieg die unvermeidliche
Folge war, und für diesen Zustand habe ich in meinen eigenen

Augen immer Herrn Froude und seine Freunde verantwortlich gemacht. Wenn man es sich selbst überlassen hätte, hätten die Buren die Herrschaft von Sir Bartle Frere akzeptiert, wenn seine Regierung im Transvaal so ausgeführt worden wäre, wie er es beabsichtigt hatte.

Mein erster Offizier auf der *African* war ein Mann, den ich bereits erwähnt habe, E. T. Jones, der einen ungewöhnlich großen schwarzen Bart trug, der ihm den Spitznamen „Black Jones" einbrachte. Ich hatte in jeder Hinsicht die allerhöchste Hochachtung vor ihm. Als wir im Februar 1881 nach Hause kamen, ging ich selbstverständlich nach London, um die Direktoren zu treffen. Zu dieser Zeit war die *Roman* gechartert worden, um Truppen nach Natal zu bringen. Es war ihr damals noch kein Kapitän zugewiesen worden, und ich wurde nach den Fähigkeiten meines ersten Offiziers gefragt, worauf ich antwortete, dass er ein ebenso guter Mann sei wie ich. Aber, sagte ein Direktor, „ist das der Mann mit dem schwarzen Bart, der wie ein Pirat aussieht?" und das Gespräch endete mit einem Lachen und der Andeutung, dass sie nach Southampton kommen würden, um sich das anzusehen. Als ich an diesem Abend zurückkam, erwischte ich Jones und brachte ihn sehr gegen seinen Willen zu einem Friseur und ließ ihm den Bart abschneiden. Es war eine Zeit für heroische Maßnahmen, denn dieser Einsatz der Schere entschied die Sache wahrscheinlich zu seinen Gunsten . Da es jedoch nicht gut war, Truppen mit einem Mann auszusenden, der bei seiner ersten Reise das Kommando hatte, nahm er die *African* und ich die *Roman* , mit dem Befehl, an der Küste erneut abzuwechseln. Während ich dies schreibe, liegt mir ein Brief vor, der von den Offizieren unterzeichnet wurde, die mit der *Roman gereist waren* , und in dem sie mir für die angenehme Überfahrt danken. Der erste Unterzeichner ist Finch White, Major des 85. leichten Infanterieregiments, der die Truppen kommandiert. Darauf folgt F. Grenfell, Oberstleutnant des 60. Schützenregiments (jetzt Feldmarschall Lord Grenfell). Unter vielen anderen sind R. B. Lane, Major Rifle Brigade (jetzt General Sir R. B. Lane), D. N. Stewart, 2. Leutnant des 92. Highlanders, der später in vielen Teilen des Reiches Auszeichnungen erlangte , und Charles E. Knox, Hauptmann des 85. Regiments, einer unserer besten Generäle im letzten Krieg. Es war eine angenehme Reisegruppe, und die Überfahrt verlief ohne Zwischenfälle. Ich persönlich hatte jedoch ein kleines Problem, denn auf der Strecke stellte ich fest, dass mein Zimmermann seine Pflichten vernachlässigt hatte und wir nur Wasser für einen Tag an Bord hatten. Ich sagte nichts dazu, sondern schaltete Tag und Nacht den Kondensator ein, bis wir unsere Tanks wieder aufgefüllt hatten. Dann übertrug ich ihnen einen Offizier, aber mein Chefingenieur war dieser Aufgabe mannhaft gewachsen, denn es war nicht angenehm, wenn viele Hunderte von Männern vollständig von kondensierten Vorräten abhängig waren. Major Lane und ich wurden sehr vertraut. Er hatte eine wunderbare Persönlichkeit, die jeden anzog, und ich zweifle nicht daran, dass er sie immer noch hat. Eines Abends fingen er und ich einen Tölpel, und die Frage war, wie man ihn am besten einsetzen könnte. Colonel Grenfell schlief gerade, und wir dachten, es wäre eine gute Idee, den Vogel in seine Koje zu legen. Wir legten das kreischende Biest auf ihn, als er da lag, aber er zuckte nicht mit der Wimper, sondern sagte nur: „Igitt! Nehmt das scheußliche Ding weg", und das taten wir. Es war allerdings keine leichte Nervenprobe, da es in vielen schwierigen Situationen auf die Probe gestellt und bestätigt wurde. Eines fiel mir jedoch auf dieser Reise auf, nämlich das große Interesse der Offiziere an theologischen Werken aller Art. Es gab eine schöne Sammlung an Bord, und ich erinnere mich, eins mit dem Titel „ *Das nahende Ende des Zeitalters*" von Gratton Guinness gelesen zu haben, das zweifelsfrei bewies, dass die Welt bis 1894 untergehen würde.

Als wir in den Hafen von Kapstadt einliefen, wehte ein starker Südostwind , und das Schiff neigte sich stark nach Steuerbord. Wir brachten die Truppen auf die Backbordseite, und das richtete das Schiff im Nu auf. Das war sehr geschickt gemacht, aber es brauchte nur ein Wort, um zu tun, was wir wollten. Dann erfuhren wir, dass der Krieg vorbei war. Ich glaube, Lord Roberts war bereits angekommen und zurückgekehrt, und überall herrschte lautes Gemurmel der Unzufriedenheit. Wir fuhren jedoch weiter nach Natal und landeten unsere Truppen. Der verstorbene Admiral Andoe und Sir Edward Chichester waren dort, um Offiziere von Bord zu bringen, und sie stellten mir ein sehr schönes Zeugnis für die Art und Weise aus, in der die gesamte Arbeit erledigt worden war. Übrigens hatte ich mit Colonel Grenfell gewettet, dass die Regierung, die den Frieden schloss, keine sechs Monate durchhalten würde, aber ich lag in der Folge falsch.

Auf dem Rückweg zum Kap hatte ich Sir J. H. De Villiers, den obersten Richter, als Passagier dabei, der mir sagte, dass ganz

Südafrika in Aufruhr geraten wäre, wenn es keinen Frieden gegeben hätte, also waren die Dinge vielleicht so gut, wie sie waren. Ich bestieg in Mossel Bay wieder mein eigenes Schiff und nahm meine reguläre Arbeit wieder auf.

KAPITEL IX

„Und die Welt war damals sehr gut." – MEL. B. SPURR .

Ich war froh, den Wechsel mit Jones in Mossel Bay vornehmen zu können. Einerseits gab es ihm eine gute Chance, sein Kommando zu behalten, da die *Roman* an der Küste bleiben sollte, und andererseits stieß ich einen gewissen Seufzer der Befriedigung aus, als ich die blaue Flagge wieder am Heck der *African sah* , denn sie war ein nettes kleines Schiff und ich mochte sie sehr. Als ich an Bord ging, stellte ich fest, dass Ballard und seine Frau mit mir die Heimreise antraten. Es ist ein merkwürdiges Gefühl, einem Mann auf gleicher Augenhöhe zu begegnen, nachdem man unter seinem Kommando gestanden hat, und bis heute können einige meiner alten Offiziere, die jetzt das Kommando haben, den Drang nicht überwinden, „Sir" zu mir zu sagen. Ich erinnere mich, dass ich vor einiger Zeit einem von ihnen Vorwürfe machte. Er antwortete: „Nun, ich habe immer Sir zu Ihnen gesagt und werde das auch immer tun." Er war Ire, und die Episode ereignete sich im Unterhaus, wohin er mich geschleppt hatte, um einige der Führer der irischen Partei zu treffen. Bei dieser Gelegenheit traf ich zum ersten Mal John Burns, heute der sehr ehrenwerte John Burns, der in einer Rede über den damals gerade zu Ende gegangenen Burenkrieg die Bemerkung machte, wir hätten „bessere Männer als uns selbst" geschlagen. Aufgrund meiner Erfahrungen aus der Vergangenheit widersprach ich dieser Aussage jedoch ein wenig.

Auf der Heimfahrt verlor ich meinen Bootsmann über Bord, und soweit ich mich erinnern kann, war er der einzige Mann, der sich während meiner gesamten Seefahrt auf diese Weise von mir trennte. Ich kenne ein oder zwei Fälle, in denen Leute an Bord verschwanden, aus denen man schlussfolgerte, dass sie über Bord gegangen waren, aber er war der einzige Fall, in dem ein Mann über Bord fiel und nicht aufgehoben wurde. Es geschah folgendermaßen. Wir waren auf halbem Weg durch die Bucht und das Schiff rollte, und es kündigte sich schlechtes Wetter an, als ich den Befehl gab, die Anker an Bord zu holen, denn sie waren beim Verlassen von Madeira vorn zurückgelassen worden. Es war weder eine gefährliche noch eine schwierige Operation, aber ich hatte an jenem Morgen mit dem Mann gesprochen und, merkwürdigerweise, meinem Chef gegenüber den abwesenden Blick in seinen Augen bemerkt. Ich denke jetzt, dass er das war, was die Schotten „fey" nennen, und dass die Hand des Schicksals damals auf ihm lag. Jedenfalls war er gerade dabei, ein Stück Eisenschiene loszumachen, als er über Bord rutschte, sich an der Reling festhielt und wie ein Stein versank. Ich war selbst auf dem Achterdeck und ließ sofort ein Boot zu Wasser, aber er kam nie wieder an die Oberfläche. Wir kreuzten mindestens eine Stunde lang herum, und dann fragte ich die Männer, ob noch etwas getan werden könne. Alle waren sich einig, dass der Fall hoffnungslos war, also setzten wir unseren Kurs fort. Als ich das nächste Mal in Southampton war, schickte ich ein Rundschreiben an die Kapitäne aller unserer Schiffe und bat sie, eine Sammlung für die Witwe zu machen. Sie taten dies sehr freundlich, und es kam eine ausreichende Summe zusammen, um ihr ein kleines Geschäft in komfortablen Verhältnissen einzurichten, aber sie vergab mir nie, wie man mir sagte, denn als sie mit einer Schwester, die bereit war, eine Szene zu machen, zu meiner Unterkunft kam, lehnte ich das Treffen ab. Ich wage zu behaupten, dass ich mich geirrt hatte, aber ich hatte selbst genug Ärger gehabt, und meine alte Vermieterin, eine sehr privilegierte Person aus dem Westen des Landes, gab mir bei der Ankündigung der Besucher den Rat: „ Er soll sie nicht sehen, Sir", und ich fand den Rat gut.

Das Gewissen hat seine eigentümlichen Seiten und äußert sich manchmal auf absurde Weise – hier ein Beispiel. Im selben Haus wohnte ein erster Offizier, mit dem ich in früheren Jahren sehr befreundet gewesen war und auf den ich damals ein gutes Verhältnis hatte. Eines Morgens kam meine Vermieterin zu mir und bat mich, nach oben zu Herrn —— zu gehen, der etwas Wichtiges zu sagen hatte. Ich ging hin und da lag mein Freund im Bett und weinte. Offenbar war er am Tag zuvor auf Sauftour gewesen, hatte schlimme Kopfschmerzen geerbt und nach mir geschickt, um mir zu sagen, dass er zu seinem Kapitän gehen und seine Verfehlungen gestehen würde. Worte halfen bei einem Fall dieser Art nichts. Eine Drohung mit einer Tracht Prügel, die in Tatsachen umgesetzt wurde, brachte einem guten Kerl, der ein ausgezeichneter Vikar geworden wäre, aber zu sanftmütig war, um auf See Erfolg zu haben, schließlich die Vernunft zu Bewusstsein.

Auf der nächsten Reise waren wir gerade dabei, für die Heimat zu laden, als die Anweisung eintraf, dass die *African* an der Küste bleiben und den Postdienst zwischen dem Kap und Natal übernehmen sollte. Der Handel an der Küste lief gut und es war nicht länger üblich, sich auf die Dienste von Schiffen wie der kleinen *Natal zu verlassen*. Die *African* war sehr gut für diese Arbeit geeignet, die verhältnismäßig einfach war – mindestens zehn Tage im Monat auf See und die restliche Zeit im Hafen vom Kap oder von Natal. Leider konnten wir die Sandbank im letzteren Hafen nicht überqueren. Wenn ich auf diese Zeit meines Lebens zurückblicke, fällt mir auf, dass es gut war und dass ich sie damals nicht ausreichend zu schätzen wusste. Es gab eine ausgezeichnete Schiffsbesatzung; mein Chef, namens Smythe , hatte später viele Jahre das Kommando und war ein erstklassiger Mann; die anderen Offiziere ließen keine Wünsche offen; es gab einen Koch, der alle Passagiere zufriedenstellte, und das Schiff war sehr gut in Schuss und an der Küste beliebt. Ich ließ mir auf der Brücke eine Art provisorischen Unterstand errichten, und wenn ich auf See war, verbrachte ich dort immer meine Nächte, denn im Hafen gab es reichlich Zeit zum Schlafen, aber wenn der Kapitän eines Postdampfers diesen nach den Prinzipien einer Jacht betreibt, kann das etwas kostspielig werden. Damals schien jedoch viel Geld im Umlauf zu sein, denn die Leute wollten immer irgendeinen Auftrag ausführen lassen, der ohne Verstoß gegen die Vorschriften der Gesellschaft ausgeführt werden konnte. Ich habe in alten Briefbüchern nachgelesen, dass ich in meinen Briefen an die Behörden in der Heimat die Tatsache erwähne, dass wir, was das Wetter anbelangte, außergewöhnliches Glück zu haben schienen, und tatsächlich scheint das Glück in dieser Hinsicht in Zyklen zu verlaufen. Ich kann mich nicht erinnern, dass es während unserer Zeit an der Küste auch nur annähernd schlechtes Wetter gab. Aber ich hatte einen kleinen Unfall, der mich einiges kostete. Eines Nachts, als ich die Küste hinunterfuhr, hatte ich eine beträchtliche Menge Zucker in einen großen Leichter in East London entladen und war gegen 21 Uhr fertig. Der Leichter konnte dann nicht hineingebracht werden, und die Bootsleute fragten mich, ob ich sie neben einen Dampfer schleppen würde, der vor uns war. Ich hielt es für gut, dies zu tun, und fuhr dementsprechend in angemessenem Abstand zum Schiff vor mir los, fuhr sehr langsam und stellte schließlich die Motoren ab, während der Leichter abscherte . Die Strömung trieb uns inzwischen in Richtung der *Balmuir*, des Schiffs, zu dem ich den Leichter bringen wollte, und jemand an Bord sang: „Hart Backbord, Kapitän, volle Kraft voraus." Eine Sekunde später wäre das mein Befehl gewesen. Tatsächlich aber kochte der Zorn über die Einmischung oder Unverschämtheit in mir hoch, und ich befahl: „Ruder fest, volle Kraft." Das hätte die Sache auch wieder in Ordnung gebracht, aber die Motoren waren ein wenig in der Mitte steckengeblieben, und die beiden Schiffe rollten aufeinander zu, wobei meine Steuerbord-Seitenboote es am Bug erfassten und bei der Berührung schwer beschädigt wurden.

Das war kurz nach dem Untergang der *Teuton*, und viele Leute hatten sich durch die Reise Nerven zugelegt, so dass neben dem Krachen der Boote auch das Geschrei der weiblichen Passagiere unangenehm anzuhören war. Sobald die Maschine in Gang kam, gab es keine Probleme mehr, und Kapitän Gibbs, der Kapitän der *Essex gewesen war*, als ich auf ihr war, und jetzt einen Dampfer namens *Clifton kommandierte*, ließ freundlicherweise ein Boot zu Wasser und kam längsseits, um zu fragen, ob er etwas für mich tun könne. Mir blieb nichts anderes übrig, als weiterzufahren, was ich auch tat. Natürlich musste Vergeltung folgen; sie kam in Form eines Briefes von Kapitän Dixon, dem ich den Vorfall natürlich gemeldet hatte. Als er mir eine Andeutung der Direktoren überbrachte, dass er in Zukunft ein „etwas plumpes Verhalten" vermeiden sollte, bedauerte er, dass ich, weil ich anderen Leuten geholfen hatte, ihn gezwungen hatte, mir persönlich einen solchen Brief zu schreiben. Er unterstrich das „plumpe Verhalten" jedoch bösartig und ich konnte mir seinen Gesichtsausdruck vorstellen, als er das tat. Er wusste genau, dass es bei mir die kalkulierte Wirkung haben würde, obwohl er sich durchaus darüber im Klaren war, dass es einfach nur Pech war. Es war jedoch nicht das einzige Mal in meiner Erfahrung, dass ein unzeitgemäßer Ratschlag zu einer Katastrophe führte, denn um die Worte von A. L. Gordon zu zitieren: „Nehmen Sie es freundlich auf." „Nein – das konnte ich nie."

Ungefähr zu dieser Zeit (Ende 1881) begann man, den Wert der Goldfelder von Transvaal zu entdecken. Das bedeutete viel, und Ende des Jahres verließ General Sir Evelyn Wood Natal mit einem Teil seines Stabes. Wenn ich mich recht erinnere, war er Vizegouverneur von Natal gewesen. Es gibt ein oder zwei Vorfälle in Zusammenhang mit dieser Angelegenheit, die ich hier ebenfalls protokollieren möchte.

Die Barre in Natal war eine sehr unsichere Größe. Der Kanal war zeitweise ziemlich gut, da praktisch immer kleinere Hafenarbeiten stattfanden, aber es gab Zeiten, da war er sehr schlecht und sehr flach. Als ich erfuhr, dass Sir Evelyn mich bis zur Delagoa-Bucht begleiten würde, beschloss ich, ihn so willkommen wie möglich zu heißen und ihm alle Aufmerksamkeit zu schenken, die ich konnte, obwohl ich nicht die Ehre gehabt hatte , ihn kennenzulernen. In Durban sollte ein Abschiedstanz stattfinden, bei dem er sich verabschieden würde, da er bereits im Alexandra Hotel am Point Quartier bezogen hatte. Ich überlegte, dass es eine Menge Zeit und Mühe sparen würde, wenn er, anstatt vom Tanz zum Hotel zu gehen, direkt an Bord der *African kommen könnte* , da wir morgen bei Tagesanbruch abreisen sollten.

Also überredete ich den Kapitän unseres Schleppers, der *Union* , der vorher mit mir Bootsmann gewesen war, dazu, die Passage durch die Sandbank im Dunkeln zu nehmen, sobald die Gruppe an der Landspitze ankam. Außerdem gab ich meinem Vorgesetzten den Befehl, die Masttops und Rahs mit farbigen Lichtern zu beleuchten, wenn sich der Schlepper dem Schiff näherte. Ich hatte jedoch die Rechnung ohne meinen Gastgeber gemacht. Am Nachmittag ging ich an Land, und als ich an der Landspitze ankam, traf ich den General mit einem Offizier – ich glaube, es war Major Lane –, der mich ihm vorstellte und mich sofort zum Essen einlud. Ich erwiderte, ich hätte an Land keine Abendgarderobe, worauf er erwiderte, ich solle mir besser welche besorgen. Zu dieser Zeit lebte an der Landspitze ein ehemaliger Marineleutnant namens Woodruffe . Ich erinnere mich, dass er Flaggleutnant von Sir Harry Keppel in China gewesen war. Wir waren gute Freunde und hatten viel Nachtschwärmerei – und andere Dinge – zusammen verbracht, denn er war einer der nettesten Kerle, die ich je getroffen hatte, und jeder mochte ihn. Er wurde allgemein „Chummy" genannt, und wie es der Zufall wollte, war er ungefähr so groß wie ich. Ich wandte mich in meinem Dilemma an ihn und lieh mir seine Kleider, wobei er mir gegenüber seine Absicht, zum Tanz zu gehen, aufgab, sodass ich pünktlich zum Abendessen erschien, und als Antwort auf die Frage des Generals erzählte ich ihm, wie die Kleider beschafft wurden, was ihm offenbar zusagte. Wir hatten ein sehr nettes Abendessen, und ich erfuhr, warum sie *über* die Ostküste nach Hause fuhren, denn sie wollten sich Ägypten ansehen, da sie sehr an einem gewissen Major Kitchener interessiert waren, von dem sie alle sehr viel zu halten schienen. Der General sagte, er würde sich sehr freuen, auf dem Rückweg vom Ball an Bord zu gehen, und ich entschuldigte mich von der Teilnahme daran und ging, um die geliehenen Federn zurückzugeben und an Bord der *Union zu gehen*.

Hier holte mich Nemesis ein. Der letzte Mann, den ich dort erwartet hätte, war Kapitän Baynton. Nach allen Grundsätzen der Zivilisation hätte er seinen Abend gemütlich in seinem Haus am Ende der Bucht verbringen und sich der großzügigen Gastfreundschaft widmen sollen, für die er berühmt war, aber anscheinend hatte er auf irgendeine Weise Wind von meiner Absicht bekommen, die Sandbank im Dunkeln zu überqueren, und war entschlossen heruntergekommen, mich davon abzuhalten. Er eröffnete das Gespräch mit der Bemerkung, da der General bei Tageslicht ablegen würde, wolle er selbst an Bord der *Union schlafen*, damit ihm der Abschied leichter falle, als so früh zur Landspitze zu kommen. Vergeblich erklärte ich, dass die Sandbank bequem und sicher sei; sie hatte den alten grimmigen Blick und das steinerne Leuchten.

„Ja, geh und steck den General an die Bar, und ich werde wie ein verdammter Idiot aussehen. Du fängst nicht vor Tagesanbruch an." Und wir taten es auch nicht.

Auf dieser Überfahrt begleitete mich unter anderem der Reverend E. L. Berthon, der Erfinder der Boote, die seinen Namen tragen. Er war in vielerlei Hinsicht ein bemerkenswerter Mann. Obwohl er schon 69 Jahre alt war, war er noch flink wie eine Katze und sehr beunruhigt, weil ich ihn bei einer Bootsübung auf See nicht in das Clifford-Boot hinablassen wollte, nur um ihm zu zeigen, wie lange es dauert, einen Rettungsring einzuholen. Das Schiff fuhr bei frischer Brise gute 13 km/h. Ich erwähne diesen Vorfall, weil er sich spontan während eines Gesprächs mit ihm ereignete. Als ich in einem Brief an Kapitän Dixon nachsah, wie effizient die Arbeit auf dem Schiff war, stellte ich fest, dass das Boot mit dem Rettungsring in fünfeinhalb Minuten angebunden war.

In seinem Buch mit dem Titel *A Retrospect of Eight Decades* *erwähnt* Herr Berthon die Tage, die er an Bord der *African verbrachte*, äußerte sich aber nicht schmeichelhaft über die

Mannschaft. Ich schrieb ihm zu diesem Thema und erhielt einen Antwortbrief, in dem er erklärte, ich selbst hätte sie kollektiv als eine Horde Taxifahrer angesprochen, aber ich behaupte, dass sich ein Mann Freiheiten mit seinen eigenen Sachen herausnehmen kann, zu denen andere Leute kein Recht haben.

Der General und Major Fraser kamen bei Tagesanbruch mit mir an Bord, und am nächsten Tag landeten sie ordnungsgemäß in der Bucht von Delagoa, wo sie auf einen anderen Postdampfer umsteigen sollten, und am Weihnachtstag 1881 brachen wir wieder nach Natal auf. An diesem Abend erlebten wir eine sehr bemerkenswerte Demonstration elektrischer Phänomene, wie ich sie noch nie zuvor gesehen hatte . Wir waren bei schönem Wind und mit gesetzten Segeln die Küste entlanggefahren, aber als die Dämmerung hereinbrach, zogen sich vor uns schwere Wolken zusammen, und da ein Winddreher unmittelbar bevorzustehen schien, holte ich alle Segel ein und drängte die Männer ein wenig, um sie schnell zu verstauen. (Dies war die Angelegenheit, auf die Berthon hingewiesen hatte.) Kaum war dies erledigt, als der Wind mit voller Wucht auf uns zukam und der Regen in Strömen niederprasselte, begleitet von einem schönen Schauspiel echter südafrikanischer Blitze. Gleichzeitig gab es einen Regen von Korpsanten, und Masttops, Rahen und Stage waren dicht damit bedeckt. Der Effekt war äußerst seltsam, und obwohl das Phänomen oft als weit verbreitet beschrieben wird, kann ich mich nicht erinnern, es öfter als zweimal in nennenswertem Ausmaß gesehen zu haben. Dieser Sturm dauerte etwa eine Stunde, danach klarte das Wetter auf.

Nach etwa acht Monaten dieser Küstenfahrt wurden wir nach Hause beordert, da wir eine defekte Kurbelwelle hatten, worüber ich, wenn es wünschenswert wäre, eine Moral anführen könnte, aber da wir Southampton ohne Zwischenfall erreichten, ist es besser, Vergangenes vergangen sein zu lassen . Meine Verbindung mit der *African* wurde erst im März 1883 abgebrochen, aber die vorangegangenen zwölf Monate waren für mich von erheblichem Interesse. Ich heiratete zum zweiten Mal am Kap, und alle Schiffe im Hafen zeigten so viele Flaggen wie sie besaßen, wobei Mr. Curries Schiffsdekoration die Unionsflagge an der Ehrenstelle trug . Meine Vorgesetzten gaben mir auch die Erlaubnis, meine Frau auf der *African nach Hause zu bringen* ; für diesen Gefallen hoffe ich, dankbar genug zu sein, und da wir jetzt regelmäßig nach Hamburg fuhren, um Ladung für das Kap aufzunehmen, hatte ich Mr. Mercer für mehr als einen ähnlichen Gefallen auf dieser Kontinentalreise zu danken. Aber die Zeit kam, als ich auf einen Junior auf einem besseren Schiff als meinem traf, und ich wechselte auf die *Nubian*.

Sie war ein viel größeres Schiff als mein letztes, aber es gab keinen großen Unterschied in der Geschwindigkeit. Sie hatte jedoch zwei Schornsteine und die Kapitänskajüte befand sich zwischen ihnen, was bei heißem Wetter nicht gerade angenehm war. Im Großen und Ganzen war sie ein schönes, komfortables Schiff. Wir brachten neben unserer anderen Ladung auch Waffen und Vorräte nach Simon's Bay, und unter unseren Passagieren befanden sich Kapitän Warton (berühmt im Cricket) und eine sehr charmante Dame aus der Theaterbranche, über deren flachsblonde Locken ich gerne eine Geschichte erzählen würde. Aber man könnte sagen, sie war wie eine Frau aus einer beträchtlichen Tortur siegreich hervorgegangen, also lassen wir es dabei bewenden.

Ich wurde beauftragt, Versuche zum Kohleverbrauch durchzuführen, und das tat ich nach bestem Wissen und Gewissen. Die Überfahrt verlief ohne besondere Vorkommnisse, und schließlich verließen wir Kapstadt mittags für die Fahrt nach Simons Town. Einige Leute hatten für die etwa vierstündige Überfahrt eine Passage bekommen, und ich erinnere mich, dass ich mit dem Schiff bis ins Bellows Rock hineinfuhr. Das war natürlich risikolos, aber bei großen Schiffen war es nicht üblich. Wir fanden einen schönen Ankerplatz in unmittelbarer Nähe der HMS *Boadicea*, dem Flaggschiff von Admiral Sir Nowell Salmon, VC usw., dem Oberbefehlshaber der Kapstation, von dem ich ebenso wie von seinen Offizieren die größte Freundlichkeit und Höflichkeit erfuhr. Sir Nowell erlaubte jedoch keine Sonntagsarbeit, und das verzögerte uns ein wenig, aber der Aufenthalt war recht angenehm.

Zur rechten Zeit erreichten wir die Bucht von Algoa, wo die „Mexico", unser neuestes Schiff (damals auf ihrer ersten Reise), vor Anker lag. Das Kommando übernahm der Kommodore der Flotte, Kapitän Coxwell, der zu dieser Zeit unwohl an Bord lag. Ich sollte erwähnen, dass meine blonde Passagierin noch an Bord war und Kurs auf Natal nahm. Eines Abends nach dem Abendessen begann der Wind aus Südosten aufzufrischen, und es herrschte eine heftige See. Coxwell schickte mir eine Nachricht mit der Bitte, ich käme zu ihm rüber, er hätte ihm etwas Besonderes zu sagen. Das tat ich und nahm sie, dem Wunsch der oben erwähnten Dame entsprechend, wenn auch gegen meinen Wunsch, mit. Wir erreichten die „*Mexico*" gut, der Wind frischte die ganze Zeit auf, aber als es Zeit zur Rückfahrt war, war die See stark, und es wäre klug gewesen, dort über Nacht zu bleiben. Mein Passagier wollte jedoch nicht darauf hören, nahm mich beiseite und sagte: „Wenn ich bei dem Versuch ertrinke, müssen Sie mich heute Nacht zurückbringen, denn ich habe morgen keine Kreide, um meine Augenbrauen zu schminken." Wir gaben dieser *höheren Gewalt nach, stießen ab und gelangten nach einer beträchtlichen Spritztour wieder sicher an Bord meines eigenen Schiffes. Ich war froh, die Mexican* gesehen zu haben . Sie war damals das letzte Wort in Sachen schöner Schiffe auf der Kaproute, und es erfüllte mich mit Sehnsucht, Kapitän eines so großartigen Schiffes zu sein.

Wir machten eine ordentliche Heimreise und stellten bei unserer Ankunft in Southampton fest, dass Kapitän Coxwell invalide geworden und das Kommando über die *Mexican* vakant war. Noch besser war, dass niemand zu Hause war, der über mir stand, und es dauerte nicht lange, bis ich einen Hinweis darauf bekam, dass meine Chancen rosig waren. Tatsächlich bekam ich das Kommando und konnte kaum an mein eigenes Glück glauben. Das Schiff war eine Schönheit. Es war zwar nur am Fockmast mit Rahsegeln bespannt, aber die untere Rah war 97 Fuß lang, und das reichte aus, um eine nicht unerhebliche quadratische Segelfläche zu erzeugen — tatsächlich hatte das Marssegel vier Reffs. Im Vergleich zu den Schiffen von heute mochte es nicht besonders vorteilhaft wirken, aber es war wunderbar ausgestattet und was die Handhabung unter Dampf anging, war es ein Traum der Freude. Obwohl es nur ein Einschraubenschiff war, war seine Wendefähigkeit wunderbar , und ich nutzte sie in vollem Umfang aus. John Tyson war Erster Offizier. Er ist jetzt einer der ranghöchsten Kapitäne der Union-Castle-Linie, und es geht mir wirklich gegen den Strich, diese Worte zu schreiben, denn es scheint mir, dass die Union Company von dem Neuankömmling absorbiert wird und ihre alte Identität verloren geht. Ich konnte nie die Notwendigkeit der Fusion erkennen und finde es einen traurigen Tag, als die Flagge der alten Company mit der der Castle-Linie verschmolz. Meine

Klage ist rein sentimental und hat natürlich nicht das geringste Gewicht in einer Zeit, in der Kommerz von größter Bedeutung ist, aber ich denke, dass man auf lange Sicht feststellen wird, dass die Strafe dem Verbrechen angemessen ist, denn es gibt keinen Fall, in dem es *einer* großen Company gelungen wäre, einen Postdienst aufrechtzuerhalten, der aus öffentlichen Gründen von zweien geteilt werden sollte. Als Chefingenieur gab es Charles Du Santoy , als den es auf See nur wenige bessere Männer gab. Wir waren Schiffskameraden auf der alten *Roman gewesen* , und daher war ich mit allem sehr zufrieden. Am Tag unserer Abreise aus Southampton versammelten sich meine Freunde, um das Schiff zu verabschieden und uns Glück zu wünschen. Da es sich um das Spitzenschiff der Linie handelte, waren wir natürlich voller Passagiere, und es war eine sehr nette Gesellschaft, aber auf dem Weg nach Madeira rollte das Schiff so stark, dass es sich gewissermaßen blamierte. Es gab zwar eine Seitendünung, aber es war schlecht verstaut und hatte eine zu große metazentrische Höhe. Es war eine Menge Zement, die ziemlich tief im Schiff ausgebracht worden war, die es bei dieser Gelegenheit schlecht verhalten ließ. Um zu zeigen, wie sich Schiffe durch ihre Behandlung beeinflussen lassen, möchte ich erwähnen, dass auf der Heimfahrt ein alter Herr auf mich zukam (es war William Acutt aus Natal, er wurde allgemein Onkel William genannt). „Das ist ein komisches Schiff, Kapitän", sagte er; „wenn ich meine Kabinentür loslasse, schlägt sie nicht zu", denn es bewegte sich kaum.

Es war eine herrliche Überfahrt von Madeira nach draußen. Das Wetter war schön, die Passagiere waren zufrieden und glücklich, und insgesamt waren wir traurig, als wir das Kap erreichten und jeder seiner Wege ging. Auf der vorherigen Reise hatte es einige Diskussionen darüber gegeben, ob das Schiff in der Koje der Gesellschaft liegen konnte oder ob es nicht zu groß dafür war. Es gab nur eine Möglichkeit, dies zu regeln, und zwar, es dort anzulegen und es zu versuchen. Das tat ich, und ich erinnere mich, dass es in den Kapzeitungen einige schmeichelhafte Hinweise zu der Transaktion gab. Wir fuhren damals die Küste hinauf bis nach East London und hatten viel Glück beim Loswerden unserer Ladung. Ich profitierte sehr vom Studium einer kleinen Arbeit über das südafrikanische Küstenwetter von meinem Freund Captain Hepworth, der einen wunderbaren Einblick in dieses Thema gewonnen hatte. Zu wissen, wie das Wetter an dieser Küste wahrscheinlich sein wird, ist kein geringer Vorteil beim

Einlegen eines Ankerplatzes. Außerdem wurde mir klar, dass Harry Escombe mit seinen Bemerkungen mehr als recht hatte und dass man, um mit der Zeit Schritt zu halten, nicht auf seinen Rudern ruhen konnte, sondern ständig nach Wissen suchen und es sich aneignen musste. Auf dem Weg zurück nach Algoa Bay sparte ich dank meiner alten Küstenkenntnisse einige Meilen, denn die Zeit war knapp, um das Tageslicht zu retten. Sie machte vierzehn Knoten und ich glitt mit glücklichen Ergebnissen in die Nähe von Bird Island.

HMS *Boadicea* war dort und wir nahmen unsere alte Bekanntschaft wieder auf, aber als der Tag der Abfahrt kam, äußerte Admiral Salmon den Wunsch, dass wir nicht vor Mitternacht abreisen sollten, da ein Ball stattfinden sollte und eine junge Freundin von ihm etwas davon sehen wollte. Er versprach, sie bis Mitternacht an Bord zu bringen, da die Kapitäne von Postdampfern nur wie „so viele zahme Katzen" seien, und da der Agent einverstanden war, blieben wir bis zu dieser Stunde und brachen dann zum Kap auf. In den frühen Morgenstunden hatten wir jedoch einen Unfall. Der Riemen des Hochdruckexzenters wurde heiß und verfing sich an der Scheibe, was zu einem Zusammenbruch führte, der noch viel schlimmer hätte sein können. Dies war jedoch nur einer dieser Fälle, in denen mein Chefingenieur in Höchstform war. Er hängte das Ende des Glieds mit einem Stück Kette und einer Schraube auf, um die richtige Länge einzustellen, und war in kurzer Zeit bereit, weiterzufahren, war aber unter keinen Umständen bereit, die Maschinen nach achtern zu drehen. Wir erreichten am nächsten Abend die Tafelbucht, mussten uns aber sehr vorsichtig anschleichen, um den Anker zu werfen. Wir bekamen Besuch vom Ufer und es wurden Vorkehrungen zur Reparatur der Schäden getroffen. Wir blieben in der Bucht, bis sie abgeschlossen waren. Das war furchtbar; es bedeutete Verzögerungen beim endgültigen Beladen und Kohlen und bedeutete auch, dass am Abfahrtstag alles in einem Chaos war. Ich ging zu Bett und dachte über die Angelegenheit nach. Der Tagesanbruch brachte einen dieser schönen, schönen Morgen, an denen es eine Freude ist, am Leben zu sein. Ich hatte die ganze Nacht Zeit gehabt, über das Problem nachzudenken, und hatte mich entschieden, was das Richtige zu tun war. Ich befahl Dampfschiff zu fahren und ließ John Tyson, meinen Chef, kommen. Zu ihm sagte ich: „Machen Sie den Heckanker zum Loslassen bereit (wir hatten einen Heck-Davit) und befestigen Sie das größte Tau, das wir haben, daran; sorgen Sie dafür, dass das Tau zu den Pollern gebracht wird, damit es gewendet werden kann, und sagen Sie mir Bescheid, wenn es fertig ist." Zu gegebener Zeit war dies erledigt, und ich kürzte das Bugkabel und drehte das Schiff auf seinem Anker herum, bis es auf die Hafeneinfahrt zusteuerte. Da es jedoch etwas zu weit geschwungen war, bevor ich den Anker hatte, musste ich ihn wieder loslassen und die Operation wiederholen, diesmal mit Erfolg. Sobald die Nase des Schiffs in der Einfahrt war, ließ ich den Heckanker los, und indem wir am Trosse drehten und uns wie erforderlich festhielten, erreichten wir unseren Liegeplatz ohne die geringsten Probleme oder Schäden. Ich hätte jedoch den Heckanker an einem Bojen befestigen sollen, da es einige Mühe machte, zu dem Boot zu gelangen, das ihn aufnahm. Jetzt lief alles wie am Schnürchen, und wir waren blitzblank, als der Tag der Abfahrt kam. Ich glaube, die Entwicklung, die ich durchgeführt hatte, wurde von den zuständigen Mächten als etwas riskant angesehen, aber da alles gut ging, wurde mir nichts gesagt. Die *Cape Times* kommentierte dies jedoch mit dem Hinweis, dass dies ihres Wissens das dritte Mal in der Geschichte sei, dass so etwas passiert sei. Die anderen beiden Fälle waren der Schiffbruch des heiligen Paulus und Admiral Lord Nelson in der Schlacht am Nil! Wir hatten eine sehr schöne Heimreise, die etwas mehr als 18 Tage dauerte. Es war kein Rekord, aber doch fast . In meinem Bücherregal stehen jetzt einige sehr schöne Erinnerungsstücke an freundliche Seelen, die dazu beigetragen haben, dass ich eine wunderbare und unvergessliche Reise hatte.

Ich komme zu dem Schluss, dass man seinen Vorgesetzten zu viel sagen kann, wenn man nicht überdeutlich macht, was man sagen will. Ich wurde nach der Ursache des übermäßigen Rollens auf der Hinfahrt gefragt, über das einige der Passagiere nach Hause geschrieben hatten, und versuchte zu erklären, dass ein Schiff mit großer Breite, wenn es zu rollen beginnt, natürlich einen großen Bogen durchläuft und dass die Leute es deshalb stärker spüren. Dies wurde als Kritik meinerseits am Bau des Schiffes ausgelegt, was mir nichts ferner lag, und man sagte mir später, dass es mir nichts genützt habe, als die Frage aufkam, ob ich das Schiff einem älteren Mann überlassen sollte. Von solchen Unfällen, wenn es so etwas gibt, hängen menschliche Schicksale ab. Wir hatten eine sehr schöne Zeit in Southampton. Ich konnte meine Vormittage mit Übungen auf der alten *Trincomalee verbringen* , und eines Nachmittags gewann ich erfolgreich den Preis für alle Teilnehmer beim Hampshire-Gewehrschießen. Das bereitete mir große Freude, denn die Freiwilligen waren sehr wütend, als sie von einem Matrosen geschlagen wurden.

Auf der nächsten Überfahrt machten wir in St. Helena Halt, und ich hatte zum ersten Mal Gelegenheit, Longwood zu besuchen. Es war ein Morgen, den ich nie vergessen werde. Als wir das Hochland erreichten, war das Wetter neblig und es nieselte, und ich konnte den Gedanken an die Qualen, die es für diesen großen Meister gewesen sein musste, der seine Tage an diesem wettergepeitschten Ort beendete, nicht vermeiden. Das Haus, in dem er gelebt hatte, machte auf mich den Eindruck, als sei es erst vor kurzem verlassen worden, und die Büste des Großen Kaisers von Thorswalden schien den Ort mit seiner Persönlichkeit zu beherrschen. Kein Kunstwerk, das ich je gesehen habe, hat mich so beeindruckt wie dieses, denn die Erhabenheit des Gesichts ist höchst imposant und sicherlich in Marmor nicht zu übertreffen. So sehr man sich diesem Gefühl auch widersetzen mag, der Ort selbst schien von dem Wesen des mächtigen Geistes durchdrungen zu sein, der aus diesen bescheidenen Mauern hervorströmte.

Auf der Hinfahrt gab es nichts mehr zu sagen. Es waren viele nette Leute da und mehrere Sportler, die alle möglichen Sportarten und Freizeitbeschäftigungen organisierten. Ich erinnere mich an einen bemerkenswerten Boxkampf. Im letzten Kampf trafen ein großer Blauhelm und ein kleiner, federleichter Mann aufeinander, was an die Begegnung zwischen David und Goliath erinnerte. Als das Startsignal gegeben wurde, stürzte sich der kleine Kerl auf ihn und riss eine Menge los, und das mit außerordentlicher Straflosigkeit, denn der große Kerl hätte ihn umhauen können, wenn er nach Hause gekommen wäre. Als der Kampf vorbei war, verlieh der Schiedsrichter, ein Militäroffizier mit nachgewiesenen Boxkenntnissen, dem großen Mann den Preis als bester Boxer, während der kleine Mann einen Preis als guter Kämpfer erhielt.

Auf der *Nubian* hatte ich einen Kompass, der sich auf vielen Reisen bewährt hatte. Auf der *Mexican* hatten wir einen der besten, aber wir fanden gerade erst heraus, wie man Sir Wm. Thompsons Kompass auf Änderungen des Breitengrads einstellt. Auf dieser Reise baute ich meinen in der Bucht von Algoa auseinander und stellte ihn mit Sternazimuten neu ein. Es war eine langwierige Operation, aber sie hat sich gelohnt, und niemand kann den Wert eines wirklich guten Kompasses schätzen, bis er sich durch Navigationsversuche mit einem mittelmäßigen Kompass gut eingearbeitet hat. Es gab noch eine andere Kleinigkeit, die durchaus erwähnt werden sollte. Die *Mexican* erschien uns allen immer als ein hell erleuchtetes Schiff, und Öllampen schienen alle Anforderungen zu erfüllen, aber sobald das elektrische Licht kam, fragten wir uns alle, wie wir es geschafft hatten, in diesem vergleichsweise halbdunklen Zustand zu überleben.

Wieder einmal in Kapstadt, auf dem Heimweg, warfen die kommenden Ereignisse ihre Schatten nicht vor mir, denn als ich sie in der bewährtesten „Angeber"-Manier aus dem Dock holte, dachte ich nicht, dass es das letzte Mal sein würde, dass ich das tun würde. Die Segeltage am Kap waren für die Postdampfer Festtage, an denen alle interessierten Männer kamen, um die Art und Weise zu kritisieren , wie die verschiedenen Schiffe gehandhabt wurden. Bei dieser besonderen Gelegenheit gelang es mir, meinen Ruf zu wahren, aber manchmal geht der Krug zu oft an den Brunnen, und ich fürchte, ich war, was die Jungs „ geil " nennen, in Bezug auf das, was ich mit diesem Schiff anfangen könnte. Alles in allem war dies einer der Tage meines Lebens, an denen ich mit mir selbst zufrieden war, und man kann anmerken, dass es nicht viele davon gab. Der Segeltag am Kap wurde einmal von Leigh gut beschrieben, der über Besucher im Allgemeinen sagte: „Sie kommen in Ballasttrimm an Bord und verlassen das Schiff mit einem Tiefgang von 27 Fuß am Heck."

Es gibt heute kaum etwas, das mir mehr Freude bereiten würde, als die alten Schauplätze noch einmal zu besuchen und zu sehen, wie die moderne Schule mit den großen Schiffen umgeht, die sie befehligt. Aber die ersten Unterhändler im Kapstadt-Dock hatten eine Menge Pionierarbeit zu leisten. Wir lernten im Laufe der Zeit dazu.

Meine wichtigste Erinnerung an diese letzte Heimreise ist, dass ich zum ersten Mal Clark Russells Romane kennenlernte und ihm bei meiner Ankunft in Southampton einen Brief schrieb, in dem ich meine Bewunderung für sie zum Ausdruck brachte, was zu einer bis heute andauernden Freundschaft führte. Es gibt nur wenige Menschen, die das Leben auf See so getreu dargestellt haben, wie es wirklich war. Sein „ *Wrack der Grosvenor*" ist einfach ein Wunderwerk des Realismus, dem meines Wissens nur ein einziges ebenbürtig ist – Danas „*Zwei Jahre vor dem Mast*".

Endlich kam der Hafen von Southampton, und ich war nicht sehr erfreut, als ich erfuhr, dass der Kommodore ohne Schiff zu Hause war und ich ihm Platz machen musste. Es hatte keinen Sinn, sich gegen den Stachel zu wehren; das Dienstalter war das Gesetz des Dienstes und musste eingehalten werden, also übergab ich den *Mexikaner* mit Bedauern an Ballard und schloss mich erneut der Armee der „Bereitschaftsleute" an.

Aber in Wirklichkeit war es viel schlimmer als nur die Einstellung der Besatzung. Ende 1883 war der Handel mit dem Kap in einer sehr schlechten Verfassung, und es war nicht möglich, alle Schiffe im Einsatz zu halten. Folglich begann sich die „rotten row" zu füllen, und viele Kapitäne und Offiziere an Land arbeiteten mit halbem Lohn. „Sparsamkeit und Einsparungen" wurde zum Schlagwort des Verwaltungsrats, und die Union Company war keineswegs die einzige, die ihre Sparpolitik damit begann, zu prüfen, wie viel sie möglicherweise bei der Bezahlung des Seepersonals einsparen könnte. Es gab eine beliebte Frage, die die Direktoren den Kapitänen häufig stellten. „Halten wir den Lohnunterschied zwischen dem Ersten Offizier und dem Kapitän nicht für zu groß?" und wir antworteten immer richtig und gewissenhaft mit „Nein", denn die Ersten Offiziere waren zufrieden damit, zu warten, bis sie an der Reihe waren, und die Kapitäne wussten ganz genau, dass, wenn es zu einer Nivellierung kommen sollte, diese nicht nach oben, sondern in die entgegengesetzte Richtung erfolgen würde. Doch schließlich kam der Schlag, denn die Firma nutzte die Indiskretion eines prominenten Vorgesetzten aus, für den der Lohn keine große Rolle spielte, und stellte ihn vor die Wahl, entweder einen neuen Vertrag mit geringerem Lohn zu unterzeichnen oder auf unbestimmte Zeit arbeitslos zu sein. Der betreffende Vorgesetzte war völlig überrascht und unterschrieb, ohne sich mit einem von uns zu beraten. Die Direktoren hatten es dann leicht, denn der Rest von uns hatte keine andere Wahl, als seinem Beispiel zu folgen. Ich erinnere mich jedoch, dass ich, als er aus dem Büro kam und mir erzählte, was er gerade getan hatte, Bemerkungen machte, die eine langjährige Freundschaft auf die Probe hätten stellen können.

Zu dieser Zeit waren viele unserer Zwischenschiffe bereits in der nordamerikanischen Handelsflotte im Einsatz, darunter auch die *Nubian* mit meinem alten Freund Jones als Kommandant. Sie waren für diese Handelsflotte in keiner Weise geeignet. Als Beispiel dafür, wie schwierig es ist, zwei Seeleute zu finden, die in jeder Situation die gleiche Meinung vertreten, möchte ich erwähnen, dass ich eines Abends während eines Abendessens zu Jones sagte, er sei der einzige Mann in meinem Bekanntenkreis, dessen Meinung ich in einer Frage der Seemannschaft folgen würde. Kurz darauf erzählte er mir, wie er bei schlechtem Wetter nach Holyhead gefahren war und beide Anker auf einmal losgelassen hatte, um das Schiff wieder hochzuziehen. Ich argumentierte sofort energisch, dass er damit völlig falsch lag, und wenn er heute noch am Leben wäre (was leider nicht der Fall ist), würde dieser Punkt zu einer endlosen Meinungsverschiedenheit führen.

Trincomalee eine gute Übungsstunde zu absolvieren , und ich nutzte sie voll aus. Das Ausbildungssystem für Offiziere, das damals galt, war jedoch nicht darauf ausgelegt, die besten Ergebnisse zu erzielen. Auf diesem Schiff war der Kommandant immer sehr darauf bedacht, alles Mögliche zu tun, um die Interessen der Offiziere bei der Übung zu fördern, aber die Waffen waren hoffnungslos veraltet, und tatsächlich wurde das Schiff kurz darauf durch ein moderneres Schiff ersetzt. Ich glaube, es war ungefähr zu dieser Zeit, als es mir gelang, den Offizieren ein vertrauliches Buch auszuleihen, aus dem sie nützliche Informationen entnehmen konnten.

Ich hatte es für notwendig befunden, Schritte zu unternehmen, um meine Beförderung in die Royal Naval Reserve zu bekommen, denn zu dieser Zeit wurde der Offiziersausbildung in dieser Truppe nur sehr wenig Aufmerksamkeit geschenkt. Admiral Sir Augustus Phillimore war der Admiral Superintendent, und mit ihm kam ich zu einem Gespräch, das ich in keiner Weise als zufriedenstellend empfand. Er teilte mir mit, dass er den Rang eines Sub-Lieutenants für den Kapitän eines Postdampfers für ausreichend hielt, und damit musste ich mich zufriedengeben, aber als Seine Königliche Hoheit, der verstorbene Herzog von Edinburgh Admiral Superintendent wurde, erneuerte ich meine schriftliche Bewerbung und erhielt umgehend den Rang eines Lieutenants.

Abgesehen davon war die Zeit keineswegs schwer für mich. Ich bekam zwar nur die Hälfte meines Gehalts, aber das war das Schlimmste, und zweifellos hätte ich bald ein anderes Kommando erhalten, aber es lässt sich nicht leugnen, dass der

Verlust des *Mexikaners* mich unzufrieden gemacht hatte, und diese Geisteshaltung ist nicht gesund.

Eines Morgens erhielt ich ein Rundschreiben von Kapitän Dixon, dem ein Brief vom Manager der New Zealand Shipping Co. beilag, in dem gefragt wurde, ob sich jemand aus dem Personal der Union Company für das Kommando ihres neuen Schiffs, der *Ruapehu, bewerben wolle* . Ich hatte keine Lust, mich zu bewerben, und nachdem ich mit Kapitän Dixon gesprochen hatte, dachte ich nicht weiter über die Angelegenheit nach. Im Übrigen hörte ich die Namen der Kapitäne Leigh und Griffin im Zusammenhang mit dem Kommando erwähnt werden. Eines Morgens, ich glaube, es war Heiligabend, sah ich die beiden vor dem Kelways Hotel stehen und sich angeregt unterhalten, also ging ich zu ihnen und mischte mich ins Gespräch ein. Natürlich fragte ich: „Was ist mit dem neuseeländischen Schiff?"

Man antwortete mir, dass beide das Kommando angenommen und beide wieder abgegeben hätten. Ich fragte nach dem Grund und erfuhr, dass sie es missbilligten, in Regionen zu fahren, in denen man auf Eis stoßen könnte, und dass keiner von ihnen auf der Heimreise die Durchquerung der Magellanstraße in Betracht ziehen wollte. Nun, das war sehr absurd von mir, aber ich sagte, da das Schiff am 12. Januar ablegen sollte, hätten sie das Spiel mit der neuseeländischen Gesellschaft nicht gespielt, und außerdem stehe die Ehre der Gesellschaft auf dem Spiel. Ich ging sofort zum Telegrafenamt und schickte ein Telegramm mit dem Angebot, das Schiff für sie zu übernehmen. Ich erhielt sofort eine Antwort, in der ich gebeten wurde, so bald wie möglich in die Stadt zu fahren und sie zu besuchen.

Als ich an diesem Tag nach Hause kam, wurde meine Aktion nicht unbedingt gebilligt, sie wurde sogar stark missbilligt, aber die Würfel waren gefallen und das war das Ende. Am nächsten Tag ging ich in die Stadt; es muss Weihnachten gewesen sein, denn die Straßen Londons waren menschenleer und das Büro der Gesellschaft war nur für mich geöffnet. Der Londoner Manager brachte mich ins West End, um den Generaldirektor, Mr. Coster , zu treffen , und bevor ich mich umdrehen konnte, hatte ich versprochen, nach Glasgow zu fahren und das Schiff nach London zu bringen. Ich muss sagen, dass meine neuen Arbeitgeber sehr nette Leute waren und den starken Wunsch zeigten, meinen Wünschen auf jede erdenkliche Weise nachzukommen, aber es war ein trauriger Moment für mich, als ich auf die Straße hinaustrat und erkannte , dass ich nicht mehr unter der Flagge der Union Company segeln würde und dass meine liebsten Verbindungen abgebrochen werden würden. Ich betrachtete es, und zu Recht, als das Aufschlagen einer neuen Seite im Buch des Lebens, die ich noch nicht hatte lesen können, aber das Einzige war, das Vorhaben durchzuziehen und das Beste daraus zu machen; Ich kehrte also nach Southampton zurück, verbrachte den Rest des Weihnachtstages wie üblich und sah mich am nächsten Abend in der Kurzpost nach Glasgow.

Ich fand das Schiff am Ende der Böschung vor Greenock, und es sah gut genug aus, um mir zu gefallen; aber sobald ich an Bord ging, war klar, dass es für eine so lange Fahrt zu klein war, um sich zu lohnen. Ich lag damit allerdings nicht ganz richtig, denn ich war damals mit dem Handel mit gefrorenem Fleisch und seinen Möglichkeiten noch nicht vertraut. Als Ersten Offizier fand ich einen Mann von der Union Company, und dort auch andere aus derselben Quelle, so dass ich mich nicht inmitten von Fremden befand. Das Schiff war in jeder Hinsicht gut ausgerüstet, und es hatte, was damals selbst bei Schiffen erster Klasse selten war, eine elektrische Lichtanlage. Es gab zwei Dynamos, aber von Anfang an machten sie erhebliche Probleme. Dennoch hatte Fairfield bei der Fertigstellung des Schiffes sehr freie Hand gehabt, und diese namhafte Werft machte nicht oft Fehler.

Am 28. kamen der Manager und andere aus London und wir machten einen kurzen Probelauf. Bei dieser Gelegenheit traf ich zum ersten Mal Mr. Pearce, später Sir William, der das Schiff gebaut hatte. Wir waren, glaube ich, beide Seiten zufrieden. Das Schiff dampfte gut, und am nächsten Tag brachen wir nach London auf und erreichten Gravesend am letzten Tag des Jahres, wo wir die Nacht verbrachten. In den frühen Morgenstunden verfing sich ein kleiner Dampfer mit einem seiner Achterstagen an unserem Bugspriet und riss seinen Großmast herunter, aber da er nicht anhielt, um eine Karte zu hinterlassen, und uns kein Schaden zugefügt wurde, weiß ich bis heute nicht, um welches Schiff es sich handelte. Ich weiß jedoch, dass der schottische Lotse, der uns herüberbrachte, und andere seiner Landsleute an Bord mir um Mitternacht einen Besuch abstatteten, um sicherzustellen, dass ich das neue Jahr gebührend begrüßte. Am nächsten Tag machten wir ordnungsgemäß im Royal Albert Dock fest.

Ich stellte von Anfang an fest, wie es nur natürlich war, dass es einen großen Unterschied zwischen meiner alten und der jetzigen Kompanie gab. Dort liefen die Dinge nach genau festgelegten Regeln, hier gab es überhaupt keine Regeln, und die Maschinen, die diese nachzeichnen sollten, waren kaum zu sehen. Meine allgemeinen Anweisungen lauteten, dass mein Schiff auf den Standard des besten Postdampfers gebracht werden sollte, und ich muss sagen, dass jede Empfehlung, die ich machte, die größte Beachtung fand; aber wenn man unter einer ziemlich konsequenten Disziplin gelebt hat, fühlt man den Verlust sehr stark. Unser Marine-Superintendent war Captain Underwood, der aus dem Personal der Union Company of New Zealand ausgewählt worden war, und ich fand ihn immer einen sehr netten Kollegen. Als leitender Ingenieur hatten wir Archibald Thompson, der dieselbe Position in meiner früheren Kompanie innegehabt hatte, was, wie man sehen wird, eine sehr starke Grundlage war. Die New Zealand Company hatte viele Jahre lang eine Linie von Segelschiffen zwischen London und Neuseeland betrieben. Sie hatte daher viele bewährte Offiziere in ihren Diensten, die vollkommen geeignet waren, Segelschiffe zu befehligen, denen es jedoch an jeglicher Dampfschiff-Kenntnis mangelte. Einige von ihnen wurden jedoch als zweite Offiziere auf den neuen Dampfschiffen eingesetzt und waren natürlich eher geneigt, die Neuankömmlinge als Eindringlinge zu betrachten. Als Mr. Coster und die neuseeländischen Direktoren beschlossen, mit Dampfschiffen zu beginnen, charterten sie Schiffe, um den Dienst aufzunehmen, bis ihre eigenen Schiffe gebaut werden konnten, darunter die *Ionic* und andere, die der White Star Line gehörten. Diese Schiffe waren mit Kühlkammern und -anlagen ausgestattet und wurden nach ihrer Freigabe durch die Gesellschaft von der Shaw Savill Co. gechartert, sodass die Leute der neuseeländischen Gesellschaft ihr Bestes getan hatten, um diese Schiffe populär zu machen , und die Opposition eine gewisse Belohnung für ihre Bemühungen erntete. Außerdem ließ es die White Star Line einsteigen, was kein unerheblicher Posten war. Einige Zeit zuvor hatte die Union Company die Möglichkeit gehabt, für diesen speziellen Verkehr ein Angebot abzugeben, aber ich glaube nicht, dass die Direktoren die Zukunft des Handels mit gefrorenem Fleisch vollständig begriffen hatten. Ich weiß, dass Kapitän

Dixon dies nicht besonders positiv aufgenommen hatte , aber es war eine große verpasste Chance. Tatsächlich standen wir hier einer Situation gegenüber, die der zwischen der Union Company und Donald Currie nicht unähnlich war, und man hätte vorhersagen können, dass die besten Geschäftsleute diesen Kampf gewinnen würden.

Im Büro erwartete mich ein herzlicher Empfang und eine dringende Einladung an meine Frau und mich, im Haus des Geschäftsführers, Herrn Strickland, zu übernachten. Beim Abendessen an diesem Abend hatten wir das Vergnügen, meinen alten Freund, den Reverend R. Fair, kennenzulernen, der meinem neuen Chef, wie ich erfuhr, mehr zu meiner Ehre erzählt hatte, als mir vielleicht zustand. Ein neues Schiff und eine neue Reise verdienen jedoch ein neues Kapitel.

KAPITEL X

„Während sie sich erhebt und auf dem Long Trail dahinjagt –
dem Trail, der immer neu ist!" – KIPLING.

NZS CO'S. „RUAPEHU" – Übersetzung

Die *Ruapehu* war ein schönes Schiff; sie hatte keine geraden
Linien, denn die Schiffsbauer am Clyde hatten voll und ganz
erkannt , dass man Schönheit mit Zweckmäßigkeit verbinden
konnte. Vielleicht erinnerte sie an die Denny-Schiffe der
frühen neuseeländischen Flotte, aber wie dem auch sei, der
Klipperbug war unverkennbar und das sichere
Erkennungszeichen eines Schiffes aus Fairfield. Ich kann nicht
behaupten, dass sie in irgendeiner Weise ideal war, aber sie war
für ihre Zeit ausgesprochen gut, wobei sie natürlich etwas
darunter litt, dass sie in Eile gebaut worden war. Da ich die
Mexican noch frisch im Gedächtnis hatte, war ich natürlich
geneigt, Vergleiche anzustellen, aber alles in allem fand ich
keinen großen Grund, mit den neuen Bedingungen
unzufrieden zu sein. Tatsächlich hatte ich, was das äußere
Erscheinungsbild betraf, allen Grund, auf mein neues
Kommando stolz zu sein. Sie war in vielerlei Hinsicht eine
Neuheit, unter anderem, weil sie elektrisch beleuchtet war, was

damals ein ziemlich außergewöhnlicher Vorteil war. Ein weiteres wichtiges Merkmal war die Gefrieranlage, die in Wirklichkeit die eigentliche *Existenzberechtigung* der gesamten Linie darstellte. Damals war man der Meinung – und ich bin mir nicht sicher, ob diese Ansicht heute noch weitgehend gilt –, dass der Wettbewerb um erstklassige Passagiere mit den Schiffen von P. & O. nicht erfolgreich fortgeführt werden könnte. Tatsache blieb jedoch, dass wir unsere Post *über* Hobart schneller in Melbourne anlanden konnten als die P. & O. Company, und diese Tatsache muss einen wichtigen Einfluss auf die Beschleunigung des australischen Postvertrags *über* den Kanal gehabt haben.

Unter der Mannschaft fand ich eine starke Verstärkung durch die Union Company, darunter einen ausgezeichneten Bootsmann und Quartiermeister, wofür ich sehr dankbar war; und ich nutzte die Gelegenheit, gleich im Hafen alle Leute zu versammeln, um genau zu sehen, was ich bekommen hatte. Dieser Schritt fand die große Zustimmung von Kapitän Underwood, der mich bei allen Maßnahmen, die ich zur Gewährleistung einer konsequenten Disziplin in der neuen Kompanie vorschlug, herzlich unterstützte. Zwei Schiffe waren meinem vorausgegangen, so dass man es als fairen Test betrachten konnte, wer das beste Ergebnis erzielen würde, aber ich hatte mich entschlossen, nach den alten Moden zu arbeiten, die in Southampton vorherrschten, und es ist nicht gerade einfach, irgendwelche Gewohnheiten, die anderswo vorherrschten, nach London zu bringen.

Es gab eine deutliche Neuheit auf der *Ruapehu* . Wir hatten sechs Fähnriche an Bord, oder besser gesagt „Lehrlinge der Kompanie", aber diese Praxis wurde nach mehreren Fahrten wieder eingestellt. Es war ein lobenswerter Versuch, der unvermeidlichen Nachfrage nach Möglichkeiten zur Ausbildung von Offizieren gerecht zu werden, aber es war ein wenig zu früh. Tatsächlich war die New Zealand Shipping Company von Anfang an für ihre fortschrittliche und aufgeklärte Politik bekannt und für ihr ständiges Bemühen , die neuesten Verbesserungen zu nutzen, die sich nach wissenschaftlichen Untersuchungen als nützlich erwiesen.

Unsere Passagierliste im Salon war nicht lang. Es waren etwa vierzig Leute, aber man muss gleich sagen, dass man auf keinem Schiff eine angenehmere Gruppe zusammengebracht hat. Wir machten in Plymouth Halt, um Post und Passagiere an Bord zu nehmen, und ich erhielt außerdem ein Telegramm vom Manager, in dem er mir mitteilte, dass ich mich nicht von der *Athenian am Kap überholen lassen sollte*; da wir dort aber nicht anlegten, muss das Telegramm unter einem Missverständnis abgeschickt worden sein, was mir leicht verständlich wurde, als ich mir überlegte, welcher Route wir folgen mussten, um auf dem kürzesten Weg nach Hobart anzukommen. Sich für eine zusammengesetzte Route zu entscheiden, ist keine leichte Sache, wenn die Anwendung des Großkreises möglich ist. In diesem speziellen Fall würde die Großkreisroute nach Hobart, wenn man Kap Verde als westlichsten Längengrad nimmt, irgendwo in der Nähe von St. Helena verlaufen, aber ihr zu folgen hätte bedeutet, direkt gegen das Herz des Südostpassats zu segeln, und ich wusste, dass das bei starkem Wind ein herzzerreißendes Unterfangen gewesen wäre. Ich beschloss daher, etwa 600 Meilen westlich des Kaps zu fahren. Dadurch wäre jede Möglichkeit, von Cape Point gemeldet zu werden, gänzlich ausgeschlossen, aber ich hoffte, dass ich dadurch schneller in die Region der „mutigen Westwinde" und auch in den Breitengrad gelangen würde, wo die tatsächlichen Entfernungen zwischen den Längengraden viel kürzer sind, denn nach den besten Ratschlägen, die ich damals erhalten konnte, war der 45. südliche Breitengrad ungefähr der beste Breitengrad, um den Ostkurs entlangzufahren. Auf späteren Reisen, als ich mehr Erfahrung hatte, war ich zu einer etwas anderen Meinung.

Als wir auf der Hinfahrt in Santa Cruz anlegten, hatten wir etwas Pech, denn Teneriffa hatte vor kurzem einen schweren Sturm aus Südosten heimgesucht, der die Kohlenanlage stark beeinträchtigt hatte. Ich hatte dort noch nie Kohle gelagert und fürchte sehr, dass ich mich bei unseren Agenten, den Brüdern Hamilton, sehr unattraktiv gemacht habe, denn ich gab alles und verglich ihre Vorgehensweise bei der Kohlenlagerung mit der auf Madeira, was Santa Cruz sehr verunglimpfte. Wie sich herausstellte, war es auch gut, dass ich sie ordentlich aufgerüttelt habe, obwohl ich weiß, dass es für beide Brüder eine schwere Prüfung gewesen sein muss, sich der Nörgelei zu widersetzen. Sie erkannten jedoch bald, dass sie ihre Anlage auf den neuesten Stand bringen mussten, wenn ihr Hafen seinen Anteil am neu wachsenden Handel abbekommen sollte, und das taten sie so schnell wie möglich. Unsere kleine Meinungsverschiedenheit hinterließ keine negativen Auswirkungen und war der Beginn einer angenehmen

Bekanntschaft, die nur durch das Unvermeidliche beendet wurde. Aber um zu beweisen, dass ich Grund zur Klage hatte, kostete es mich fünfzehn Stunden einer Überfahrt, von der ich wusste, dass sie an beiden Enden der Welt sorgfältig beobachtet wurde. Diese erste Überfahrt verlief absolut ereignislos. Ich kann mich an keine Unannehmlichkeiten erinnern, außer der Tatsache, dass wir nicht die erwarteten Westwinde hatten und keine Gelegenheit hatten, herauszufinden, was das Schiff bei starkem Gegenwind und gesetzten Segeln wirklich ausrichten konnte. Ich kann von starkem Wellengang sprechen, aber nur gelegentlich von einer Brise der Stärke 7, wobei die längste Tagesfahrt 328 Meilen betrug. Man muss jedoch bedenken, dass der Tag nur etwa dreiundzwanzigeinhalb Stunden dauerte, sodass die Durchschnittsgeschwindigkeit der Überfahrt 12,8 Knoten betrug. Damit erreichten wir Hobart am 21. Februar, und die Überfahrt war nicht so gut, wie wir gehofft hatten. Obwohl das Schiff nur für 12,5 Knoten gebaut war, erwartete man, dass es in der Praxis erheblich schneller sein würde, und das tat es tatsächlich.

Heutzutage darf einem die Dunkelheit nicht im Wege stehen. Wenn es keine Leuchttürme gibt, muss man ohne sie auskommen, wie all jene, die Hobart von Westen her anlegten. Es war eine üble Seefahrt, im Dunkeln auf dieses Land zuzusteuern, denn es gab mehrere Gefahren in der Umgebung, die ein Schiff sehr leicht ins Unglück stürzen konnten. Bei dieser Gelegenheit erreichte ich das Land um ein Uhr nachts und noch dazu in dunkler Nacht, aber als ich später sah, wie die Küste bei Tageslicht aussah, gefiel sie mir noch weniger. Andererseits ist die Küste, die zum Derwent River und aufwärts führt, wenn man erst einmal Land erreicht hat, außergewöhnlich schön, und viele Teile davon sind mit guten alten kentischen Namen geschmückt, die sehr deutlich den Ursprung einiger seiner ersten Siedler zeigen. Meine Anweisungen waren, das Schiff zu einem „Vorzeigeschiff" zu machen und den Stadtbewohnern Gastfreundschaft anzubieten. Also trafen wir nach dem Kohlenladen Vorbereitungen für ein großes Mittagessen, zu dem wir Regierungsmitglieder und die führenden Persönlichkeiten des Ortes einluden. Es war eine sehr erfolgreiche Veranstaltung, und als ich auf einen Toast antwortete, nutzte ich die Gelegenheit, darauf hinzuweisen, dass, wenn jemand auf einer zukünftigen Reise seine Frau oder Familie auf dem Weg nach

Hobart verlieren sollte, weil er an der Westküste Schiffbruch erlitt, weil er kein Licht hatte, er nicht sagen könnte, er sei nicht gewarnt worden. Die Worte mögen brutal gewesen sein, aber ich hatte ein tiefes Gefühl für die Sache und bin froh, sagen zu können, dass die Worte ankamen. Wir hatten eine sehr erfolgreiche und unterhaltsame Veranstaltung, die jeder zu schätzen wusste, und die guten Leute von Hobart hatten jede Gelegenheit, das zu sehen, was im Anweisungsschreiben des Managers als „mein edles Schiff" beschrieben wurde. Es ist vielleicht auch angebracht zu erwähnen, dass wir der Post aus Brindisi zuvorgekommen waren. Was eine schnelle Überfahrt nach Neuseeland anging, war viel Zeit verloren gegangen, zuerst in Santa Cruz und dann in Hobart, aber als der letzte unserer Gäste über Bord war, war keine Zeit verloren, und wir machten uns auf den Weg nach Auckland. Die Erinnerung an die Einfahrt in diesen Hafen ist noch heute sehr lebendig, denn obwohl ich als Junge einmal dort gewesen war, half mir das nicht dabei, ein Schiff in praktisch unbekannte Gewässer zu steuern. Auf der Überfahrt hatte ich natürlich meine Karten sorgfältig studiert und mir meine Erwartungen darüber gebildet, wie die verschiedenen Orte aussehen würden, und wie sich herausstellte, waren meine Vermutungen nicht sehr weit von der Wahrheit entfernt. Tatsächlich neige ich dazu zu glauben, dass man ein Schiff besser in den Hafen steuert, wenn man es anhand einer Karte lernt, als wenn man sich durch tatsächliche Besichtigung Ortskenntnisse aneignet. Ich habe später sogar auf der Kaproute festgestellt, dass es besser ist, bekannte Kurse beim Ein- oder Auslaufen in den Hafen zu steuern, als das Schiff nur nach Sicht zu steuern. Und hier machte ich ein sehr merkwürdiges Erlebnis, das meine Argumentation eher untermauerte. Ich steuerte vollkommen sichere, aber enge Kurse um verschiedene Ecken, passierte eine Insel in Richtung Hafeneinfahrt , woraufhin ich einen Lotsen aufnahm, der mir sagte, dass Schiffe diese Passage wegen der gefährlichen Stellen selten benutzten. Das war durchaus richtig, aber die Gefahren waren kartiert und stellten kein Hindernis für eine sichere Navigation dar, und eine Meile Abstand hilft oft dabei, eine Flut zu vermeiden oder bei Tageslicht einen Ankerplatz zu erreichen. Außerdem ist ein Schiff meiner Meinung nach viel sicherer, wenn es sorgfältig beobachtet wird, wie es in engen Gewässern der Fall sein muss, als wenn es ohnehin den breitesten Teil des Kanals nimmt. Ich möchte jedoch nicht dogmatisieren , sondern nur darauf hinweisen, dass es aus vielen Gründen wünschenswert ist, auch bei der Durchquerung gut bekannter Gewässer genau zu sein.

Hafens von Auckland braucht man kaum etwas zu sagen . Kipling hat in „Die sieben Meere" alles gesagt. Und so wie ich ihn an jenem Nachmittag sah, verdiente er sicherlich das Lob, das ihm zuteil wurde. Aber meine Gedanken wanderten zurück zu jenem anderen Nachmittag vor zwanzig Jahren, als ich unter völlig anderen Bedingungen dort gewesen war. In Gedanken sah ich wieder das wunderschöne Schiff *Tyburnia,* das im Schatten des wunderbaren Kraters Rangitoto ankerte , und den Hafen voll mit Transportschiffen aller Art, dominiert von der imposanten Präsenz der HMS *Miranda* . Und an genau derselben Koje in der Queen's Wharf , wo eines der kleinen *Alwynton* lag, lagen wir nun in dem schönsten Schiff, das je im Hafen gewesen war . Ich gebe zu, ein Gefühl des Stolzes empfunden zu haben, das jedoch leider nur von kurzer Dauer war.

Es wäre schwer gewesen, etwas an dem Empfang zu bemängeln, der dem Schiff und mir persönlich bereitet wurde. Vielleicht war das erste Gefühl der Verärgerung auf die Hartnäckigkeit der Zeitungsreporter zurückzuführen, denn so etwas hatten wir am Kap noch nicht erlebt, und ich war mir damals noch nicht darüber im Klaren , wie nützlich es ist, so viel Werbung wie möglich zu bekommen, was mir später klar geworden ist. Aber man wies mich sanft darauf hin, dass Interviews in diesem Land üblich seien und dass es wünschenswert sei, sich daran zu halten. Als ich das einmal verstanden hatte, gab es keinen weiteren Ärger.

Wieder einmal sollten wir ein Showschiff sein und viel Unterhaltung bieten, und die Direktoren der Gesellschaft kamen aus Christchurch, um die Sache richtig zu machen. Ich sah ihrer Ankunft ohne große Freude entgegen, denn Direktoren sind bestenfalls lästiges Vieh . Aber in diesem besonderen Fall sah ich mich einer so netten Gruppe von Männern gegenüber, wie man sie sich nur wünschen kann. Tatsächlich war der allgemeine Eindruck, den die Neuseeländer, die ich getroffen hatte, auf mich machten, dass sie insgesamt dem durchschnittlichen Kolonialisten, dem man normalerweise begegnete, weit überlegen waren. Tatsächlich war es leicht, eine beträchtliche Anzahl von Schülern aus der alten Heimat zu erkennen . Der Northern Club in Auckland hatte mir am Tag vor der Ankunft meiner Direktoren aus dem

Süden seine gastfreundlichen Türen geöffnet, und ich spielte eine Partie Billard mit einem überaus netten Kerl, den ich dort kennengelernt hatte. Sein Name war John Studholm , und am Ende unseres Spiels bemerkte er beiläufig, dass er einer der Direktoren der New Zealand Steamship Company sei. Ich bin froh, sagen zu können, dass dies der Beginn einer dauerhaften Freundschaft war.

Als ich meine Gruppe von Direktoren an Bord des Schiffes traf, waren sie alle sehr zufrieden mit dem, was sie sahen, denn ich glaube, auf einem oder zwei der früheren Schiffe waren sie bei der Auswahl der Mannschaft nicht ganz glücklich gewesen. Neuseeland war kein sehr geeigneter Ort für die Aufrechterhaltung einer guten Disziplin, wenn eine Mannschaft dazu neigte, ein wenig außer Kontrolle zu geraten, denn das demokratische Element war sehr stark ausgeprägt, und Jack nahm an, dass er genauso gut war wie sein Kapitän. Ich hatte jedoch im Großen und Ganzen das Glück, eine anständige Gruppe zusammenzubringen, und obwohl die Schiffsdisziplin so streng war, wie es mit ihrer ordnungsgemäßen Instandhaltung vereinbar war, war es uns gelungen, die Menge davon zu überzeugen, dass sie sich als Angehörige eines schicken Schiffes fühlen und sich entsprechend verhalten sollten. Eine durchschnittlich gute Mannschaft macht selten etwas falsch, wenn man sie genau so behandelt, wie man es mit einer Gruppe von Schuljungen tun würde; tatsächlich sind sie viel leichter zu handhaben. Ich hatte Gelegenheit, ein merkwürdiges Beispiel dieses Korpsgeistes zu *hören* . Eines Nachts lag das Postschiff *Alameda aus San Francisco* neben uns , und ich verließ im Dunkeln meine Kabine, um mich vor dem Schlafengehen abzukühlen. Unter mir hörte ich, wie einer meiner Männer mit einem der Männer des anderen Schiffs sprach, der fragte, wie schnell die *Ruapehu sei* . Mein Mann antwortete : „Oh, sie schafft locker 17, aber wir lassen sie auf dieser Reise nicht raus." Nach dieser Ausschweifung wäre es schwer gewesen, mich davon zu überzeugen, dass Jack nicht stolz auf sein Schiff war.

Es gab eine Sache, die ich an dem Schiff hasste, und das war die abscheuliche gelbe Farbe , mit der die Masten und Rahen bemalt waren. In London gab es andere Dinge zu tun, als auf seine Hässlichkeit hinzuweisen, aber jetzt bot sich eine gute Gelegenheit. Mr. Murray Aynsley war der Vorsitzende. Er hatte einen Bruder, einen berühmten Admiral im Dienst, und hatte selbst die Arbeit unserer Schiffe im Schwarzen Meer zur Zeit des Krimkriegs gesehen. Ihm als Autorität wies ich darauf hin, wie viel schöner es wäre, einen anderen Farbstil zu wählen , und wie viel schicker das Schiff aussehen würde. Meine Argumentation zeigte Wirkung, und ich erhielt die Erlaubnis, mein eigenes Urteil in der Angelegenheit zu fällen. Ich beauftragte meinen Chef sofort damit, sie in den am meisten anerkannten Stil der Union Company umzugestalten, und in sehr kurzer Zeit sah sie aus wie eine Yacht, mit Segelabdeckungen, oberen Rahen unten und in der unteren Takelage, und kein Seil war locker oder schief. Sie war ein Bild und eines, das es wert war, angesehen zu werden. Alle Schiffe der Company wurden später in ähnlicher Weise bemalt.

Schüchternheit oder übertriebene Bescheidenheit kann man unseren kolonialen Landsleuten nicht zuschreiben; sie schwärmten einfach bei jeder Gelegenheit über das Schiff, und kein Ort war ihnen heilig. Ich habe nie jemanden in meiner Koje angetroffen, aber es hätte mich nicht überrascht, wenn es so gewesen wäre, und ich fürchte, dass vielen Leuten die Strenge, mit der die Gänge bewacht wurden, nicht gefiel. Am ersten Sonntag war das Schiff für alle geöffnet, und manchmal war der Andrang so groß, dass wir den Zutritt verweigern mussten, bis durch die Ausreisenden Platz geschaffen wurde. Am Vortag hatte es ein „At Home"-Abendessen gegeben, das von der Jugend, den Reichen und der Schönheit Aucklands gut besucht worden war, und an einem Abend gaben wir ein Abendessen, zu dem alle Honoratioren der Kolonie eingeladen waren und das sehr gut besucht war. Es wurden einige Zweifel an der Fähigkeit des Schiffskochs geäußert, das Ganze durchzuführen, aber diese Skepsis war unbegründet, denn es war eine erstklassige Leistung und die Veranstaltung verlief gut. Ich musste sprechen, was ein wenig unangenehm war, aber ich glaube kaum, dass ich jemandem sehr auf die Füße getreten bin. Da das Schiff einige Zeit an der Küste bleiben sollte, hatte ich es nicht eilig, wegzukommen, und ich machte mehrere sehr nette Bekanntschaften. Eines Abends ging ich zu einer sogenannten hellseherischen Unterhaltung eines gewissen Professors, dessen Namen ich aus offensichtlichen Gründen nicht nennen werde. Es war eine kluge, beeindruckende und zugleich unheimliche Vorstellung, denn die Lichter schienen mir blau zu brennen, und wenn der Böse mit einem angemessenen Schwefelgeruch erschienen wäre, hätte dies perfekt zur Umgebung gepasst. Als es vorbei war, machte ich es mir zur Aufgabe, den Professor zu treffen und ihn zu bitten, am nächsten Tag mit mir zu Mittag zu essen, was er auch tat. Er war ein sehr netter Kerl, und als ich ihn bat, mir zu erzählen, wie seine Vorstellung gelaufen war, bemerkte er, das sei eine merkwürdige Bitte, aber wenn ich ihm Geheimhaltung verspreche, würde er sie erfüllen. Er tat es, mit dem Ergebnis, dass ich meinen eigenen Sinnen seitdem nie mehr ganz traue, aber er beharrte darauf, dass seine hypnotische Macht über seine Frau, die Teil der Show war, real und wirksam war.

Als der Tag der Abfahrt kam, versammelte sich eine große Menschenmenge am Kai, um uns zu verabschieden, und den Fotos nach müssen wir sehr gut ausgesehen haben, aber dann mussten wir feststellen, dass Kohle ebenso zählt wie das Aussehen. Die Direktoren fuhren mit mir die Küste entlang und wollten natürlich eine zügige Überfahrt nach Wellington machen. Wir hatten neuseeländische Kohle getankt; sie sagten, es sei Westport- und erstklassige Dampfkohle. Wie dem auch sei, unsere Leute waren nicht in der Lage, richtig Dampf zu erzeugen, und es herrschte eine beträchtliche Enttäuschung. Ich konnte jedoch die Logik bewiesener Tatsachen nicht in Frage stellen und musste das Beste aus einer schweren Enttäuschung machen. Ungefähr zu diesem Zeitpunkt fiel mir ein, dass der Maschinenraum einen größeren Teil meiner Gedanken einnehmen sollte als bisher – die Schiffsbesatzung war im Allgemeinen in Bestform und meine Vorgesetzten waren begeistert. Es scheint, dass sie neugierig waren, wie ein völlig Fremder sein Schiff nach Wellington bringen würde, und Murray Aynsley erzählte mir später, dass es ihnen gefiel. Wellington ist ein ganz einfacher Ort zum Einlaufen, aber bei Tageslicht sieht es nicht gut aus, denn die Riffe und Felsen am Eingang sehen hässlich aus, bis der Kanal geöffnet ist. Als Vorsichtsmaßnahme drosselte ich gleich am Eingang die Fahrt auf halbe Geschwindigkeit, aber ich kannte den Ort von der Karte so gut, dass er mir nicht das geringste Unbehagen bereitete. Als wir die Hafenmündung erreichten , kam ein Lotse, um das Schiff an den Kai zu bringen, und man muss zugeben, dass diese Männer in allen neuseeländischen Häfen ein wunderbares Geschick zeigten, große Schiffe aus eigener Kraft zu steuern. Insbesondere dieser Lotse aus Wellington war ein außerordentlich guter Mann.

Da die vorhergehenden Schiffe hier Vorzeigeschiffe gewesen waren, hatten wir eine verhältnismäßig ruhige Zeit. Die Frage nach guter oder schlechter Kohle kam auf, als wir unsere Bunker füllten, und ich fürchte, jeder mit einem weniger perfekten Temperament als Kapitän Rose, unser dortiger Manager, wäre ernsthaft verärgert über mich gewesen. Ich dachte, ich handelte im besten Interesse, aber mein Wissen war begrenzt. Etwa um diese Zeit ließ die Orient Company ihr Schiff, die *Austral,* an ihrem Liegeplatz im Hafen von Sydney versenken. Sie war zu dieser Zeit gerade dabei, Kohle zu laden, und da es Nacht war, war nur ein Warrant Officer für das Kommando zuständig. Ich war schon lange der Meinung, dass auf einem wertvollen Schiff immer ein Offizier Tag und Nacht Dienst haben sollte, und von diesem Zeitpunkt an wurde der dritte Offizier mit Zustimmung meiner Vorgesetzten von allen Arbeiten im Hafen entbunden, außer von der Schiffsaufsicht zwischen 21 Uhr und 5 Uhr morgens. Dies war in vielerlei Hinsicht ein ausgesprochen guter Schachzug; auf jeden Fall hatte er zur Folge, dass die Männer im Urlaub ruhig zurückkehrten und nicht die Aufmerksamkeit auf sich zogen. Von Wellington fuhren wir nach Dunedin, oder besser gesagt nach Port Chalmers, wie der Hafen damals hieß. Auch hier war eine Kostprobe des Mutes und der Energie der Kolonisten, die überall Häfen hatten. Sie waren gerade dabei, einen Kanal auszubaggern, über den große Schiffe Dunedin erreichen konnten, und hier ereilte mich ein Unglück. Der gesamte Vorderteil des Schiffes war als Kühlkammer für den Transport gefrorener Schafe eingerichtet. Wir hatten gerade damit begonnen, einige aufzunehmen, als plötzlich gemeldet wurde, dass der Gefriermotor kaputt war. Ein Experte wurde telegrafisch nach Christchurch gerufen, und er kam ordnungsgemäß, schüttelte den Kopf und sagte, man könne nichts tun, denn die Grundplatte des Motors sei gebrochen, und keine Versicherungsgesellschaft würde das Risiko einer gefrorenen Ladung mit einem geflickten Motor übernehmen. Es ist jetzt sinnlos, alles zu sagen, was ich zu der Sache dachte, aber ich glaubte, der Schaden hätte behoben werden können. Es wurde vereinbart, dass wir mit einer Stückgutladung und ohne gefrorenes Fleisch nach Hause gehen sollten. Da die Frachtkosten damals zwei Pence pro Pfund betrugen, handelte es sich hier offensichtlich um einen erheblichen Verlust, der, wie ich noch immer glaube, durch vorsätzliche Sachbeschädigung verursacht wurde.

Unser letzter Anlaufhafen war Lyttleton, der Seehafen von Christchurch, der Domstadt und der englischsten aller Städte

Neuseelands. Hier befand sich der Hauptsitz der Gesellschaft, und es galt als der Heimathafen der Gesellschaft. Ich kann mich damals nicht erinnern, ob wir das Wort Lyttleton oder London am Heck als unseren Heimathafen hatten, aber ich weiß, dass es kurz darauf einen Briefwechsel mit den Bauunternehmern zu diesem Thema gab.

Da wir weiterhin als Schauschiff auftraten und das Schiff aufgehalten wurde, um eine vollständige Passagierliste für die Heimfahrt sicherzustellen, hielt man es für wünschenswert, es ins Trockendock zu bringen , und es war sicherlich ein großer Vorteil, sauber für die Heimfahrt zu starten. Ich hielt es zu diesem Zeitpunkt für notwendig, die Zügel der Disziplin etwas straffer anzuziehen, und ordnete als äußeres und sichtbares Zeichen eine Musterung am Sonntagmorgen an. Diese wurde ordnungsgemäß durchgeführt, wie es auf See der Fall gewesen wäre, und ließ die Mürrer (hauptsächlich im Maschinenraum) glauben, ich hätte mehr Macht, als ich tatsächlich besaß. Aber der Plan funktionierte.

Wir veranstalteten einen wunderschönen Tanz an Bord, zu dem die Direktoren eingeladen hatten. Er war ein großer Erfolg und brachte eine große Anzahl bezaubernder Menschen zusammen. Als wir uns auf den Heimweg machten, glaube ich nicht, dass irgendetwas unerledigt geblieben wäre, was die Popularität des Schiffes hätte steigern können.

Die Frage, welche Route ich nach Hause nehmen sollte, bereitete mir erhebliche Schwierigkeiten. Ich war nicht im Geringsten schüchtern, Ratschläge anzunehmen, ja, ich suchte sie sogar, aber da ich wenig Erfahrung mit der Navigation in südlichen Breiten hatte und all die Geschichten im Kopf hatte, die ich über Eis und verwandte Themen gehört hatte, war ich natürlich bestrebt, das Richtige zu tun. Außerdem wusste ich, dass unsere beiden neuen Schiffe eine ausgezeichnete Überfahrt nach Rio gemacht hatten. Zufällig traf ich meinen alten Freund, Kapitän Gibbs, und von ihm bekam ich den Rat: „Hören Sie, was alle sagen, und wenn Sie wieder draußen sind, handeln Sie, wie Sie es für richtig halten", was mich genau dort zurückließ, wo ich war. Aber der allgemeine Eindruck, den ich hinterließ, war, auf dem Großkreiskurs bis zum 50. Breitengrad S zu kommen und dann auf diesem Breitengrad in Ostrichtung zu fahren. Ich führte den Plan ordnungsgemäß aus, soweit es mir die menschliche Ausdauer erlaubte (denn ich hatte damals noch nicht die praktischen Kenntnisse der Großkreisfahrt, die ich mir später aneignete), als ich es versuchte. Lassen Sie mich das erklären. Breite. 50° S wurde drei Tage von Lyttleton aus erreicht , und von dort war es eine angegebene Entfernung bis zum Kap Hoorn über eine Mercator-Linie. Aber diese Linie hat zwei Seiten – die Polarseite oder den Großkreis, die die Entfernung enorm verkürzt, und die Äquatorseite, die sie erheblich verlängert. Den Ostwinkel auf Breitengrad 50 zu verfolgen, hieß, dies auf der Äquatorseite der Mercator-Linie zu tun, und Fleisch und Blut waren dafür nicht stark genug. Ich versuchte es drei Tage lang mit ungefähr folgendem Ergebnis: Eine Strecke von sagen wir 320 Meilen, und in der Nähe meines Hafens nur sagen wir 280. Das ging nicht, also begab ich mich, Eis hin oder her, auf die Mercator-Strecke, und nachdem es mir gelungen war, meine Fahrt nach Rio zu vermasseln, sah ich kein Stück Eis und hatte auch sonst nicht die geringsten Probleme. Man muss jedoch zugeben, dass ein Fremder, der sich die Eiskarte ansieht, denken könnte, es gäbe so viele Eisberge wie Kartoffeln auf ihrem Beet. Er könnte geneigt sein, sein Wissen zu ignorieren, dass Segelschiffe Hunderte und Tausende von Reisen in hohen Breiten sicher unternommen hatten und dass das, was ein Mann geschafft hatte, auch ein anderer vollbringen konnte. Allerdings zahlten sowohl ich als auch die Gesellschaft für meinen Mangel an Erfahrung, obwohl wir beide langfristig davon profitierten. Es sollte auch gesagt werden, dass uns die Segel auf dieser Reise kaum halfen. Die Heimfahrt wurde nur durch schier endlose Dampffahrt bewältigt, was sehr dadurch erleichtert wurde, dass wir keinen Dampf bereitstellen mussten, um die eiskalte Maschine am Laufen zu halten. Wir verließen Lyttleton für die Heimfahrt voller Passagiere, und es wäre nicht schwer, alle Einzelheiten des Lebens an Bord zu schildern, wenn man aus dem *Ruapehu Satirist zitieren wollte* , einer Wochenzeitschrift, die mit beträchtlichem Interesse gelesen wurde. Ihr Herausgeber war eindeutig freiberuflich tätig und verschonte niemanden. Man kann allerdings sagen, dass man kaum übertreiben kann, wie viel Unheil ein paar Blätter Papier, ein wenig Tinte und eine lebhafte Fantasie anrichten können. Ich glaube, ich kann sagen, dass die meisten Bordzeitungen, mit denen ich in Berührung kam, kurzerhand verboten wurden.

Ich war ziemlich besorgt, das Land in der Nähe des Kap Hoorn zu erreichen, denn im Laufe der Tage wurde klar, dass wir nur bei schönem Wetter vor Einbruch der Dunkelheit etwas sehen würden. Das mag heute absurd erscheinen, aber wie ich es im

Dunkeln tat, auf einem engen Kurs in ein Land zu fahren, das ich noch nie gesehen hatte, war keine sehr angenehme Aufgabe. Es musste jedoch getan werden, und dies unterstreicht insbesondere meine früheren Bemerkungen, dass es wünschenswert sei, bei einer Überfahrt nie eine Meile oder eine Minute zu verlieren. Wie es der Zufall bei dieser Gelegenheit wollte, erreichten wir Ildefonso, das aussah wie eine Rauchfahne aus dem Schornstein eines Dampfschiffs, gerade als es dunkel wurde. Danach gab es keine weiteren Probleme und wir passierten gegen Mitternacht eine Meile südlich von Kap Hoorn. Es war kein Problem, seine Form anhand der groben Skizzen auf den Karten und in den Segelanweisungen zu erkennen . Wir fuhren durch die Meerenge von Le Maire und erreichten Rio ohne Zwischenfälle.

Sydney mag schön sein, Auckland ist es anerkanntermaßen auch, aber meiner Vorstellung nach ist Rio an Schönheit von keinem Ort, den ich je gesehen habe, übertroffen. Ich habe nicht vor, hier zu versuchen, es zu beschreiben, das übersteigt die Fähigkeiten eines gewöhnlichen Sterblichen, aber bis man den Sonnenaufgang im Hafen von Rio gesehen hat , musste man den schönsten Anblick der Welt noch erleben.

Natürlich gingen alle unsere Passagiere an Land, denn die Bekohlung sollte 24 Stunden dauern, und ich erinnere mich noch gut daran, wie ich in den frühen Morgenstunden eine sehr lebhafte Menschenmenge mitbrachte. Ich hatte sie in einem Café am Ende der Rua abgeholt. D'Orviedor , wo alle gut gelaunt zu sein schienen und die Engländer außerordentlich beliebt waren. Reue war, daran zweifle ich nicht, das vorherrschende Gefühl am nächsten Tag, denn Mixgetränke mit seltsamen und starken Tabaken können einem gewöhnlichen Hut am Morgen etwas schwer fallen .

Der Rest der Überfahrt war nicht so, dass er eines besonderen Kommentars bedurfte. Mein Versuch, dem Nordosthandel auszuweichen, war nicht so erfolgreich, wie ich es mir erhofft hatte; wir liefen um Mitternacht durch den Ankerplatz in Santa Cruz, machten so viel Lärm, dass man die Toten hätte wecken können, und hinterließen Einzelheiten in einer Art pyrotechnischer Waschwanne, damit man uns per Telegramm nach Hause melden konnte, und kamen schließlich in Plymouth an, nach einer Überfahrt, deren Fahrzeit 38 Tage, 8 Stunden und 37 Minuten betrug. Ich habe herausgefunden, dass beide Zeitungen aus Plymouth dies als die schnellste Überfahrt aller Zeiten bezeichnen, und aus irgendeinem Grund sorgte sie in London für Aufsehen, denn als wir in die Stadt kamen, traf ich meinen alten Freund Mr. Trapp, und er sagte: „Ist das Ihr Schiff, von dem wir alle sprechen?" Ich sagte „Ja". „Ich nehme an", bemerkte er , „Sie sind die ganze Nacht gefahren und haben in den Stunden der Dunkelheit nicht die Segel gehoben." Der alte Herr dachte wieder an die Gebräuche und Sitten aus der Zeit der Napoleonischen Kriege, als er Kaperfahrt gemacht hatte.

Wie dem auch sei, die Überfahrt war ein Erfolg; mein Chef hatte sie blitzblank und in der bewährtesten Southampton-Manier nach London gebracht. Sowohl der Vorsitzende als auch der Manager warteten an den Docks auf das Schiff und waren mit seinem Aussehen so zufrieden, dass sie die Farbe aller anderen Schiffe nach unserem Vorbild änderten. Im *Daily Telegraph* vom 17. Juni hatte Clark Russell einen Artikel über die Überfahrt. Es war in jeder Hinsicht eine gute Leistung, aber bis zu meinem Tod werde ich immer mit Bedauern darauf zurückblicken, denn hätte ich einen besseren Kurs nach Kap Hoorn gewählt, als ich es tat, wäre es vielleicht eine Überfahrt gewesen, die den Rekord für die kommenden Jahre gehalten hätte. Ich glaube jedoch, dass ich am Ende den Rekord für Überfahrten in beide Richtungen hielt.

Auf der nächsten Reise begleitete mich der Vorstandsvorsitzende der Gesellschaft, Mr. J. L. Coster , der auf seine Art ein Typus des aufstrebenden Neuseeländers war. Er war ein scharfsinniger, kluger Mann, der fest entschlossen war, alles, was er zu tun hatte, so gut wie möglich zu machen, und er war bis zum Äußersten mutig und ehrgeizig. Er hielt zu seinen Freunden und verabscheute seine Feinde mit tödlicher Feindschaft. Ich glaube, er war früher einmal Direktor der Bank of New Zealand gewesen, aber jetzt war er ganz sicher der führende Geist der Schifffahrtsgesellschaft und fest entschlossen, dass niemand ihnen ihre Vorherrschaft entreißen sollte . Ich hatte meinen Vorstandsvorsitzenden und andere, die mit der Gesellschaft in Verbindung standen, in London oft gesehen und freute mich auf eine sehr angenehme Überfahrt, denn Coster und ich kamen wirklich sehr gut miteinander aus.

Ungefähr zu der Zeit, als wir ablegen wollten, schickte die Shaw Savill Company den White Star-Dampfer *Coptic los* , an Bord als Passagier Sir Henry Loch, der Gouverneur von

Victoria, der in Hobart an Land gehen sollte. Es war die erste Fahrt der *Coptic* auf dieser Route, und für uns war sie eine unbekannte Größe, aber so viel wusste ich, dass es meine Aufgabe war, zuerst in Hobart anzukommen, obwohl sie drei Tage vor uns ablegte, und ich hatte vor, keine Mühen zu scheuen, um das zu erreichen. Doch das Schicksal schien uns nicht wohl zu stehen, und bescherte uns das schlimmste Wetter, das ich je erlebt habe. Die Fahrt nach Madeira verlief gut, aber wir verloren dort neun Stunden mit Kohlenholen. Wir verbrachten die Zeit sehr angenehm bei einer Fahrt ins Landesinnere und genossen die sprichwörtliche Gastfreundschaft der Familie Blandy in ihrer schönen Villa. Wir reisten vollgetankt mit Kohle und in der besten Stimmung ab.

African als Chefingenieur hatte und wusste, dass er, obwohl stur wie ein Maultier, ein erstklassiger Mann war und mich wahrscheinlich nicht mit unangenehmen Überraschungen beglücken würde. Tatsächlich war er eher sicher als brillant, und unter den besonderen Umständen hätte ich es nicht besser machen können, denn bei dieser Gelegenheit hatte ich mir bei der Auswahl meiner Mannschaft keine besondere Mühe gegeben, sondern es auf die übliche Weise erledigt. Als wir eines Tages südlich von Kap Verde waren, es war ein schöner Sonntagnachmittag, sahen wir einen Dampfer auf uns zukommen, und an seiner Takelage und der Position, in der er sich befand, erkannte ich, dass es die *Athenian* auf dem Heimweg war, deren Kapitän Warleigh war. Coster, der zu der Zeit bei mir war, bat mich, mit ihr zu sprechen und sie zu fragen, ob sie die *Coptic* gesehen hatte . Und wenn ja, wo; denn wenn wir diese Informationen hätten, könnten wir ziemlich gut einschätzen, wie hoch unsere relativen Geschwindigkeiten waren. Dementsprechend hissten wir ein Signal und forderten die *Athenian auf,* näher zu kommen, da sie sich an unserer Backbordseite befand, aber anstatt dies zu tun, scherte sie weiter ab. Um meinen Vorsitzenden nicht zu enttäuschen, steuerte ich über ihr Heck und kam an ihre Steuerbordseite, als ich zu meiner großen Überraschung feststellte, dass Warleigh seine Maschinen abgestellt hatte und sein Manöver uns ein gutes Stück näher brachte, als ich beabsichtigt hatte. Es war jedoch kein Schaden entstanden, und wir erhielten die Information, dass der *Kopte* 150 Meilen südlich des Western Breaker gesprochen hatte. Dies gab uns die gewünschten Informationen, und nachdem ich Warleigh dankte , gab ich volle Fahrt auf und nahm meinen Kurs wieder auf. Aber es gab etwas an der Sache, das mir nicht gefiel, wir waren einem Unfall zu nahe gekommen, als dass ich es gewollt hätte, und als ich Warleigh einige Fahrten später in Kapstadt traf, fragte ich ihn, warum er seine Maschinen abgestellt hatte. Ich darf sagen, es hatte eine Zeit lang eine leichte Abkühlung zwischen uns gegeben, wegen eines Missverständnisses, das nie hätte passieren dürfen. Er antwortete: „Ich dachte, Sie wollten mich umrunden, um Ihre überlegene Geschwindigkeit zu zeigen, und beschloss, dass ich anhalten würde, damit Sie es tun können." Der Gedanke, dass er mir eine solche Unhöflichkeit zugetraut hatte, verletzte mich ziemlich, und ich sagte ihm das auch, woraufhin wir das Kriegsbeil ein für alle Mal begruben.

Wir sollten nicht am Kap anlegen, also bestand keine Notwendigkeit, über die einzuschlagende Route zu diskutieren, da unten im Süden Wintermonate waren. Ich beschloss, weit nach Süden zu fahren und so viele Meilen wie möglich zu sparen, aber diesmal hatte ich die Rechnung ohne meinen Gastgeber gemacht. Ich hatte vorgehabt, südlich der Prinz-Edward-Inseln zu fahren, musste aber bei einem Südweststurm und sehr schwerer See umkehren. Hätte ich meinen Kurs gehalten, wäre ich nicht gut vorangekommen, das Schiff wäre wahrscheinlich beschädigt worden und das Leben der Passagiere wäre unerträglich gewesen. Die Karte, die ich auf dieser Reise benutzte, liegt vor mir, während ich dies schreibe. Wieder versuchte ich, südlich der Crozets vorbeizukommen und wieder musste ich umkehren und weglaufen. Als das Wetter gemäßigter wurde, versuchte ich erneut, nach Süden zu kommen, aber mein Vorsitzender, der meine Absicht erfuhr, bemerkte, ich sei ein hartnäckiger Mann und wenn ich in Schwierigkeiten geriet, könne ich von ihm keine Hilfe erwarten. Mit anderen Worten, er hatte genug von den hohen südlichen Breiten. Dessen bin ich mir sicher – das Wetter im Süden verläuft in Zyklen; In den ersten vier Jahren, in denen ich diese Route befuhr, war das Wetter häufig überdurchschnittlich schlecht, und meine Spuren auf der Karte erinnerten manchmal an die Hinterpfoten eines Hundes. Denn wenn ein Passagierschiff genügend Platz auf See hat, lohnt es sich meiner Meinung nach, ein paar Punkte oder so vom Kurs abzuweichen, wenn das Schiff dadurch besseres Wetter hat und bequem dahinfährt. Einige erfahrene Dampferkapitäne in dieser Branche waren der Meinung, dass ein einmal festgelegter Kurs nicht mehr verlassen werden sollte. Ich bleibe jedoch bei meiner Ansicht, dass es sich lohnt, das Schiff so leicht wie möglich über die See fahren zu lassen, und es erfordert auch kein Geschick, ein Schiff in Stücke zu reißen.

Ich fand eine Bemerkung meines Chefingenieurs ziemlich amüsant. Das Wetter war ziemlich schlecht und ich fragte ihn, wie es ihm gefiel. Er antwortete: „Für Segelschiffe ist das hier wohl in Ordnung, aber für Dampfschiffe ist es nichts." Natürlich erforderten die Motoren größte Sorgfalt, denn zeitweise rasten sie sehr schlecht. Wir hatten jedoch bei dieser Gelegenheit das Glück, einen wirklich schönen Sturm abzubekommen, und obwohl alles relativ ist, glaube ich nicht, dass es möglich gewesen wäre, dass er noch stärker hätte wehen können oder dass eine höhere See aufgekommen wäre.

Ich hatte die Angewohnheit, bei meiner Fahrt auf der Easting ein Riff in den Toppsegeln zu führen und Bramsegel darüber zu setzen. Das war das Überbleibsel einer alten Blackwall - Methode, die durch langjährige Erfahrung mit ganzen Toppsegeln entstanden war, die gezeigt hatten, dass sie bei wirklich schlechtem Wetter schwer zu handhaben waren. Man wollte selten reffen, solange der Wind günstig war, und wenn es aufgrund der Windstärke notwendig wurde, ging bei der Operation mehr Zeit verloren, als wenn die ganze Zeit ein einzelnes Riff drin gewesen wäre, denn bei den meisten Stürmen konnte ein gerefftes Toppsegel geführt werden, solange der Wind günstig war. Hinzu kam jedoch, dass Dampfschiffpassagiere keine Unruhe über dem Kopf mochten, wie sie durch die mühselige Arbeit des Segeltuchs in der Nacht verursacht werden würde, und alles in allem bin ich sicher, dass es in stürmischen Breiten ein guter Plan war, denn es lohnte sich nicht, Segeltuch in einem Dampfschiff wegzublasen. Bei dieser besonderen Gelegenheit waren wir in eine Phase ungewöhnlich schlechten Wetters geraten. Einige Tage lang hatte das Barometer einen stetigen Rückgang angezeigt, und am Morgen des 1. Juli 1884 um 8 Uhr stand es bei 27,94, bei einem heftigen Sturm aus WNW. Kurz nach 10 Uhr waren es 27,73, danach besserte sich das Wetter. Das Wetter schien am Tag zuvor so bedrohlich zu sein, und es wehte so stark, dass ich die Reffs einziehen ließ, mit einem Reff im Focksegel, sodass ich, als das Schlimmste kam, nichts anderes tun konnte, als auf der Brücke zu stehen und zu spekulieren, was als nächstes kommen würde, und dabei manchmal einer Schneemasse ausweichen musste, die häufig aus dem Bauch des Großmarssegels geweht wurde . Die ganze Zeit war man sich bewusst, dass wir auf Eis stoßen könnten, denn ein oder zwei Tage zuvor waren wir an Eisbergen vorbeigefahren. Im Kartenraum, den ich gelegentlich besuchte, konnte ich vor dem Aneroid stehen und den Zeiger rückwärts gehen sehen; tatsächlich habe ich jetzt noch die groben Bleistiftnotizen, die ich von Zeit zu Zeit von diesem für mich neuen Erlebnis gemacht habe.

Glücklicherweise ließ sich das Schiff wunderbar steuern und lag auch keineswegs tief, denn die verbrannte Kohle hatte es beträchtlich leichter gemacht, aber manchmal, wenn es auf der Vorderseite einer Welle fuhr, hob es sein Heck und die Maschinen rasten auf Hochtouren, was für nervenaufreibende Zeiten im Maschinenraum sorgte. Wenn dies geschah, tauchten am anderen Ende des Schiffes der Bugspriet und ein Teil des Vorschiffs in das Heck der Welle vor ihm ein. Ich glaube, das war das einzige Mal, dass ich so etwas je gesehen habe, denn man sollte bedenken, dass das Schiff insgesamt 420 Fuß lang war und sich im Vergleich zur Größe der Wellen wie ein Walfangboot auf einer großen Brandung verhielt. Da ich nicht möchte, dass meine Glaubwürdigkeit in Frage gestellt wird, verzichte ich auf Spekulationen über die Höhe der Wellen vom Wellental bis zum Wellenkamm, aber ich habe seitdem oft gedacht, dass man eine unangenehme Überraschung erleben könnte.

So kamen wir durch die Brise, ohne dass ein Tau riss, und Mr. Coster drückte sein Bedauern darüber aus, dass der Erbauer des Schiffes nicht bei uns war, um zu sehen, wie wunderbar es sich verhielt. Wir fuhren unseren Ostkurs auf 47° S und ich kam schließlich zu dem Schluss, dass dies ein schlechter Breitengrad war und dass es weiter südlich viel besser war. Ungefähr zu dieser Zeit stellte auch der Chefingenieur fest, dass er zu wenig Kohle hatte, und deshalb mussten wir unsere Ausgaben reduzieren, was zu Lasten unserer Geschwindigkeit ging. Wir erreichten erneut bei schlechtem, dunklem Wetter Tasmanien und vor der Südspitze der Insel erkannte ich die Umrisse eines großen Schiffes vor mir. Wir wussten, dass es eines von zwei Dingen sein musste, entweder HMS *Nelson* , das australische Flaggschiff, oder die *Coptic* . *Als es hell wurde, stellten wir zu unserer großen Freude fest, dass es das letztere Schiff war, und die Heizer der Wache unten kamen von sich aus, um im Heizraum zu helfen. Wir passierten es problemlos und ankerten in Hobart, wobei wir meldeten, dass wir die Coptic* vor Cape Connella passiert hatten . Das war alles sehr gut, soweit es uns betraf, aber die Hafenbehörden waren bestrebt, den besten Liegeplatz für das Schiff des Gouverneurs freizuhalten, und wir waren der Meinung, dass es nach dem Prinzip „Wer zuerst kommt, mahlt zuerst" hätte gehen sollen. Sie kam eine Stunde nach uns an und bekam leider die beste Aufmerksamkeit. Als ich an diesem Tag an Land ging, traf ich den Kapitän der *Coptic* und erfuhr, dass sie in unserer Nähe gewesen waren, als wir in schlechtes Wetter geraten waren, aber weiter südlich. Er sagte mir, er habe noch nie ein solches Wetter erlebt, nicht einmal im schlimmsten Atlantik. Drei ganze Großmarssegel waren weggeweht worden, und als ich ihn fragte, warum er sie nicht gerefft hatte, sagte er mit einem herablassenden Lächeln, dass „es nicht die Art von White Star sei, sie zu reffen; wenn ein ganzes Segel nicht standhalten würde, dann lass es los." Ich konnte die Schönheit des Arguments nicht erkennen. Wir stellten fest, dass wir einen ernsthaften Mangel an Kohle in unseren Bunkern hatten, und es war beträchtlich schwierig, Nachschub zu bekommen. Schließlich bekamen wir eine Kohlenbark längsseits , aber es gab eine Menge Unannehmlichkeiten. Mr. Coster war in seiner autokratischen Art wütend über den Zeitverlust, und ich fürchte, ich war sehr unhöflich zu dem Kohlenschiffkapitän (der ein sehr guter Kerl war), als er uns keine weitere geben wollte, weil sein Schiff so leicht war, wie es nur ging, während ich die ganze Zeit dachte, er würde es für die *Coptic aufheben* . Wir reisten am nächsten Tag mit einem knappen Vorrat ab und vertrauten auf unser Glück. Glücklicherweise bekamen wir ihn, aber um die Wahrheit zu sagen, kamen wir mit weniger als vierzig Tonnen Kohle an Bord in Wellington an. Allerdings hatten wir die Überfahrt nach Wellington in dreiundvierzigeinhalb Tagen geschafft, einschließlich zweitägiger Unterbrechungen, mit einer Durchschnittsgeschwindigkeit von 12,99 Knoten, womit mein Vorsitzender sehr zufrieden war, denn er hatte die Schwierigkeiten miterlebt. Als wir ankamen, war es Winter in Neuseeland, aber es war sehr angenehm. Es fanden Parlamentswahlen statt, und Mr. Coster kandidierte und wurde für einen der Wahlkreise von Christchurch gewählt. Es ist vielleicht unnötig zu erwähnen, dass es für uns alle eine Zeit großer Freude war, aber sie hielt nicht lange an, da unser Aufenthalt im Land nur vierzehn Tage dauern sollte. Wir sollten voll beladen mit gefrorenem Fleisch und Passagieren abreisen, aber bevor wir losfuhren, kam mein Vorsitzender zum Mittagessen an Bord. Er sagte mir, ich solle der Schiffsbesatzung im Allgemeinen seine Zufriedenheit ausdrücken, sagte aber, er könne mir nicht genug sagen. Als Zeichen seiner Wertschätzung hatte er jedoch nach Hause telegrafiert, dass ich das große neue Schiff bekommen würde und immer auf ihn als Freund zählen könne.

Es muss zu dieser Zeit eine Schlechtwetterperiode gewesen sein, denn wir brauchten fünfzehn Tage, um das Kap Hoorn zu erreichen. Es gab viel Gegenwind und Seegang, denn in meinem Abstract steht „Bug und Heck stürmten" und allgemein schlechtes Wetter, und bevor wir das Kap Hoorn umrundeten, stellten wir fest, dass wir eines unserer Propellerblätter verloren hatten. Das war ein mieser Zufall, denn es ließ die Motoren sehr ruckeln und war gleichbedeutend damit, die Überfahrt völlig zu verderben, denn wir konnten die verlorene Zeit nie wieder aufholen. Ich habe mir seitdem gedacht, dass die Gießerei, in der diese Blätter gegossen wurden, auf eine Spur schlechten Metalls gestoßen sein muss, denn ich hatte offenbar das Glück, Blätter zu verlieren, was keinem anderen unserer Schiffe passierte.

Unser Unglück dauerte bis Rio, aber bevor wir dort ankamen, hatte ich eine kleine Aufregung, die ich ebenso gut aufzeichnen könnte. Es war die Gewohnheit des Schiffs, dass die Mannschaft bei gutem Wetter am Samstagmorgen Bettzeug herausholte, lüftete und ihre Quartiere reinigte, damit ich sie inspizieren konnte. Dies war bisher ohne ein Murmeln an mein Ohr gelangt. Das Wetter vor der Umrundung von Kap Hoorn war zu schlecht für die wöchentliche Routine , aber als wir uns schönem Wetter näherten, gab ich den üblichen Befehl und war erstaunt zu hören, dass die Heizer sich weigerten, zu gehorchen. Ich kann mich jetzt wirklich nicht mehr erinnern, aber ich glaube, die Seeleute taten es; jedenfalls gab ich den Befehl, sich auf dem Achterdeck zu versammeln, und die Unzufriedenen gehorchten dem Befehl. Wenn sie nun in den 60er Jahren auf einem rauflustigen Segelschiff ausgebildet worden wären und es ernst gemeint hätten, wären sie im Vorschiff geblieben und hätten mir die Verantwortung übertragen, sie herauszuholen. Aber sie waren moderne Abtrünnige und verstanden die besonderen Methoden nicht, mit denen man einen Kapitän effektiv in die Schranken weisen kann. Sobald sie das Vorschiff verlassen hatten und auf das

Achterdeck gekommen waren, ließ ich die Türen ihrer Quartiere schließen und bewachen, wodurch ihnen der Rückzug effektiv abgeschnitten wurde. Dann rief ich die Namen der Männer auf, die auf den Schiffsgegenständen standen, und fragte den ersten Mann, ob er vorhabe, seine Quartiere zu säubern. Seine Antwort war, dass seine Kameraden in London ihnen gesagt hätten, dass sie diesem besonderen Befehl nicht Folge leisten sollten. Meine Antwort war, dass sie mit ihren Kameraden in London rechnen könnten, wenn sie dort ankämen, aber dass sie in der Zwischenzeit mit mir rechnen müssten, hier und jetzt. Eine erneute Weigerung und mein Befehl „Eisen" wurde ordnungsgemäß ausgeführt. Fünf Männer mussten dasselbe durchmachen, und der Rest gab nach; sie wurden alle achtern behalten und in Gruppen nach vorne geschickt, um ihren Teil der Arbeit zu erledigen.

Dieser Ausbruch von Gehorsamsverweigerung hätte nicht so leicht niedergeschlagen werden können, wenn ich nicht eine ganze Reihe von Offizieren hinter mir gehabt hätte, obwohl die Männer wussten, dass ich bei Gewaltausbrüchen zu extremen Maßnahmen gegriffen hätte. Sie hätten mich in Verlegenheit bringen können, wenn die ganze Truppe weiterhin ihre Weigerung fortgesetzt hätte, denn dann hätte ich die Unannehmlichkeiten gehabt, für sie alle eine Unterkunft in einem Absperrgefängnis zu finden, aber ich wusste, dass die Überfahrt hoffnungslos verdorben war, und dachte daher, es sei genauso gut, eine Grundsatzfrage auszufechten, wenn die Umstände zu meinen Gunsten lagen . Ich erinnerte mich später daran, dass, als wir die Londoner Docks verließen, einige Männer auf dem Kai laute und wütende Bemerkungen über den Import von Southampton-Mode nach London machten, und ich habe keinen Zweifel daran, dass eine gewisse Trotzreaktion ordnungsgemäß eingefädelt worden war, obwohl sie sehr schlecht durchdacht war.

Nach dieser leichten Brise ging alles ruhig weiter und wir erreichten schließlich Rio. Ich erinnere mich, dass ich ein paar junge Damen zu einem Zirkus mitnahm, was in gewisser Weise neuartig war, und ich zweifle nicht daran, dass sie sich, wenn sie diese Zeilen lesen, gut an den Vorfall erinnern und über die Erinnerung lachen werden. Es gab keinen weiteren nennenswerten Vorfall und ich machte mich ordnungsgemäß auf den Heimweg, da ich es nicht für nötig hielt, wegen des

Verlusts eines Propellerblatts Aufhebens zu machen. Einige Tage bevor wir Madeira erreichten, verloren wir jedoch ein weiteres, und dann wurde die Sache ernst, also telegrafierte ich nach Hause, um Anweisungen zu erhalten, da ich der Meinung war, dass es genauso gut wäre, wenn jemand anderes ein wenig Verantwortung übernehmen sollte. Denn obwohl ein Schiff nur mit einem Blatt oder sogar einem Teil davon paddeln *kann* , *war es* jedem, dem das Wohl des Schiffes am Herzen liegt, schuldig, das Risiko zu kennen, damit man im Falle eines Problems darauf reagieren konnte. Ich erhielt die Antwort, „mit Vorsicht" vorzugehen, und mir fiel auf, dass die letzten beiden Worte ziemlich überflüssig, wenn auch ganz natürlich waren. Wir beendeten die Reise sicher, denn das Wetter war günstig und wir kamen gut voran, obwohl es eine sehr unangenehme Vibration gab. Sehr erfreulich war, dass die Passagiere das Schiff trotz unserer Missgeschicke mit allem zufrieden verließen.

Das war das Ende meiner Verbindung mit der *Ruapehu* . Ich hatte auf ihr eine beträchtliche Menge an Erfahrung gesammelt, sie hatte mich aus dem alten Trott herausgeholt und ich hatte mich mit meinem Schicksal abgefunden. Das Schlimmste an der Sache waren die längeren Reisen und das Wissen, dass unser Aufenthalt in London in naher Zukunft erheblich verkürzt werden würde, da Neuseeland als Heimathafen gelten sollte. Aber bei alledem herrschte ein schönes Gefühl der Erheiterung. Die Segel konnten ausreichend genutzt werden, um das Beste aus den Schiffen herauszuholen – das erinnerte an einige der besten Traditionen der Seefahrt – und wir führten so weit wie möglich die alten Bräuche fort, die neben der Dampfschifffahrt bestehen würden oder konnten. Die Schiffe waren in einem guten Zustand und es waren keine Einschränkungen erforderlich, um sie auf ein wirklich erstklassiges Niveau zu bringen. Wie jedoch bei einer neuen Dampfschiffgesellschaft zu erwarten war, wurde es nach einiger Zeit notwendig, genauer zu prüfen, was tatsächlich getan wurde. Ich habe mich von meinem Schiff verabschiedet und meine Anteile nun auf das neue Schiff *Kaikoura übertragen* .

KAPITEL XI

„Sie ging durch das Wasser, als wäre sie ein Lebewesen.“

NZSS „KAIKOURA“

(Aus einem Gemälde von Willie Fleming aus Kapstadt)

Ich nehme an, dass alle Seeleute eine besondere Vorliebe für ein bestimmtes Schiff hegen, auf dem sie gesegelt sind; eine lange Verbindung scheint eine Sympathie zwischen dem Geist, der kontrolliert, und dem stumpfen Stahl, der die von ihm geforderte Aufgabe erfüllt, herzustellen. Kipling hatte eine solche Idee im Kopf, als er „Das Schiff, das sich selbst fand “ schrieb, und fast unmerklich wird die Idee eingeflößt, dass das Schiff ein fühlendes Wesen ist, dessen Verhalten unter allen gegebenen Bedingungen genau vorhergesagt werden kann. Ich hatte dieses Gefühl nie ganz für die *Mexikanerin* – meine Bekanntschaft war nicht lang genug, um ihr absolutes Vertrauen zu ermöglichen, was sie mit Sicherheit getan hätte, wenn man ihr Zeit gegeben hätte, aber bei meinem neuen Schiff war es ganz anders. Ich habe sie auf 23 Reisen um die Welt mitgenommen, und sie hat mich nie enttäuscht oder zu irgendeinem Zeitpunkt die Erwartungen nicht erfüllt. Sie konnte alles tun, was man vernünftigerweise von ihr verlangte, und ich bin eitel genug, um zu glauben, dass sie schmollte, als sie die Hand verlor, an die sie sich gewöhnt hatte, denn danach hat sie nie mehr viel getan. Ein prominenter Beamter drückte es mir einmal so aus: „Nachdem Sie sie verlassen hatten, schien sie keinen Tag mehr Glück zu haben ."

Auf meinem Weg nach Glasgow war ich von der Vorstellung begeistert, dass es ein wirklich großes Schiff für mich geben würde. Ich wusste, dass es vierzig Fuß länger sein würde als mein letztes, und damals hielt man ein 5.000-Tonnen-Schiff für eine ziemlich ordentliche Größe. Jedenfalls glaubten viele von uns, dass mit einer Länge von über vierhundert Fuß das Übel des Stampfens auf ein Minimum reduziert werden würde. Sowohl *die Mexican* als auch *die Ruapehu* waren 390 Fuß lang und konnten sich manchmal unter Provokation wirklich hervortun, aber diese zusätzlichen vierzig Fuß, so dachte man, würden das Verhalten eines Schiffes bei starkem Seegang ganz anders darstellen. Es war eine vergebliche Hoffnung, denn ich kenne die *Kaikoura* , die bei leichtem Seegang einen vertikalen Bogen von dreizehn Grad stampft und sinkt , was sowohl für den Magen als auch für die Laune eine Belastung war, denn obwohl ich nach meiner zweiten Seereise nie wirklich seekrank wurde, war mir ein heftiger Anfall oder eine heftige Stampfphase immer unangenehm.

Als ich mich vom Zug aus Fairfield näherte, sah ich auf der Werft zwei Schiffe nebeneinander liegen; das eine schien groß, das andere klein zu sein, und ich sagte mir, das große sei meines. Es war eine trügerische Vermutung – das große war die Cunard *Etruria* und das kleine die *Kaikoura* , aber es war trotzdem ein schönes Schiff. Der Bau war schon zu weit fortgeschritten, als dass ich mehr als geringfügige Änderungen vorschlagen konnte, aber ich war froh, dass viele Mängel, die ich bei den früheren Schiffen festgestellt hatte, behoben worden waren. Das Schiff war jedoch bei weitem nicht so weit fortgeschritten, wie ich aufgrund des angekündigten Abfahrtsdatums vermutet hatte, und nachdem ich eine Weile bei ihm gewesen war, schrieb ich nach London, es sei völlig unmöglich für uns, den Clyde am genannten Datum zu verlassen. Wir erhielten eine Antwort, in der es hieß, Sir William Pearce (der Chef der Firma in Fairfield) habe ihnen versichert, dass das Schiff zum angegebenen Zeitpunkt fertig sein würde. Dann begann eine wunderbare Arbeit – eine kleine Armee von Arbeitern drang in das Schiff ein, und jeder brachte einen Teil der Innenausstattung des Schiffes mit. So konnte man beispielsweise sehen, wie die Verkleidung der Salons vor meinen Augen wuchs, da die Teile alle in den Werkstätten eingebaut worden waren und nur noch an Ort und Stelle befestigt werden mussten; außerdem war die Arbeit gut gemacht, denn bis zu meinem Abschied vom Schiff zeigte das Schiff keine Anzeichen von hastiger Arbeit. Die Motoren waren alle im Maschinenschuppen montiert und getestet worden, bevor sie in das Schiff eingebaut wurden. Das Schiff wurde ohne Probleme fertiggestellt, und am vereinbarten Tag machten wir unsere Dampfversuche auf der gemessenen Meile und machten, soweit ich mich erinnern kann, fast fünfzehn Knoten. Mr. Bryce Douglas, der Ingenieur der Firma, vertrat die Erbauer und Mr. Strickland die Firma. Mr. Bryce Douglas und ich kamen sehr gut miteinander aus, und ich für meinen Teil bedauerte seinen Tod kurz darauf sehr.

Man darf nicht annehmen, dass der Salon oder die Passagierquartiere in irgendeiner Weise fertiggestellt waren. Tatsächlich hatten wir Dutzende von Arbeitern, die nach London fuhren, um die Arbeiten bis zu ihrer Ankunft dort abzuschließen. Außerdem waren einige Dutzend Herren bei uns, hauptsächlich Wissenschaftler, die kostenlos herumgeführt wurden. In einer Hinsicht war dies ein deutlicher Fortschritt gegenüber früheren Schiffen, denn die Installation von elektrischem Licht war eine große Verbesserung und machte kaum jemals Probleme; tatsächlich kann man davon ausgehen, dass das Problem der Beleuchtung von Schiffen mit Elektrizität zu diesem Zeitpunkt zufriedenstellend gelöst war. Wir verließen die Clyde am Morgen des 20. Oktober und hatten einen Kanallotsen an Bord, in den die Erbauer das größte Vertrauen hatten, denn ich glaube kaum, dass die Gesellschaft die Lieferung annehmen würde, bevor sie in fertiggestelltem Zustand in den Londoner Docks ankam. In diesem Punkt bin ich mir nicht sicher. Es bestand kein Zweifel, dass ich der Kapitän war, aber der Lotse war in keiner Weise darauf erpicht, Befehle von mir zu erhalten. Ich hatte jedoch keinen großen Grund, unzufrieden zu sein. Alles lief gut bis zum Abend des 21., als wir vor Portland waren, eine dunkle, klare Nacht mit leichtem Westwind. Wir kamen an vielen Segelschiffen vorbei, die vor der Küste auf Steuerbordbug lagen, und als wir versuchten, eine dänische Bark zu verlassen , kam es auf unserer Brücke leider zu Meinungsverschiedenheiten darüber, was zu tun sei, und wir rammten sie sehr heftig. Glücklicherweise war sie mit Holz beladen und sank nicht, obwohl ihre Besatzung sie verließ und an Bord meines Schiffes kam, rot sehend, wie es aufgeregte Skandinavier tun. Ich war ein wenig ratlos, was ich tun sollte, denn ich hatte keine Zeit zu verlieren, also berief ich zum ersten und letzten Mal einen Rat meiner Offiziere ein und bat um Vorschläge. Es wurde beschlossen, dass wir ein Rettungsboot mit Besatzung schicken sollten, um es bei sich zu behalten, ein Licht brennen zu lassen, um andere Schiffe zu warnen und zu sehen, ob es in den Hafen gebracht werden konnte. Als wir mit der Ausführung des Plans begannen, baten der Kapitän und die Besatzung der Bark darum, das Rettungsboot zu bekommen und selbst loszufahren, und ich, sehr schwach, wie ich jetzt denke, tat, was sie wollten. Auf jeden Fall ließ es uns weiterfahren, und das war in diesem Moment der entscheidende Punkt, denn wir waren in keiner Weise beschädigt und unsere Farbe am Bug war kaum zerkratzt. Die Barke kam ordnungsgemäß durch die Needles und, glaube ich, in Cowes an , von wo aus unser Rettungsboot zurückgebracht wurde. Wir kamen ohne weitere Abenteuer in London an, und wieder einmal machte ich Erfahrungen mit dem Gesetz. Der kurze Aufenthalt, den wir hatten, war voll von Zeugenaussagen und Beratungen, aber da ich meine Ansichten zu diesem Thema bereits geäußert habe, muss ich nicht weiter rekapitulieren, sondern nur sagen, dass es „das gleiche alte Spiel" war, um aus dieser Angelegenheit herauszukommen. Als der Fall vor Gericht kam, wurde er gegen uns entschieden, wobei die Wahrheit, wie ich glaube, darin bestand, dass sie durch unsere Nähe erschrocken waren und das Schiff unter unserem Bug gewendet haben, weil sie dachten, wir würden ihnen nicht nachgeben. Ich glaube, das Gericht war auch dieser Meinung, aber ich kann mir vorstellen, dass unser Schiff (ein Lichtstrahl wurde für die Arbeiter aufrechterhalten) und die Annäherung an ein Segelschiff mit großer Geschwindigkeit vielleicht eine Belastung für schwache Nerven war. Auf jeden Fall waren sie alle in einem Zustand der Verzweiflung, als ich sie sah. Das war Kollision Nr. 1. Wir hatten alle Hände voll zu tun, um das Schiff für den Abfahrtstag fertigzumachen. Es war bis auf den letzten Platz mit Passagieren ausgebucht, und bis zur letzten Minute kam ein scheinbar endloser Strom von Vorräten und Ausrüstung an. Zur Ehre der Firma muss man sagen, dass die Arbeit erledigt und richtig gemacht wurde. Ich kann mich nicht erinnern, dass irgendetwas ausgelassen wurde.

Das Schlimmste an der Sache war, dass ich im Großen und Ganzen neue Offiziere hatte, obwohl mein Chefingenieur vom letzten Schiff bei mir war. In einem solchen Fall ist es von größtem Vorteil, Leute bei sich zu haben, von denen man weiß, dass man sich auf sie verlassen kann, und selbst bei den besten Absichten der Welt kann man dieses Gefühl bei Fremden nicht haben. Man muss bedenken, dass ein neues Schiff immer so etwas wie ein Überraschungspaket ist. Am Nachmittag des 25. Oktober verließen wir das Dock, und als wir Gravesend erreichten, war es ziemlich dunkel, es herrschte starke Ebbe, und die Strecke war voller Schiffe, die meisten lagen vor Anker. Da wir die Nacht dort verbringen wollten, mussten wir das Schiff wenden, und als wir den Fluss überquerten, war nicht viel Platz, sodass irgendetwas an uns vorbeikommen konnte. Dies wurde von einem der Aberdeen-Dampfer namens *Ban Righ entdeckt* , denn als es an unserem Heck vorbei und unter ihm hindurchfuhr, riss es an seiner gesamten Steuerbordseite Brücke, Deckshäuser, Schanzkleid usw. weg, beschädigte außerdem unser Heck und riss Ruderketten und einige unserer vergoldeten Zierarbeiten mit sich. Die damit verbundenen Umstände hätten einen Kater zum Lachen gebracht, aber wir mussten die Zähne zusammenbeißen und ich bewunderte sehr die bewundernswert kühle Art, mit der Mr. Strickland, der Londoner Manager, den Vorfall behandelte. Er war mit uns den Fluss hinuntergekommen und bezeichnete die Kollision als „Flussstoß“. Ich fuhr in einem Schlepper den Fluss hinunter, um mir das Ausmaß des Schadens am anderen Schiff anzusehen, und am nächsten Tag legten wir nach Plymouth ab. Diese Kollision Nr. 2 wurde, glaube ich, dadurch beigelegt, dass beide Parteien ihren eigenen Schaden trugen, denn nicht einmal ein Richtergremium hätte in diesem Fall die Schuld richtig zuweisen können. Ich stelle fest, dass wir Plymouth am Morgen des 28. um 7:30 Uhr verließen, nach einer ziemlich anstrengenden Arbeitswoche.

Das Schiff war, wie gesagt, voller Passagiere. Im Salon saßen einige repräsentative Leute aus Christchurch, und es war sehr angenehm, mit ihnen auszukommen. In jeder Gemeinschaft gibt es fast immer einen herausragenden Geist, der den anderen eine Führung gibt, und das ist besonders an Bord eines Schiffes auf einer langen Reise der Fall. Aufgrund längerer

Beobachtungen würde ich die Bemerkung wagen, dass neunzehn Tage ungefähr die maximale Zeitspanne sind, die Menschen in Einigkeit zusammenleben. Nach dieser Zeit ist viel Nachsicht und Taktgefühl erforderlich, damit alles reibungslos und gut läuft. Wie man sich vorstellen kann, gab es in diesem Fall kleine Mängel, die man mit einem gewissen Maß an Recht hätte bemängeln können, aber es gab einen Mann, der entschlossen war, dass alles gut gehen sollte. Sein Name war Tom Acland, und wir wurden gute Freunde. Er ist jetzt leider gegangen, um sich der Mehrheit anzuschließen, aber viele erinnern sich gern an ihn. Er sorgte für Frieden im Salon, aber in der zweiten Kabine war es etwas anderes. Es waren viele alte Australier auf dem Weg nach Hobart, und soweit es sie betraf, war nichts in Ordnung. Mehr als einmal war es notwendig, sehr direkt mit einigen der Rädelsführer zu sprechen, und schließlich schickten sie einen Brief an die Direktoren, in dem sie sich über mein Verhalten ihnen gegenüber beschwerten, woraufhin der Vorstand mir einstimmig sein Vertrauen aussprach. Wir erreichten das Kap ohne Zwischenfälle, die einer besonderen Erwähnung bedurft hätten, da dies das erste Mal war, dass ich dort anhielt, seit ich der neuen Gesellschaft beigetreten war. Es war schön, die alten Gesichter wiederzusehen und außerdem zu erfahren, dass sie sich freuten, mich zu sehen. Da wir viel Kohle aufnehmen mussten, hatten die Reisenden eine gute Gelegenheit, an Land zu fahren, und außerdem dampfte das Schiff gut und war sehr zufriedenstellend. Dies hielt leider nicht lange an, aber als wir wieder wegfuhren, begann es mir zu zeigen, was es wirklich konnte, wenn es die Segel anzog. Ich fand heraus, dass es eine Tagesfahrt von 369 Meilen für einen Tag gab, der sechsunddreißig Minuten von den vierundzwanzig Stunden entfernt war, und das war eine schnellere Reise, als ich je zuvor gemacht hatte. Eines Tages wurde es aus irgendeinem Grund notwendig, den Hochdruckzylinder zu öffnen. Ich war unten im Maschinenraum gewesen , um nachzusehen, was los war, und sah nichts, was für ein neues Schiff sehr ungewöhnlich gewesen wäre, aber ich hatte bemerkt, dass etwas mit dem Auslassventil am unteren Ende des Zylinders gemacht wurde. Als die Maschinen wieder gestartet wurden, gab es einen lauten Knall und sie stoppten sofort. Das war eine 24-Stunden-Arbeit, denn ein Stück war vom Rand des Hochdruckkolbens abgebrochen, und die Erklärung, die ich für den Unfall akzeptierte, war, dass die Konstrukteure einen kleinen

Schraubenschlüssel im Dampfanschluss vergessen hatten und dieser einfach herausgerollt war. Es gibt einige Erklärungen, die man gut akzeptieren kann, auch wenn sie nicht ganz zufriedenstellend sein mögen. Ich dachte, in diesem Fall sei die Hauptsache, den Schaden reparieren zu lassen und die unmittelbar Betroffenen zu Hause weiterkämpfen zu lassen. Die Ingenieure machten gute Arbeit bei der Reparatur, und im Laufe der Zeit fuhren wir fröhlich weiter. Während die Maschinen abgestellt wurden, hatte es einen schönen, günstigen Wind gegeben, und wir waren 155 Meilen gesegelt.

Zwischen diesem und Hobart gab es mehrere mehr oder weniger unangenehme Vorfälle, einer davon im Besonderen. Ein junges Ehepaar hatte das Unglück, dass eines ihrer Kinder an einer Kinderkrankheit starb und es noch am selben Abend beerdigt werden musste. Im Salon war eine sehr charmante ältere Dame, die großartig darin war, zu evangelisieren und zu predigen und dabei im Stil der Heilsarmee an die Gefühle zu appellieren. Während ich den Trauergottesdienst las, hatte diese Dame ein Publikum von Frauen im Salon und machte schnell eine Szene. Die Beerdigung war so ruhig wie möglich abgehalten worden, aber nachdem sie vorbei war, kam der Arzt auf mich zu und sagte: „Ich wünschte, Sie würden in den Salon kommen, Sir, und ein paar Worte sagen, sonst wird Mrs. —— jede Frau auf dem Schiff in Hysterie versetzen." Ich tat dies, und viele erholten sich schnell genug, um zu behaupten, ich sei ein Tier, weil ich die Zeremonie unterbrach – sehr komisch, welche Ideen den Leuten unter bestimmten Umständen kommen.

Ich war immer bestrebt , die Männer auf Notfälle vorzubereiten, und viele dachten manchmal, ich sei in dieser Hinsicht übermäßig genau. Die Mannschaft wusste zum Beispiel nie, wann sie zur Feuerwache gerufen würde. Samstag war natürlich der günstigste Tag, aber der Einwand gegen einen festen Tag war, dass jeder davon ausging, dass die Glocke nur zum Üben läutete, und das war nicht dasselbe, wie Leute unerwartet zu rufen. Als es zum eigentlichen Test kam, funktionierte mein Plan gut. Wenn Boote bemannt waren, waren sie immer mit Proviant versorgt, denn die Vorräte wurden in tragbarem Zustand aufbewahrt, um dies zu erleichtern. Ich stellte fest, dass Boote in vier Minuten mit Proviant versorgt und zum Zuwasserlassen ausgeschwungen werden konnten, und das im Allgemeinen ohne übermäßige

Risiken einzugehen; ich habe nur einen Mann bei einer Bootsübung über Bord gehen sehen. Das war auf der *Afrika* während einer frischen Brise, aber wir hatten ihn bald wieder. Übermäßige Eile richtet mehr Schaden an als die geringfügige Verzögerung, bevor man zuerst dafür sorgt, dass die Dinge für die auszuführende Arbeit richtig vorbereitet werden. Ein weiterer sehr guter Geist, den man einführen kann, ist, der Mannschaft Lust auf sich selbst zu machen und sie stolz auf ihr Schiff zu machen. Mir schien, dass dieser Plan auch hervorragend funktionierte.

Auf dieser Überfahrt gab es keinen weiteren Zwischenfall, aber als wir in Port Chalmers ankamen, stellten wir fest, dass unser Unglück noch nicht ganz vorbei war. Ein Regierungsschlepper half uns, an die Mole zu gelangen, und durch ein schlechtes Management seinerseits lief er in unseren Propeller, der seine Seite durchschnitt, als wäre sie ein Stück Papier. Der Schlepper versuchte daraufhin, so gut es ging, den Strand zu erreichen, wobei er immer tiefer ins Wasser sank, aber schließlich erreichte er das Ufer. Das war der dritte Unfall, den ich in etwas mehr als sieben Wochen hatte. Ich hatte es satt, mich zum Einfaltspinsel machen zu lassen, und der Vorfall hatte meine Gelassenheit im Allgemeinen nicht verbessert.

Als wir festgemacht hatten, ging ich auf den Steg, und nachdem ich die Drehvorrichtung eingebaut hatte, beobachtete ich die Propellerblätter, um festzustellen, ob sie beschädigt waren, wenn überhaupt, als ein älterer Mann, den ich nicht kannte, aufgeregt auf mich zukam und fragte: „Was ist los?" Ich antwortete, leider ziemlich kurz angebunden, da ich nicht sah, was ihn betraf, woraufhin er mir mitteilte, dass er mich bald darüber informieren würde, und verschwand. Dann erfuhr ich, dass er ein staatlicher Ingenieur und Landvermesser war, aber einer von der sehr alten Schule. Es war kein großer Schaden entstanden, und wir trafen bald Vorkehrungen, um den auf der Überfahrt entstandenen Schaden zu reparieren, aber ich betrachtete es nicht als Unfall, noch hielt ich es für notwendig, es dem Zoll als solchen zu melden. Aber Gerüchte verbreiten sich, und am nächsten Tag erhielt ich eine kleine Nachricht vom Zollbeamten, in der er mich bat, nach Dunedin zu fahren und ihn zu besuchen. Ich tat dies und fand im Zimmer meinen Freund vom Vormittag. Der Zollbeamte, ein sehr netter Mann, der von allen gemocht und respektiert wurde, sagte mir, er habe gehört, ich hätte auf der Hinfahrt einen Unfall gehabt und ihn nicht gemeldet. Ich antwortete, ich glaube nicht, dass es einen Unfall gegeben habe und brauche deshalb nichts zu melden, da der Schaden gering und leicht zu reparieren sei. Daraufhin platzte der Ingenieur heraus, er glaube, es habe einen Unfall gegeben und „Was wusste ich überhaupt davon?" Daraufhin antwortete ich, wie ich unter extremer Provokation dachte, „ich hatte ein Dampfzertifikat und er nicht." Damit war das Gespräch beendet und ich wurde nicht weiter belästigt. Wie es schließlich geregelt wurde, habe ich wirklich vergessen, aber mein Gegeningenieur und ich waren später sehr gute Freunde. Ich schreibe über diesen Vorfall, weil ich häufig erhebliche Schwierigkeiten mit Zollbeamten hatte, die auf unnötige Details drängten und mir sogar sagten, wenn auch nur eine so kleine Sache wie eine Kolbenfeder bricht, sollte dies als Unfall in das offizielle Logbuch eingetragen werden, aber das weigerte ich mich immer entschieden und behauptete dabei ein angemessenes Maß an Diskretion. Und außerdem ist der Name eines Schiffes in Kolonialhäfen fast so heikel wie der einer Frau und ebenso leicht zu beschädigen. Ein Bericht über einen Unfall im Zollhaus ist ein gutes Thema für jeden Zeitungsreporter, der ihn in die Finger bekommt, und er schmückt das Geschehene mit jeder nur denkbaren Fantasie aus. Dieses Thema kann aber auch unter einem ernsteren Aspekt betrachtet werden – es schränkt den Ermessensspielraum des Kapitäns ein, und das schien mir eine Sache zu sein, für die es sich durchaus zu kämpfen lohnte.

Während unseres restlichen Aufenthalts in Neuseeland machten wir eine Runde durch die großen Häfen und verließen Wellington schließlich in Richtung Heimat. Ich stelle fest, dass ich damals noch keine hochgelegene südliche Route zum Kap Hoorn gewählt hatte, denn obwohl wir eine Durchschnittsgeschwindigkeit von 13½ Knoten erreichten, schafften wir keine gute Überfahrt nach Rio. Wir passierten das Kap Hoorn jedoch am helllichten Tag und ich kam zu dem Schluss, dass es mehrere Dinge im Zusammenhang mit hydrografischen Details gab, die man besser genauer untersuchen sollte. Die alten Hasen waren weitergefahren und hatten alles auf der Karte als selbstverständlich hingenommen. Ich navigierte so weit ich konnte, um zu lernen. Hier ist ein typisches Beispiel. Ich passierte Kap Hoorn in einer Entfernung von einer Meile. Ich nahm den Gefahrenwinkel auf der aufgezeichneten Höhe und zog sofort raus, denn der Winkel brachte uns anscheinend zu nahe heran und ich konnte meinen Augen nicht trauen. Das wurde für spätere Untersuchungen notiert, ebenso wie meine Kompassabweichungen in der Nähe des Kap Hoorns, die ich, wenn die Abweichungslinien auf der Karte richtig waren, nicht erklären konnte. Wir schafften die Heimreise in weniger als vierzig Tagen oder 38 Tagen reiner Fahrzeit, aber ich hoffte, dass wir eines Tages viel besser abschneiden würden. Diesmal hatten wir eine gute Zeit zu Hause, denn es gab viel zu regeln, und wie es der Zufall wollte, musste auch unser Kollisionsfall vor Gericht gebracht werden. Mir gefiel die Tortur nicht, und ich glaube auch nicht, dass ich gut dabei herausgekommen bin. Wir verloren den Prozess, aber kein einziges Wort der Kritik wurde an mir verloren. Ungefähr zu dieser Zeit begann Sir W. Pearce, sich mehr für die Gesellschaft zu interessieren, und es zeichneten sich verschiedene Veränderungen ab, die jedoch zu diesem Zeitpunkt die Effizienz des Schiffes in keiner Weise beeinträchtigten oder irgendwelche Unannehmlichkeiten verursachten.

Unsere nächste Reise begann mit viel Glück und wir erreichten Santa Cruz auf angenehme Weise. Wir hatten eine große Anzahl alleinstehender Auswandererinnen an Bord, die ganz hinten im Schiff untergebracht waren und eigentlich für die Oberschwester und den Arzt zuständig waren. Ich sollte nichts mit ihnen zu tun haben, außer einmal am Tag ihre Quartiere zu inspizieren und Meinungsverschiedenheiten zu schlichten, wenn die Oberschwester und der Arzt dazu nicht in der Lage waren. Auf vielen Reisen als dieser kam es vor, dass die besagte Oberschwester und der Arzt die Frauen wegen einer Kleinigkeit zum Aufstand anstachelten und mich, wenn sie unkontrollierbar geworden waren, rufen ließen, um die Sache in Ordnung zu bringen. Ich hatte aus Erfahrung gelernt, dass man eine solche Menschenmenge mit ein wenig wohlüberlegtem Schwindel in den Griff bekommen konnte, aber man konnte sie nicht treiben. Nachdem ich zehn Minuten gesessen und geredet hatte, war der Streit immer vorbei, aber dies zwangsläufig auf Kosten einer scheinbaren oder eingebildeten Würde der Beamten, die ihnen direkt unterstanden. Das ist kaum verwunderlich, denn Oberschwestern neigen eher zum Dominieren, und junge Ärzte sind außerhalb ihres speziellen Berufs meist noch recht grün hinter den Ohren.

Auf dieser Reise gab es noch ein weiteres Ereignis. Ich durfte meinen ersten Offizier selbst auswählen und überredete einen Mann, mitzukommen, der der dritte Offizier auf der *African* gewesen war – Tom East – der Sohn von Quartermain East, dem berühmten Claimant. Er war ein Bulldogge, ein guter Seemann, ein guter Offizier und von ganzem Herzen loyal. Wir hatten manchmal Meinungsverschiedenheiten, aber wir mochten und respektierten einander, und als es zur Trennung kam, bedauerten beide Seiten. Außerdem muss ich leider sagen, dass er sich jetzt der Mehrheit angeschlossen hat. Die Hälfte der Probleme fällt dem Kapitän von den Schultern, wenn er einen Chef hat, auf den er sich verlassen kann, dass er seine Befehle ausführt. Denn wenn die Stimme des Kapitäns überhaupt gehört wird, sollte dies ein klares Zeichen dafür sein, dass die Aufmerksamkeit aller gefordert ist und dass von der üblichen Routine abgewichen wird.

Zwei Tage vor Santa Cruz verloren wir ein Propellerblatt und segelten deshalb mit reduzierter Geschwindigkeit zum Kap hinunter. Wir waren dankbar, dass wir kein wirklich schlechtes Wetter hatten, denn wir machten nur etwa elf Knoten pro Stunde. Als wir in Kapstadt ankamen, gingen wir an der äußeren Mole entlang und verabredeten uns mit einem Taucher, das kaputte Blatt abzunehmen und ein Ersatzblatt anzubringen. Man versicherte mir, dass die Operation praktikabel sei und dass sie in anderen ähnlichen Fällen erfolgreich durchgeführt worden sei. Es sah jedoch nicht sehr vielversprechend aus. In knapp anderthalb Tagen war die Arbeit erledigt, soweit sie sich lohnte. Ich wusste, dass es ein Risiko war, wollte mir aber die Kosten für das Trockendock des Schiffes sparen. Andererseits wäre es nicht gerechtfertigt gewesen, das Schiff mit einem beschädigten Propeller von einem sicheren Ort wegzubringen, also hoffte ich, dass sich der gewählte Kurs als ein glücklicher Kompromiss erweisen würde. In diesem Punkt täuschte ich mich, denn zehn Tage später fiel das neue Blatt vollständig ab. Zu diesem Zeitpunkt waren wir bei schönem Wind auf halbem Weg nach Wellington und konnten, indem wir die Motoren erheblich entlasteten, sehr gut fahren. Tatsächlich betrug unsere Durchschnittsgeschwindigkeit für die gesamte Strecke trotz unserer Pannen 12,94 Knoten und die Fahrzeit 41,5 Tage. Wir fuhren zu gegebener Zeit nach Süden nach Lyttleton und wurden wieder in Betrieb genommen, aber uns blieb nicht viel Zeit im Land, denn in weniger als vierzehn Tagen waren wir wieder auf dem Heimweg, wobei die Hin- und Rückreise drei Monate und sechs Tage dauerte. Zu diesem Zeitpunkt hatte ich mich bereits an die Umgebung im Süden gewöhnt und machte bei jeder Überfahrt kürzere Umwege nach Kap Hoorn. Bei dieser besonderen Gelegenheit hatten wir, obwohl es tiefster antarktischer Winter war und ein wenig Eis zu sehen war, schöne, günstige Winde. Alle Beteiligten waren von dem Schiff begeistert, und die Heimreise dauerte insgesamt 37 Tage und 9 Stunden bzw. 36 Tage und 4 Stunden – eine Durchschnittsgeschwindigkeit von 13,3 bei allen funktionierenden Gefriermaschinen. Um diese Angelegenheit ein für alle Mal zu klären, kann man sagen, dass ihre beste Überfahrt insgesamt 39 Tage und 8 Stunden dauerte.

„KAIKOURA" IM HAFEN

Ich habe keine Mühen gescheut, um das Schiff zu einem möglichst schönen Exemplar eines erstklassigen Dampfers zu machen, und es war immer sicher, dass wir bei unserer Ankunft im Hafen das am besten aussehende Schiff dort sein würden. Mit ein wenig Geschick war es mir gelungen, Scheinrahen für den Besanmast anfertigen zu lassen. Sie wurden nur im Hafen verwendet und kamen mit der Blue Peter an Land, als wir die Heimreise antraten, denn obwohl sie ein- oder zweimal in London verwendet wurden, war es nie möglich, dem Aussehen des Schiffes gerecht zu werden, wenn es keine richtige Besatzung an Bord hatte. Andererseits galt dieser Angelegenheit in Kolonialhäfen meine besondere Aufmerksamkeit, und ich prägte den Offizieren meine Ansichten so sehr ein, dass sie mit der Zeit ein ebenso scharfes Auge wie ich für ein schlaffes Seil oder eine nicht ganz rechtwinklige Rah hatten. Ich habe Grund zu der Annahme, dass diese Besonderheit des Schiffes von allen Seiten bemerkt wurde, und erst vor kurzem erhielt ich einen Geschäftsbrief von einem völlig Fremden, der mich nebenbei daran erinnerte, dass er das Schiff vor Jahren gesehen hatte und sich an sein Aussehen und seine Eleganz erinnerte.

Manchmal geht sogar bei den besten Absichten etwas schief, wie der folgende Fall zeigt. Der Gouverneur von Neuseeland war damals Sir William Jervois , ein Offizier, der seinem Land auf vielerlei Weise mit großer Auszeichnung gedient hatte. Eines Tages nahm er in Lyttleton eine Einladung an, das Schiff zu besichtigen und an Bord zu Mittag zu essen. Ich wollte die Sache unbedingt erstklassig machen, und mit zwei Reserveoffizieren und einer Mannschaft aus Reservemännern dachte ich, wir könnten eine ordentliche Ehrengarde abgeben. Mein zweiter Offizier wurde mit dieser Aufgabe betraut, denn ich wusste, dass er sein Drill gut beherrschte. Wir liehen uns die Waffen, und die Männer waren sehr ordentlich gekleidet. Als Seine Exzellenz an Bord kam, gab es ein ordentliches „Geschenk", die Flagge des Gouverneurs wurde am Großsegel gehisst, und alles lief sehr fröhlich, das Mittagessen war ausgezeichnet und alle waren zufrieden, aber dann kam es zu einer Katastrophe. Viele Damen und Stadtbewohner waren als Besucher an Bord gekommen und unterhielten sich fröhlich mit dem Offizier der Wache, der seine Männer zum Abendessen gehen oder sich entspannen ließ. Der Gouverneur stand ziemlich plötzlich vom Tisch auf, um zu gehen, und bevor mein Offizier seine Männer wieder zusammentrommelte, waren sie nicht mehr nötig. Ich glaube nicht, dass ich jemals so wütend war, aber ein Gefühl des

Lächerlichen reduzierte das Gefühl auf einige sarkastische Bemerkungen, die ich nicht gern gehört hätte. Seine Exzellenz äußerte sich jedoch in keiner Weise zu dem Vorfall, aber ich zweifle nicht daran, dass er über den *Zwischenfall ruhig lachte*. Er war durchweg freundlich zu mir, und ich habe eine dankbare Erinnerung an die Gastfreundschaft und Höflichkeit, die Lady Jervois und er mir und meinen Angehörigen entgegenbrachten.

Etwa zu dieser Zeit war der verstorbene Admiral Sir George Tryon, KCB, Oberbefehlshaber der australischen Station, und er war eine Persönlichkeit, die man in Erinnerung behalten wird. Er war so freundlich, mich mit großer Rücksicht zu behandeln, und tat sein Möglichstes, um ein besseres Verhältnis zwischen der Royal Navy und der Handelsmarine zu fördern. Ich sah ihn häufig, und soweit ich es beurteilen konnte, machte er keinen Unterschied zwischen mir und einem seiner eigenen Kapitäne. Ich glaube, ich kann mit Fug und Recht sagen, dass es hauptsächlich der Umgang mit ihm war, der mich dazu brachte, mich mit Marineangelegenheiten zu beschäftigen, und der mich veranlasste, die verschiedenen Aufsätze zu schreiben, die ich über die Möglichkeiten des Kriegseinsatzes von Handelsdampfern habe.

Dies geschah kurz nach der Pendjeh -Kriegsangst, als ein russischer Kreuzer höchst unerwartet in Wellington aufgetaucht war. Mein Schiff war von der Regierung gekapert worden, wurde aber aus irgendeinem Grund zurückgegeben und die *Coptic* an ihrer Stelle genommen. Es gab einige kleine Schwierigkeiten, die Besatzung dieses Schiffes dazu zu bringen, Kriegsrisiken einzugehen, aber nachdem ich meine Männer gemustert und ihnen die Frage gestellt hatte, stimmten sie zu, dass ein Mann dasselbe tun würde wie ich. Mit dieser Zusicherung ging ich zum Gouverneur, um ihn zu bitten, mein Schiff zu requirieren, aber aus einem mir unbekannten Grund geschah dies nicht, sehr zu meiner Enttäuschung.

Es waren eine großartige Truppe von Offizieren an Bord des Flaggschiffs HMS *Nelson*, aber 30 Jahre sind eine große Sache. Es ist allerdings noch nicht so lange her, dass ich einen Mann traf, der mich an einen Vorfall erinnerte, bei dem viele von ihnen unterkamen: Sie waren auf einem Ball gewesen und an Bord meines Schiffes gekommen, um dort zu übernachten. Jetzt wollten sie wissen, wie ich sie unterhalten könnte. Ich hatte damals zwei Pfarrer als Gäste an Bord, einer davon war der Reverend Eliot Chambers, selbst ein alter Marinemann, also antwortete ich, es seien zwei Pfarrer an Bord und sie könnten sie nach Belieben heranziehen. Chambers hörte das, schlüpfte aus dem Bett und verriegelte seine Tür, doch der andere Kerl wurde spärlich bekleidet herausgeholt, um sich dem allgemeinen Fest anzuschließen, und es war eine sehr vergnügliche Zeit.

Der Flaggschiffkapitän war Atwell Lake, inzwischen Admiral, und er war ein unermüdlicher Redner. Eines Abends lud General Sir George Whitmore, der in Neuseeland das Kommando hatte, zwei Mitglieder der Regierung, Lake und mich, zum Essen ein und gab uns ein sehr feines Abendessen. Aber Sir George war auch ein unermüdlicher Redner, und ich glaube, Lake war darauf vorbereitet, ihn beim Spiel zu besiegen, denn er fing gleich zu Beginn des Essens an zu reden, hielt unser Interesse aufrecht und Sir George kam die ganze Zeit über kein Wort dazwischen.

Man darf nicht annehmen, dass Neuseeland während der russischen Kriegsangst völlig unvorbereitet war. Es gab sowohl Forts als auch Minenfelder, und letztere waren sehr gut ausgerüstet. Was die Forts betrifft, so wurden sie, glaube ich, unter der Leitung von Sir W. Jervois selbst errichtet, der ein erfahrener Ingenieur war, obwohl er und der Oberbefehlshaber der Marine, wie ich zufällig erfuhr, ihren spezifischen Wert unterschiedlich einschätzten. Ich glaube, ich habe mehrmals fast alle dieser Forts mit Sir George Whitmore besichtigt und hatte den Eindruck, dass das Material ausgezeichnet war, denn sie schienen von allem das Beste bestellt zu haben. Bei einer Gelegenheit, einige Jahre später, besuchte ich die Forts bei Otago Heads in Begleitung des damaligen Verteidigungsministers , später des sehr ehrenwerten Richard Seddon, und dies scheint ein passender Ort zu sein, um eine Anekdote zu erzählen, die ganz charakteristisch für den Mann ist. Der kommandierende Offizier äußerte den Wunsch, an einer bestimmten Stelle, die er bezeichnete, ein weiteres Geschütz zu installieren. Nach einigem Zögern stimmte Seddon dem zu, sagte jedoch, die Regierung könne sich Luxus nicht leisten. Jemand warf ein: „Das sagt die *Tageszeitung* —— darüber, dass Sie einen Sonderzug von —— nach —— haben." „Oh", antwortete Seddon, „das sagen sie, oder? Nun, in Zukunft werde ich viel öfter einen Sonderzug nehmen als bisher." Er verstand es ganz gut, mit seinen Landsleuten umzugehen, und die meisten von ihnen bewunderten ihn ungemein für seine geradezu dominante Persönlichkeit.

Die Gesellschaftsclubs in den größeren Städten waren während meiner gesamten Zeit bei der Post großartige Institutionen und äußerst gastfreundlich. Als Ehrenmitglied war ich von ihnen allen frei und es scheint mir ziemlich schade, dass wir diese Gastfreundschaft nicht in großem Umfang erwidern, wenn Kolonialbesucher nach London kommen. Natürlich gibt es auf der ganzen Welt eine Gegenseitigkeit zwischen bestimmten Clubs, aber im Allgemeinen ist es schwierig, dies für einen Kolonialfreund in diesem Land zu erreichen. Die Clubs in Fernhill, Northern, Wellington, Canterbury und Christchurch waren äußerst freundlich und ich habe angenehme Erinnerungen an sie alle. Vielleicht hat mir der letztgenannte mehr zugesagt als alle anderen, aber Christchurch selbst war der englischste Ort, den ich je betreten habe. Es hatte seine eigene Atmosphäre, seine eigenen Sitten und Bräuche entwickelt. Es gab auch eine andere berühmte Institution namens „Coker's Hotel“. Hier war die Persönlichkeit des Eigentümers eindeutig ein Vorteil und Jack Coker war bei jedem beliebt und respektiert , mit dem er in Kontakt kam. Er war Seemann gewesen, ich glaube, ein alter Kriegsmann, aber er besaß den Instinkt der guten Erziehung, der ihn in jeder Gesellschaft willkommen machte. Ich erinnere mich an eine Gelegenheit, als in Christchurch ein großer Ball für die Offiziere des australischen Geschwaders stattfand. Viele von ihnen wohnten bei Coker, und als wir in den frühen Morgenstunden zurückkamen, wurde er von zwei Postkapitänen, einem Oberleutnant und mir, für etwas gewürdigt, das er geleistet hatte, und wie er es später ausdrückte: „Es war der stolzeste Moment meines Lebens, aber ein wenig riskant“, und das war es auch. Aber in diesem Hotel herrschte eine heimelige Atmosphäre, die ich nirgendwo sonst gefunden habe und die mit dem Mann verschwand, der sie geschaffen hatte.

Im Zusammenhang mit einem Abendessen zur Feier der Eröffnung der Midland Railway kam es zu einem Zwischenfall, der im Lichte der jüngsten Ereignisse bemerkenswert ist und nicht mehr möglich wäre. Die Veranstaltung fand am 21. Oktober statt, und ich wurde aufgefordert, auf den Toast der Marine zu antworten, nachdem ich ordnungsgemäß darüber informiert worden war, was von mir erwartet wurde. Ich tat dies in gewisser Weise, aber als ich am nächsten Tag zum Mittagessen an Bord meines Schiffes ging, bemerkte mein Chef in seiner unverblümten Art, dass ich es am Abend zuvor ziemlich vermasselt hätte. „Wie?", fragte ich. „Es war der Jahrestag von Trafalgar", sagte er, „und Sie haben es nicht erwähnt." Man sollte nicht vergessen, dass ein ähnlicher Fehler nicht mehr möglich wäre, denn dank des Genies von Arnold White, der vorschlug, am Trafalgar-Tag einen Kranz an den Nelson-Säulen niederzulegen, und der Bemühungen der Navy League, die Idee in die Tat umzusetzen, wird das Ereignis nun von einem Ende des Empire bis zum anderen gefeiert. Sicherlich gibt es heute in Neuseeland kein Kind, das nicht weiß, dass der 21. Oktober der Trafalgar-Tag ist, und ihm dementsprechend die gebührende Bedeutung beimisst.

DER MEISTER DER „KAIKOURA"

Es war zu dieser Zeit sowohl in Australien als auch in Neuseeland ziemlich Mode, sich für alles zu interessieren, was einem Rennen zwischen zwei bekannten Dampfschiffen ähnelte. Tatsächlich erinnerte es mich an Mark Twains Geschichten über die Rennen auf dem Mississippi. An der Küste lagen zwei Schiffe, über deren Geschwindigkeiten alle möglichen Geschichten erzählt wurden. Das eine war die

Takapuna , ein Expressschiff, das die Post von Wellington *über* die Westküste nach Auckland transportierte; das andere war die *Rotomahana* , ein wunderschönes Schiff, das von Denny's gebaut wurde und dem eine Geschwindigkeit von siebzehn Knoten zugeschrieben wurde. Auf jeden Fall galt sie als das schnellste Schiff an der Küste und ich wage zu behaupten, dass sie das auch war. Aber wir in *Kaikoura* hatten die Vorstellung, dass wir zur Not ein bisschen dampfen könnten, und so kam es, dass diese beiden Schiffe eines schönen Nachmittags im Hafen von Wellington lagen und beide nach Lyttelton fuhren und ungefähr zur gleichen Zeit ablegen wollten. Als ich den Kai verließ, war mir der Gedanke an ein Rennen noch nicht gekommen, und wie Zuschauer später sagten: „Ich fuhr wie üblich mit einem Lotsen an beiden Ketten durch die Mitte des Hafens ." Das war natürlich Düppel, aber ich schneide nie übermäßig scharf um die Kurven. Bei dieser besonderen Gelegenheit legte die *Rotomahana* kurz nach mir ab und quetschte sich zu meiner Überraschung zwischen mich und den ersten Wendepunkt. Sie war voll mit Passagieren, die zu den Rennen in Christchurch fuhren, und sie brüllten uns höhnisch an, hielten Seilenden hoch und boten uns an, uns abzuschleppen, wenn wir wollten. Wir waren mit leichter Kraft gestartet, wie es beim Küstensegeln üblich war, und wurden tatsächlich sehr schnell überholt, aber die Demütigung des Vorgangs ärgerte mich ziemlich, also ließ ich meinen Chefingenieur rufen und wies darauf hin, dass es nicht wünschenswert sei, dass man uns zum Gespött machte. Er antwortete, er nehme an, es gehe um Elder (womit Fairfield gemeint ist) gegen Denny, was ich bejahte, und er ging unter Deck, aber ich werde immer der Meinung bleiben, dass es an Land einige Gespräche zwischen den rivalisierenden Ingenieuren gegeben hatte. Wie dem auch sei, der Vorsprung, den die *Rotomahana* inzwischen hatte, wurde nicht größer, aber sie zog immer noch demonstrativ ihren Mantel hinter sich her. Unter normalen Dampfbedingungen war unser damaliger Rivale zweifellos das schnellere Schiff, denn er hatte im Verhältnis weitaus mehr PS als wir, aber diesmal war er voll beladen und wir flogen mit leichtem Gepäck. Unsere Verdrängung war in der Tat unbedeutend, und da das Wasser so glatt wie ein Mühlteich war, war das so, als ob wir unsere PS-Zahlen in einem Schiff hätten, das halb so groß war wie wir. Um es kurz zu machen, wir ließen mein Schiff los und rasten einfach an unserem Freund *Rotomahana vorbei* , erreichten

Lyttelton mit anderthalb Stunden Vorsprung und waren sicher vertäut und abgesenkt, bevor er ins Dock kam. Das Rennen sorgte für viel Aufsehen, denn das Ergebnis war überraschend. Nicht jeder sah, dass wir den Sieg unserem geringen Gewicht und dem Glück auf ruhigem Wasser zu verdanken hatten, aber Tatsache blieb, dass wir viele Jahre lang die schnellste Fahrt zwischen diesen Häfen vorzuweisen hatten, bis uns die HMS *Orlando* diese Strecke wegnahm. Der Kapitän der *Rotomahana* war ein großartiger Kapitän namens Cary. Er hatte an der Küste viele tolle Dinge geleistet und wurde allgemein mit einem etwas feurigen Spitznamen bezeichnet. Ich erfuhr, dass er seine Niederlagen nicht mochte, aber er war nicht der erste Herausforderer, der scheiterte.

Ich habe zwei Brände erlebt, die es wert sind, hier aufgezeichnet zu werden. Einer geschah auf See und der andere im Hafen . Beim ersten Mal war ich auf halbem Weg zwischen Neuseeland und Kap Hoorn, als mir gemeldet wurde, dass einer der Kohlenbunker brenne. Ich hatte einen Moment lang ein ungutes Gefühl, aber es war Nacht, es wurde kein Aufhebens gemacht und nach ein paar Stunden war der Ärger vorbei. Es ermüdet mich, wenn ich mir die Leute über das schlechte Verhalten britischer Handelsseeleute in Notfällen dieser Art reden höre. Meiner Erfahrung nach kann man mit ihnen, außer während Streiks oder allgemeiner Arbeitsunruhen , alles anfangen.

Der nächste Brand war eine ernstere Angelegenheit, denn es gab Komplikationen, die die Sache noch schwieriger machten. Es ist eine ausgezeichnete Maxime, überall, wo man ist, ein gutes Verhältnis zu den Hafenbehörden zu pflegen, aber gelegentlich begegnet man Persönlichkeiten, mit denen eine reibungslose Zusammenarbeit unmöglich ist. Der Hafenkapitän in Lyttelton war einmal mit meinem zweiten Offizier aneinandergeraten, als dieser einen Befehl von mir ausführte, und mein Mann hatte in einer Sprache geantwortet, die vielleicht eher energisch als höflich war. Das war streng genommen völlig falsch, wenn auch natürlich, denn alle meine Leute wussten ganz genau, dass ich zwar mein Recht auf freie Meinungsäußerung ihnen gegenüber ausübte, dies aber niemandem sonst erlaubte und immer bereit war, auf ihrer Seite zu stehen, wenn es nötig war. In diesem Fall beschwerte sich der Hafenkapitän bei der Zentrale in Christchurch, und ich erhielt einen Brief auf Anweisung der Direktoren, in dem ich angewiesen wurde, den betreffenden Offizier für seine unbedachte Ausdrucksweise gegenüber dem Hafenbeamten streng zu tadeln. Ich bedauere, dass ich diese Korrespondenz vernichtet habe, denn ich erinnere mich, den Direktoren geantwortet zu haben, dass ich ihre Anweisungen befolgt hätte, die „kavalleriemäßige Ausdrucksweise", der sich beide Seiten bedienten, jedoch nicht von meinem Schiff stammte. Daher endete der Vorfall mit einer bitteren Erinnerung seitens des Hafenkapitäns und einer Art *„civis romanus sum"*-Gefühl seitens der Besatzung meines Schiffes.

Nun, an einem Sonntagabend in Lyttelton Im Hafen hatten wir gerade mit dem Abendessen fertig, als East zu mir kam und berichtete, dass es im vorderen Kohlenbunker ein großes Feuer gäbe und dass die Schottwand des Kühlraums sehr heiß sei. Wir sollten in drei Tagen nach Hause segeln, wir hatten Kohle aufgeladen und eine große Menge gefrorenes Fleisch an Bord, das in unmittelbarer Nähe des Brandherdes verstaut war. Ich werde nie genug dankbar sein, dass ich es gewohnt war, die Sonntage an Bord zu verbringen, denn wäre ich nicht dort gewesen, wäre es sehr unangenehm gewesen. Ohne viel Aufhebens brachten wir die Pumpen zum Laufen. Die Männer, von denen glücklicherweise die meisten an Bord waren, nahmen schnell ihre Plätze ein, und da ich einen Offizier in die Gangway gestellt hatte, um zu verhindern, dass jemand an Bord kam, dachte ich, dass die Dinge in einem ziemlich zufriedenstellenden Zustand waren. Aber ungefähr zu diesem Zeitpunkt geschahen zwei Dinge. Das eine war das Auftauchen des Hafenkapitäns an der Stelle, der Einlass verlangte, was ich nach reiflicher Überlegung nicht gut ablehnen konnte, denn, wie er argumentierte, man startet die Pumpen an einem Sonntagabend nicht, wenn nicht etwas nicht stimmt. Das andere Ereignis war die Andeutung, dass das Deck des zweiten Salons heiß wurde und rauchte. Der Hafenkapitän wollte die örtliche Feuerwehr rufen und die Leitung übernehmen; auf diesen Vorschlag hörte ich nicht ein, sondern sagte, ich würde die Dienste der Pumpe seines Schleppers in Anspruch nehmen, wenn er längsseits kommen könnte, was er im Laufe der Zeit auch tat. Zu diesem Zeitpunkt war in Christchurch bekannt, dass etwas nicht stimmte, aber da so spät am Sonntag keine Züge fuhren, fuhr der Manager der Gesellschaft, Mr. Bennett, meines Wissens in Rekordzeit über die Berge hinunter nach Lyttelton und kam rechtzeitig an, um das Ende der Sache mitzuerleben.

Unter dem Holzdeck des zweiten Salons befand sich ein Stahldeck, das jetzt glühend heiß war und Flammen schlug. Ich versuchte , das Stahldeck zu durchbohren, um Wasser direkt auf das Feuer zu bringen, aber das war ziemlich schwierig, und für einen schrecklichen Moment durchfuhr mich der Gedanke: „Du hast Hilfe abgelehnt. Wird dir die Arbeit nicht gelingen?"

Jetzt lag die HMS *Rapid* im Hafen und Lieut. Sparks, RN, ihr Erster Leutnant, ein Freund von mir, hatte, wie ich wusste, zu dieser Zeit das Kommando. Zu ihm schickte ich meinen zweiten Offizier mit der Bitte, er möge mir Mittel schicken, um ein Loch ins Deck zu sprengen. Wie der gute Kerl, der er war, tat er genau, was ich verlangte, nicht mehr und nicht weniger, denn er hätte leicht viel Lob bekommen können, wenn er mehr getan hätte, als ich verlangte. Er schickte seinen Kanonier und ein oder zwei Stück Schießbaumwolle, und mit dieser Reserve wusste ich, dass alles gut gehen würde. Wie sich herausstellte, brauchten wir sie nicht, denn die Zimmerleute hatten es geschafft, durch den Stahl zu kommen, und wir konnten dann einen kräftigen Wasserstrahl direkt ins Herz des Feuers richten, und unsere Probleme waren bald vorbei.

Meine Kameraden hatten hervorragende Arbeit geleistet. Clifford, der dritte Offizier, begab sich in eine solche Rauch- und Hitzeatmosphäre, als er versuchte , einen Schlauch gegen die Flammen zu richten, dass ich ihm befehlen musste, damit aufzuhören, und er wurde an einem Seil, das fest um seine Hüfte geschlungen war, hochgezogen. Keine Gruppe von Offizieren und Mannschaften hätte eine bessere Leistung abliefern können, denn um Mitternacht war das Feuer vollständig gelöscht, und der Schaden beschränkte sich auf einige verbogenen Stahldecks und Holzarbeiten, die repariert werden konnten, bevor es Zeit war, nach Hause zu segeln. Die Direktoren ließen einen Brief schreiben, in dem sie mir und den Offizieren für unsere Anstrengungen dankten und einen Geldbetrag schickten, der unter den Männern der Schiffsbesatzung aufgeteilt werden sollte, die tatsächlich damit beschäftigt waren, das Feuer zu löschen.

Auf der darauffolgenden Reise nach Lyttelton versuchte mein Freund, der Hafenkapitän, die Gesellschaft dazu zu bewegen, mich vor ein Gericht der Hafenbehörde zu bringen , wo Angelegenheiten im Zusammenhang mit meinem Vorgehen untersucht werden sollten, aber die Gesellschaft sagte, sie habe nicht vor, dieses Spiel mitzuspielen, und da die zuständigen

Stellen ebenso darauf bedacht waren, Unannehmlichkeiten zu vermeiden, hörte man nichts mehr von der Angelegenheit. Ich nehme an, dass ich technisch gesehen falsch lag, denn ein Schiff im Hafen unterliegt bis zu einem gewissen Grad den Befehlen der örtlichen Behörden. Aber ich war immer sehr eifersüchtig auf jeden Versuch, mein Vorrecht als „Kapitän" anzutasten. Es ist eine sehr schöne Bezeichnung und ein schöner Titel, aber meiner Meinung nach bringt er die Verpflichtung mit sich, seine Bedeutung beizubehalten. Ich war nie besonders erpicht darauf, den Höflichkeitstitel Kapitän anzunehmen, der an Land üblicherweise von den Verantwortlichen für Handelsschiffe angenommen wird. Mr. ——, Kapitän SS . ——, macht auf einer Visitenkarte ganz gut was her.

Im selben Jahr 1889 wurde ich gebeten, an einer Sitzung der Handelskammer von Hobart teilzunehmen, um den Dank der Kammer dafür entgegenzunehmen, dass ich mein Schiff an der Dunn Street Pier entlanggefahren hatte. Es erinnerte mich ein wenig an eine alte *mexikanische* Episode. Es wurde eine äußerst schmeichelhafte Resolution verabschiedet und ich wurde beglückwünscht, weil der Leuchtturm im Westen, für den ich mich sieben Jahre zuvor eingesetzt hatte, nun tatsächlich im Bau war. Das war erfreulich, obwohl meine Aktion kein besonderes Verdienst war, denn die Pier war groß genug, um ein weitaus größeres Schiff als meines aufzunehmen.

Zu meinen Vertrauten in Neuseeland gehörte Captain Edwin, RN, der Meteorologe, der in Wellington lebte. Wir hatten viele gemeinsame Vorlieben, denn er gehörte zur alten Schule und hatte sein Geschäft gründlich gelernt, angefangen mit der Bombardierung von Sebastopol, zu der er als Fähnrich auf der *Albion diente* , und seine Geschichten über die Matrosen dieser Zeit, über Kämpfe zwischen den Männern auf dem Unterdeck, über Männer, die an Cholera starben und einen Offizier baten, ihnen die Hand zu halten, diese und andere Dinge waren äußerst anschaulich. Als Beispiel für seine Fähigkeiten als Erzähler *folgt* hier ein Auszug aus einem seiner Briefe an mich:

„Übrigens, ich hatte vor kurzem einen merkwürdigen Traum; ich hatte dieses Leben verlassen und war mit Federn bedeckt und mit einem Paar dreiklappbarer Flügel wie ein Albatros ausgestattet und auf dem Weg nach draußen; da ich das Fliegen nicht gewohnt war und noch nicht meinen ersten Brief geschrieben hatte, kam ich nicht sehr gut voran und stellte fest, dass ich meinen Schwanz zu stark überschlug, was mich häufig quer zur Seite brachte. Nach einer Weile beruhigte ich mich, hatte aber ziemliches Unwetter; und unterwegs überholten mich eine Menge Klipper-Jungs. Als ich etwa einen Monat unterwegs war, hörte ich einen Kerl von achtern kommen, und bald darauf rief er mich an, und es stellte sich heraus, dass Sie es waren: ,Hallo, Crutchley ‘, sagte ich, ,wohin gehen Sie?‘ ,Gabriel, um Anweisungen zu erhalten‘, sagten Sie. ,Mir geht es genauso‘, sagten ich, und wir flatterten gemeinsam dahin. Nach einer ganzen Weile sahen wir vor uns eine Art schwaches, blasses Licht, und Sie bemerkten, dass Sie dachten, wir würden auf Eis laufen; nach einiger Zeit erkannten wir, dass es wie eine Nebelbank mit einer hellen Stelle darin aussah, und als wir näher kamen, sahen wir, dass sich in diesem hellen Teil ein hohes Tor befand, also ließen wir uns langsam nieder und bewegten unsere Schwänze ein wenig, um sicherzugehen, dass wir alles bereit hatten; denn da wir es nicht gewohnt waren, unter Federn zu sein, waren wir etwas besorgt; es ging jedoch alles gut und wir setzten uns beide meisterhaft auf das Tor und falteten unsere Flügel sehr ordentlich. Wir waren sozusagen kaum gelandet, als eine Glocke zweimal läutete und sofort eine Stimme uns anrief und fragte, wer wir seien; als wir geantwortet hatten, sagte die Stimme: „Sagen Sie dem Protokollführer, dass zwei Kerle gekommen sind, um Befehle abzuholen!“ Bald hörten wir jemanden sagen: „Wie hieß er? Ah! ja : Ich verstehe; Crutchley , Kapitän zur See, Leutnant der Marinereserve, beide ziemlich schlechter Stil. Meine Güte! Schreckliche Aufzeichnung! Ich fürchte, er muss weitermachen. Wer war der andere Kerl, sagten Sie? Edwin: Ich habe ihn! Aber, meine Güte! Das ist sehr traurig! Marineoffizier, und noch dazu ein schlechter; schicken Sie ihn sofort los ! ‘ Dann hörten wir den ersten uns rufen. ,Dort draußen! Sie, Crutchley ! Edwin! Gehen Sie sofort links herum.‘ Aber wir sahen es nicht, da wir Seeleute waren und bereit waren, die Sache zu bestreiten; also riefen wir, dass wir uns ausruhen wollten, da wir sehr müde und durstig waren — konnten sie uns nicht hereinlassen und uns eine Weile hinsetzen? (Sehen Sie , dieses Tor war kein gutes Verteidigungstor), aber eine laute Stimme sagte: ,Gehen Sie weg! Gehen Sie sofort! Wir werden uns hier gleich um andere kümmern müssen.‘ Aber wir hielten durch; bald kam eine lange Stange aus dem Nebel und begann, uns wegzustoßen, wobei sie uns einige ziemlich harte Schläge versetzte. Wir hielten noch durch; aber schließlich bekam jeder von uns einen schrecklichen Schlag mit dem Stangenende, der uns losließ, und wir vergaßen uns so sehr, dass wir Schimpfwörter aussprachen; woraufhin es einen Donnerschlag gab und wir uns irgendwie taumelnd wiederfanden. Als wir wieder weit genug gekommen waren und sehen konnten, stellten wir fest, dass mein Steuerbordflügel versengt war und dass die Federn auf deinem Kopf stark verbrannt waren. Wir berieten, was zu tun sei, und da wir das Licht nur gerade sehen konnten, wussten wir, dass wir weit von der Küste weggetrieben worden sein mussten. Wir beschlossen daher, uns wieder darauf zuzubewegen, und obwohl wir unser Bestes gaben und alles versuchten, was uns möglich war, konnten wir das Licht überhaupt nicht aufsteigen lassen und mussten es aufgeben. Dann bemerkten wir, dass wir uns in einem starken Gegensatz zu befinden schienen, denn das Licht war weit weg auf dem Steuerbordbug, während es auf dem Backbordbug einen rötlichen Schimmer gab, der uns ziemlich unheimlich machte, und wir bemerkten beide, dass wir in eine Art Dunst geraten waren, der nach verbranntem Pulver roch. Wir sahen, wie das weiße Licht schwächer wurde, aber es tröstete uns ein wenig zu sehen, dass das andere nicht röter wurde – wir hielten unsere Geschwindigkeit bei, mit hellem Blick rundherum, und um ganz sicherzugehen, drehte einer von uns jede Stunde das Schiff, ging nur ein wenig nach Lee und kam wieder hoch. Die Zeit verging langsam, aber wir kümmerten uns nicht darum, „nach links" weit voranzukommen, und schließlich erblickten wir etwas sich bewegendes und näherten uns vorsichtig und in offener Formation darauf. Als wir näher kamen, sahen wir, dass es Flügel hatte, und wir erkannten, dass es ein uralter Kerl mit ausgesprochen ägyptischem Kopf war, aber er war unverkennbar, denn an der Art, wie er seine Flügel bewegte, konnte man erkennen, dass er ein echter alter Seemann war, was verriet, dass er schon lange auf See war, und wir konnten seinen Stil nur bewundern. Als wir näher kamen, scherte er ab, aber wir waren auf jeder Seite von ihm und hatten offensichtlich reichlich Flügelkraft in Reserve, also hielt er an, nahm einen langen Schluck aus einer Flasche, die er unter seinem Backbordflügel hervorzog, und stieß dann einen tiefen Seufzer aus. Nun tat uns der Anblick der Flasche gut, und wir riefen ihn zu und sagten, wenn er nicht alles wolle, sollten wir uns über einen Schluck freuen, denn wir waren *weit gekommen*; er sah uns mitleidig an und schüttelte den Kopf: „Kein Glück", sagte er; „ich nuckle seit fast viertausend Jahren an dieser Flasche und bekomme keinen Tropfen heraus! Obwohl es auch gutes Zeug zu sein scheint! Aber das ist eben *Ihre Aufgabe* “, sagte er. Er war ein netter alter Kerl und erzählte uns, dass er unter König Ramses dem Ersten ein Geschwader Kriegsboote auf den afrikanischen Seen befehligte und gerade die Degeneration der heutigen Seeleute beklagte, als er plötzlich sagte: „Da kommt der Alte“, und es war ein Anblick, wie er seine Flügel ausbreitete.“

Es gab einen Vorfall, der hier als erwähnenswert erwähnt werden sollte. Er bezieht sich auf die Zeit der Unruhen, die im Jahr 1889 sowohl in der Seefahrt im Inland als auch in Übersee zu beobachten waren. Einen Teil dieser Zeit verbrachten wir in Neuseeland, und soweit es uns betraf, erreichte die Angelegenheit den Hafen von Lyttelton . Am 31. August hatte ich für den Abend eine Dinnerparty geplant, aber aus Christchurch kam eine dringende Nachricht, dass ich am selben Abend um acht Uhr an einer Beratung in der Hauptniederlassung teilnehmen sollte. Der Streik war zu dieser Zeit in vollem Gange, und am Vortag hatten wir gesehen, wie Offiziere eines der Schiffe der Union Company verließen, weil die Männer so viel Druck auf sie ausübten. Sie ließen jedoch die Kapitäne aller Schiffe unbehelligt. Durch großes Glück unternahm meine Frau diese Reise mit freundlicher Genehmigung der Direktoren, sodass ich meinen Chef meinen Gästen überlassen und die Dame mich vertreten konnte. Als ich im Büro ankam, ging es um die Frage, ob wir das Schiff trotz der Arbeitsprobleme pünktlich abfertigen könnten , und ich bejahte dies ohne Zögern, vorausgesetzt, dass ich die Angelegenheit auf meine eigene Weise regeln durfte. Das war am Sonntagabend, und mit dieser Übereinkunft trennten wir uns. Montag und Dienstag vergingen mit verschiedenen Vorfällen, und da ich das Schiff nicht verließ, befürchtete ich, dass es am nächsten Tag Probleme geben könnte, also stand ich sehr früh auf. Ich wusste, dass wir im Maschinenraum für einen Einsatz bereit waren und dass meine einzige Chance in einer Überraschung lag. Der Manager der Firma und ich gingen auf dem Achterdeck umher, von dem die einzige Gangway abging, als ein Heizer vorbeikam und an Land gehen wollte, worauf ich ihn aufhielt und ihm verbot, das Schiff zu verlassen. Er wollte wissen, warum er nicht gehen könne, und man sagte ihm, dass niemand das Schiff verlassen dürfe. Damit war natürlich die Katze aus dem Sack, aber ich war vorbereitet und sie nicht, und so hielten wir mit Hilfe der Offiziere die Mannschaft an Bord, bis wir in den Strom kamen, wo sie sich bald wiederfanden, sehr zu ihrem Missfallen. Sie ließen ihrer Meinung ziemlich freien Lauf, wobei die Feuerwehrleute am meisten verärgert waren. Es gab aber auch eine erfreuliche Sache bei der ganzen Sache. Einer der Quartiermeister, ein Mann, der schon viele Jahre bei mir war und den ich einmal mit Hilfe eines anderen Mannes vor einem schmerzhaften Ende bewahrt hatte, kam heimlich zu mir und sagte, unsere Männer hätten ihn gebeten, auszurichten, dass ich, wenn es Ärger mit den Feuerwehrleuten gäbe, nur ein Wort sagen müsse, und sie würden sich ihnen annehmen und ihnen eine Tracht Prügel verpassen. Das brachte mich zum Lachen, aber es gab keinen weiteren Ärger und wir stachen am nächsten Tag pünktlich in See. Als wir diesmal in London ankamen, mussten wir das Schiff so gut wie möglich beladen, wobei die Offiziere Winden und hydraulische Kräne bedienten. Damals kam das Gerücht auf, John Burns würde mit einer Gruppe von Hafenarbeitern kommen, um die Arbeiten zu stoppen. Glücklicherweise bestätigten sich diese Gerüchte jedoch nicht und ich weiß, dass der Ruf des Schiffs zu dieser Zeit die Aufgabe, eine Mannschaft für die nächste Reise zusammenzustellen, erheblich erleichterte.

KAPITEL XII

„Und ich habe dich geliebt, Ozean! Und meine Freude
an jugendlichem Spiel lag auf deiner Brust
, um wie deine Blasen weitergetragen zu werden." – BYRON.

Ein Riff ausschütteln

Der verstorbene Clark Russell und ich waren einst dicke
Freunde und verbrachten viel Zeit bis in die Nacht hinein und
andere Dinge damit, über das Meer und seine verschiedenen
Vorkommnisse zu sprechen. Er war mehr aus Instinkt als aus
Erfahrung ein Seemann. Natürlich hatte er auf See gedient,

aber nur für ein paar Jahre, und doch schien er die Verkörperung der Seefahrerkunde aller Zeiten zu sein. Nebensächlichkeiten, die dem gewöhnlichen Beobachter entgangen wären, nahm er auf und brachte sie in seine Vorstellung von der Erhabenheit des Meeres und allem, was damit zusammenhängt, an ihren richtigen Platz. Kein anderer Mensch hat in seiner Erfahrung auch nur die Hälfte der Vorkommnisse gesehen, die Clark Russell erzählt hat, aber sein Instinkt war unfehlbar, und seine Fähigkeit zur Beschreibung steht außer Frage. Lassen Sie mich ein Beispiel anführen. „Ein Mondschein, der schnell nach Westen wandert" mag den Uneingeweihten nicht ansprechen , aber für einen nautischen Geist ist es äußerst beredt und drückt genau die Bedeutung aus, die es mit möglichst wenigen Worten vermitteln sollte. Meiner Meinung nach wird dieser Satz nur von Kipling mit „as foot by foot we creep o'er the viewless, hueless deep, to the sob of the questing lead" (Fuß für Fuß schleichen wir durch die blick- und farblose Tiefe, zum Schluchzen des Suchenden) übertroffen. Beide Zitate zeichnen sich durch ihre einzigartige Komprimierung enormer Materie aus.

In einem Punkt waren Clark Russell und ich nicht einer Meinung. Er behauptete, dass es möglich sei, gleichzeitig dichten Nebel und Sturm zu haben. Ich behauptete das Gegenteil, denn zu diesem Zeitpunkt hatte ich diese Kombination noch nie erlebt und glaubte wie die meisten Leute, dass der Wind der Feind des Nebels sei und ihn bald auflöste. Tatsächlich lag ich falsch, denn schon auf meiner nächsten Reise hatte ich einen äußerst überzeugenden Beweis für meinen Irrtum, den ich gebührend anerkannte. Wir fuhren ostwärts auf dem Breitengrad 46° S und konnten von 62° O bis 140° O weder Sonne, Mond noch Sterne beobachten. Ich habe festgestellt, dass die Entfernung zwischen den Beobachtungen zehn Tage lang 3.216 Meilen beträgt; während eines Großteils dieser Zeit wehte ein starker Sturm und dichter Nebel. Um die Sache noch besser zu machen, warfen wir auch ein Propellerblatt ab, aber das war nur ein Zwischenfall, der die Überfahrt etwas verlängerte. Das wirklich Interessante an diesem Erlebnis war die Demonstration der unschätzbaren Eigenschaften von Lord Kelvins Kompass.

In einem Vortrag, den ich bei der Royal United Service Institution gehalten hatte, erwähnte ich den Nutzen des Patents für die Schifffahrt. Kurze Zeit später wurde ich vom

Erfinder, damals Sir William Thomson, gefragt, ob ich dies in einem Fall bezeugen würde, den er vor Gericht brachte, um die Verletzung seines Patentrechts zu stoppen. Ich konnte Folgendes darlegen :

Zwischen den von mir genannten Längengraden variiert die Kompass- oder magnetische Abweichung von etwa 30° W bis 10° O, da der Ort in der Nähe des Zentrums liegt , von dem die Abweichungslinien ausgehen. Es war daher notwendig, den Kompasskurs zu bestimmten Zeiten zu ändern, um den genau östlichen Weg beizubehalten, den wir nehmen wollten, und zu bestimmten Zeiten wurde die Änderung um einen Grad alle zwei, drei oder vier Stunden vorgenommen. Meine letzte Beobachtung ergab einen Breitengrad von 45 ° 58', die nächste von 45° 53', sodass wir in den zehn Tagen, die wir ohne Sicht verbrachten, nur fünf Meilen von unserem Breitengrad entfernt waren.

In einem so interessanten Fall wie diesem als Sachverständiger geladen zu werden, ist keine unangenehme Erfahrung. Damals traf ich zum ersten Mal Sir John Fisher, heute Lord Fisher, der zusammen mit Admiral Hotham und zwei Stabskapitänen vorgeladen worden war , um die Marine zu vertreten. Ich glaube, Sir Charles Hotham war damals einer der Sea Lords und Lord Fisher Kapitän. Captain Squire Lecky, der Autor von *Wrinkles in Navigation* , und ich vertraten die Handelsmarine. Es war die Zeit des Parnell-Prozesses, und der jetzige Lord Chief Justice, der die Krone in diesem Verfahren vertrat, wurde von Sir William Thomson dafür gewonnen, seinen Fall zu übernehmen. Ich muss gestehen, dass wir Seeleute alle mit einer Art belustigtem Interesse gespannt darauf warteten, was die Anwälte bei der Behandlung des Magnetismus von Eisenschiffen tun würden, und wie es der Zufall wollte, wurde mir eines der Vergnügen meines Lebens bereitet. Sir Richard Webster, wie er damals hieß, kam gerade vom Parnell-Fall zurück und begann, in für alle verständlichen Worten die Theorie der Kompassabweichung bei Schiffen aus Eisen oder Stahl, die Mängel der Kompasse vor dem von Sir Wm. Thomson und die Vorteile seiner Erfindung zu erklären – und das alles in der klarsten Sprache und mit der überzeugendsten Meisterhaftigkeit. Er sprach einen ganzen Tag und einen Teil des nächsten und lehrte mich, soweit es mich persönlich betraf, mehr über das, was ich als mein Spezialgebiet betrachtete, als ich je zuvor wusste. Als ich vor kurzem beim Abendessen neben Lord Alverstone saß, erinnerte ich ihn an den Fall, und er sagte, es sei damals eine angenehme Abwechslung zu dem anderen Fall gewesen, mit dem er beschäftigt war. Sir William Thomson gewann seinen Fall und schrieb mir einen Brief mit herzlichem Dank für die Hilfe, die ich ihm in der Angelegenheit geleistet hatte. Das Komischste an diesem Prozess war der Anblick von Captain John Fisher im Zeugenstand in der Abenddämmerung eines Herbstnachmittags, der aussah wie ein Schuljunge und durch sein Verhalten suggerierte , dass, soweit er wüsste, grünes Gras seine Farbe sei . Aber er erinnerte sich an eine Episode in seiner Jugend, bei der ein Stück Schnur an einen Kompass gebunden war, um ihn durch Ziehen am Kompass in Bewegung zu halten. Er erinnerte sich auch daran, wie er beim Bombardement von Alexandria dagestanden und auf einen der Thomson-Kompasse geblickt hatte, um zu sehen, wie er durch das Feuer *der Inflexible beeinflusst wurde* , als ein großes abgefeuertes Geschütz seine Mütze vom Kopf riss, den Kompass aber nicht ernsthaft beeinflusste . Diese Tage vor Gericht waren äußerst interessant, denn es war ein harter Kampf zwischen Wissenschaftlern ersten Ranges.

Wenn wir schon beim Thema genaue Navigation sind, möchte ich sagen, dass ein zuverlässiger „Instinkt" ein unschätzbares Hilfsmittel für einen erfolgreichen Navigator ist. Bei manchen Männern ist dieser sehr stark ausgeprägt. Ich habe ihn zum ersten Mal bei Craigie vom *Lord of the Isles gesehen* . Er war auch ein ausgezeichneter Navigator, und mehr als einmal hörte ich ihn, über die Karte gebeugt, sagen: „Unserer Berechnung zufolge sind wir hier" (er zeigte mit dem Finger), „aber ich weiß, dass sie hier ist", und er zeigte damit auf eine ganz andere Stelle. Und er hatte immer recht. Ich hatte bis zu einem gewissen Grad auch diesen Instinkt, und er hat mich mehr als einmal aus Schwierigkeiten herausgehalten.

Beim Navigieren in hohen oder vergleichsweise hohen südlichen Breiten besteht immer die Möglichkeit, auf Eis in größeren oder kleineren Mengen zu stoßen. Es gibt natürlich bestimmte Gegenden, an denen die Wahrscheinlichkeit, auf Eis zu treffen, größer ist als an anderen. So wurden zum Beispiel in sehr ungewöhnlicher Weise vom Kap der Guten Hoffnung aus Eisberge gesichtet. Doch niemand würde damit rechnen, sie dort jemals wieder zu sehen, oder bei nebligem Wetter Vorkehrungen gegen sie treffen. In den südlichen

Sommer- und Herbstmonaten ist die Wahrscheinlichkeit, irgendwo Eis zu sehen, größer als zu jeder anderen Jahreszeit, und in den Wintermonaten stößt man gelegentlich auf verirrte Eisberge, die von ihrem eigentlichen Kurs abgekommen sind und ziellos umherwandern und jedermann zur Plage werden . Ein solches Beispiel für Eis am fehl am Platz findet sich in Danas „ *Zwei Jahre vor dem Mast*", wo er von seinen Erlebnissen im Juli vor der Küste des Kap Hoorn schildert . Ich würde diesen Vorfall für ziemlich ungewöhnlich halten, aber er wird erwähnt, um zu zeigen, dass man nie sicher sein kann, wo Eis ist und wo nicht, und bei dichtem Wetter muss ein Kapitän entscheiden, ob das Eisrisiko so groß ist, dass er Vorsichtsmaßnahmen ergreifen muss, die die Fahrtzeit verlängern. Nun gibt es für die Navigation im Nebel bestimmte Regeln, nach denen Sie von einem Gericht verurteilt werden, wenn Sie zu Schaden kommen, aber diese Regeln gelten hauptsächlich für die Gewässer, in denen sich die meisten Schiffe versammeln, obwohl sie meines Wissens überall anwendbar sind. Allgemein gilt die Regel, dass bei Nebel, Dunst oder Schneefall alle Schiffe mit „mäßiger" Geschwindigkeit fahren müssen, was einige Absurditäten mit sich bringt. „Mäßige Geschwindigkeit" könnte bei einer Mauretania etwa neun Knoten sein, was bei einem Dampfer mit geringer Leistung der vollen Geschwindigkeit entspricht. Wenn andererseits bei dichtem Nebel alle Schiffe anhalten würden, könnten sie sich nicht gegenseitig verletzen, obwohl sie aus ihrer Position driften könnten.

Weiter südlich war die Gefahr einer Kollision mit Schiffen natürlich verschwindend gering; bei Eis war es eine andere Sache, und ich beschloss daher in meinem Kopf, dass ich entweder mit voller Geschwindigkeit weiterfahren oder anhalten sollte, wenn ich nichts sehen konnte. Einmal, auf halbem Weg über den Indischen Ozean, zog dichter Nebel auf. Ich hatte kein Eis gesehen und hatte auch keinen besonderen Grund anzunehmen, dass ich welches sehen sollte, aber der Nebel war so dicht, dass ich von der Brücke aus kein Ende des Schiffes sehen konnte. Ich wollte nicht anhalten, aber schließlich stellte ich gegen 20 Uhr die Motoren ab und lag die ganze Nacht bewegungslos da. Obwohl ich natürlich schon Dutzende Male im Nebel gefahren war, tat ich es diesmal nicht, noch konnte ich einen konkreten Grund für mein Vorgehen angeben. Aber als es Tag wurde und der Nebel sich verzog, sahen wir in unterschiedlichen Entfernungen um uns herum ein Dutzend oder fünfzehn große Eisberge. Natürlich hätten wir sie sicher passieren können, aber wenn es zwischen uns Meinungsverschiedenheiten hinsichtlich der Vorfahrt gegeben hätte, hätten wir die Geheimnisse des Meeres wahrscheinlich noch weiter vertieft.

Ich lief zu einem dieser Eisberge hinunter, um zu sehen, ob ich ein Echo von der Dampfpfeife empfangen konnte. Das Wetter war damals klar und das Echo war ganz perfekt, aber ob es auch im Nebel so wäre, kann ich nicht sagen. Clark Russell schrieb einen Artikel über diesen Vorfall im *Daily Telegraph* .

Ich glaube, das einzige Mal, dass ich durch Eis aufgehalten wurde, und es war auch wieder Eis, war auf der Heimfahrt, und es war Winter. Es war schon trübes Wetter im Anmarsch, als am späten Nachmittag, wenn man so will, Eis gemeldet wurde – und zwar ziemlich viel davon. Ein weiterer Fall von streunendem Hund, aber er musste behandelt werden. Der Wind war stark aus Nordwest mit dem üblichen Nebel und Nieselregen, und die Nacht wurde stockfinster. Wieder kam ich zu dem Schluss, dass ich nicht mit einem gewissen Maß an Sicherheit fahren konnte, also brachte ich das Schiff unter seinen Dreisegeln in den Wind und steuerte etwa NNE, wobei die Maschinen so langsam wie möglich liefen. Gegen zehn Uhr fiel das Glas schnell und ein fürchterlicher Sturm kam herunter. Der Quartiermeister bemerkte mir gegenüber oder rief eher: „Sie legt sich gegen ihr Ruder, Sir." Das war ziemlich interessant, also sagte ich zum wachhabenden Offizier: „Wenn sie besser weiß, was zu tun ist als ich, dann lassen Sie sie es tun; stellen Sie die Maschinen ab." Das tat er. Inzwischen war das Hauptsegel aus den Liektauen geweht, aber im Getöse des Wetters hörte ich es nicht. Der Wind hatte jetzt nach Westen gedreht, aber das Schiff lag quer zur See, ohne Wasser aufzunehmen. Das lag daran, dass ich meine Ölsackausrüstung eingesetzt hatte und meine Erfahrungen damit sehr zufriedenstellend waren. Nach einigen Stunden klarte das Wetter so weit auf, dass wir das Ruder einziehen und weiterfahren konnten. Nach dieser Nacht sahen wir kein Eis mehr.

Bevor wir das Thema des antarktischen Eises verlassen, ist es vielleicht interessant, einige seiner Merkmale zu betrachten. Zunächst seine Größe. Einmal passierten wir eine platte Masse, die in einer Entfernung von 24 Kilometern einen horizontalen Bogen von 24 Grad bildete, und wir passierten einen weiteren Eisberg, der einen Bogen hatte, der groß genug war, dass ein Schiff hindurchpasste. So genau wir es berechnen konnten, war der Bogen etwa 270 Fuß hoch.

Einmal sahen wir weit südlich bei den Nimrod-Inseln, als wir die große eisführende Strömung überquerten, einige Eisberge, die insofern bemerkenswert waren, als sie geschichtet zu sein schienen und in einer bestimmten Position an riesige Tulpen erinnerten. Die Erfahrungen dieser Reise habe ich in einem Vortrag vor dem australischen Wissenschaftskongress festgehalten und hoffe noch immer, dass die Quelle dieser besonderen eisführenden Strömung von einer der Antarktisexpeditionen untersucht wird.

Als ich zum ersten Mal mit einem Schiff Kap Hoorn umrundete, ließen die Karten einiges zu wünschen übrig. Ein Beispiel dafür, was ich meine: Kap Hoorn selbst war mit einer Höhe von etwa 500 Fuß angegeben. Aufgrund meiner eigenen Beobachtungen war ich sicher, dass dies nicht stimmte, und als ich eines Tages den Hydrographen Sir W. Wharton, KCB, aufsuchte, versicherte ich ihm, dass es mindestens 1.200 Fuß hoch sei. Er antwortete, dies sei unmöglich, „denn Fitzroy hatte eine Station auf dem Kap Hoorn", womit er Admiral Fitzroy meinte, der die ursprüngliche Vermessung durchgeführt hatte, von der unsere Karte stammt. Das war im Jahr 1885, und innerhalb weniger Tage nach diesem Gespräch erhielt ich einen Brief auf Anweisung des Hydrographen, in dem er mir für seine Beobachtungen dankte, die es ihm ermöglicht hatten, die Abweichungslinien in der Nähe von Kap Hoorn zu korrigieren, und in dem stand, dass die französische Vermessung von 1882–1883 die Höhe dieses Vorgebirges auf 1.394 Fuß festgelegt hatte. Meine Beobachtungen wurden später von Captain Clayton, RN, der HMS *Diamond bestätigt*, denn magnetische Beobachtungen, die von einem Eisenschiff aus gemacht werden, werden immer mit einem gewissen Argwohn betrachtet. Ich muss allerdings sagen, dass Sir William Wharton mir stets jede Information zukommen ließ, die nützlich sein könnte, und der Kompasskompass-Superintendent, Captain Creak, RN, FRS, war äußerst hilfsbereit und ermutigend und kam sogar an Bord der *Kaikoura* und half mir, den Krängungsfehler des Kompasses auszugleichen. Zuvor hatten die sogenannten Launen der Schiffskompasse vor Kap Hoorn immer ein Rätsel gewesen, denn die Abweichungen in den Karten wiesen stellenweise bis zu fünf Grad auf. Mir fiel die Aufgabe zu, die Korrektur vorzunehmen, indem ich nichts als gegeben hinnahm, was ich nicht überprüfen konnte.

Ich hatte einmal das große Glück, zwischen Kap Hoorn und Rio günstigen Wind zu haben, der sogar mich zufriedenstellte, und ungefähr zu dieser Zeit war ich auch davon überzeugt, dass der schnellste Weg nach Hause außerhalb der Falklandinseln lag. Ich hatte immer einen Kurs durch die Le Maire- Straße genommen , aber außer in Ausnahmefällen bin ich überzeugt, dass dies der falsche Kurs für ein Schiff ist, das nach Rio fährt. Es stimmt, dass man vor Kap Hoorn manchmal schönes Wetter hat, aber das ist selten, und in den Segelanweisungen heißt es zu diesem Thema: „Jeder schöne Tag sollte dankbar angenommen werden, wie er kommt." Denn wenn schlechtes Wetter einsetzt, kommt es plötzlich, oft begleitet von schwerem und dichtem Schneefall. Einmal fuhr ich gegen Mitternacht in die Straße ein, als es heftig schneite. Nach den besten Peilungen, die ich bekommen konnte, als das Wetter noch ziemlich klar war, glaubte ich, dass ich in die Mitte der Passage steuerte, aber ich war damit keineswegs zufrieden, denn die Gezeiten oder Strömungen in dieser Gegend sind stark und unsicher und werden größtenteils vom vorherrschenden Wind beeinflusst. Ich musste mich auch ziemlich schnell entscheiden. Wenn ich langsamer wurde oder anhielt, wusste ich nicht, wo ich landen würde, also kam ich zu dem Schluss, dass es besser war, das Risiko einzugehen und sie gehen zu lassen. Das tat ich und es ging alles gut aus, aber ich fasste den inneren Entschluss, dass ich mich nicht noch einmal so erwischen lassen würde.

EIN HANDLICHES GROßSEGEL, DAS KEINEN RAUCH AUF DIE BRÜCKE TREIBT

Der phänomenal günstige Wind, von dem ich gesprochen habe, herrschte im April. Wir hatten eine recht gute Überfahrt nach Kap Hoorn hinter uns und waren an den Falklandinseln vorbei bis auf 44° S. gekommen, als der Wind mit fallendem Glas stark aus Nordost zu wehen begann und gleichzeitig die Tendenz zeigte, weiter nach Osten zu drehen. Hier, dachte ich, besteht die Möglichkeit, einen gewissen Nutzen daraus zu ziehen, wenn, wie ich schlussfolgerte, ein Zyklonsystem nach Osten zog und wir uns an dessen südöstlicher Ecke befanden. Es gab ziemlich viel Seegang, aber ich ließ das Schiff los und setzte Scharen . Ich wurde damit belohnt, dass der Wind noch mehr nachließ, so dass ich vor Einbruch der Dunkelheit die einzelnen gerefften Marssegel und das Focksegel setzen konnte, mehr hielt das Schiff nicht aus, denn die See war direkt hinter dem Schiffsbalken, nahm ständig zu und das Schiff schlingerte sehr stark. Diese Nacht gehört zu meinen schönsten Erinnerungen an die Seefahrt , denn vor uns lag klares Meer, so viel Wind wie wir wollten, und wir mussten das Schiff gut steuern, wenn wir das meiste daraus machen wollten. Gegen Mitternacht mussten wir wieder an den Luvstreben ziehen, und die Männer der Wache merkten, dass es ihnen all ihre Kraft abverlangte, denn das Schiff schlingerte fürchterlich. Der Chefingenieur kam taumelnd am Achterdeck entlang auf mich zu und fragte, ob ich etwas tun könne, um das Schiff stabiler zu halten, da es mehr als einmal seinen Sauger weggerollt hatte. Das bedeutete, dass seine Einspritzplatte aus dem Wasser gewesen war, und das konnte ich ohne weiteres glauben. Ich sagte ihm, dass es immer besser würde, also müsse er das Beste daraus machen , und damit müsse er sich zufrieden geben. Am Morgen war das Schiff wieder auf Kurs, der Wind achtern, und wir setzten mit Bramsegeln etwa 16 Knoten in Bewegung. In drei Tagen legten wir 1.064 Meilen zurück, mit einer Durchschnittsgeschwindigkeit von fast 15 Knoten, und das bei laufendem Motor, aber die *Kaikoura* war für die Segel genauso dankbar wie ein durstiger Mann für einen Drink und schwelgte in dem wahren Seetanz. Ich war ziemlich zufrieden mit mir selbst, aber es war alles Eitelkeit, denn wir kamen in Rio an, bevor man uns erwartete, und es war keine Kohle bereit. Die tatsächliche Fahrzeit zwischen Wellington und Plymouth betrug 37 Tage und 3 Stunden, oder eine Durchschnittsgeschwindigkeit von knapp über 13 Knoten.

Bei dieser Frage der Route muss man unbedingt auch die Magellanstraße erwähnen, deren Durchfahrt in der Passagierwerbung eine große Rolle spielte. Sehr klugerweise wurde den Kapitänen jedoch nie die strikte Anweisung gegeben, diese Route zu wählen; es blieb ganz ihrem Ermessen überlassen. Damals herrschte große Rivalität um die schnellste Überfahrt, sowohl zwischen unseren eigenen Schiffen als auch denen der Gegenlinie, und bis heute weiß ich nicht wirklich, wer die schnellste Heimfahrt geschafft hat , obwohl ich glaube, dass ich es wusste. Natürlich bedurfte es unter diesen Umständen, wenn ein Schiff in einer guten Position war, um Kap Hoorn zu umrunden, eines starken Arguments, um einen Kapitän dazu zu bringen, die Distanz zu vergrößern und die bestenfalls riskante Navigation dieser großartigen Wasserstraße zu unternehmen. In absoluter Pracht ist der westliche Teil der Straße unübertroffen, aber wenn ein Schiff in Eile ist, besteht wenig Neigung oder Anreiz, anzuhalten, um die Landschaft zu bewundern. Wie es sich jedoch ergab, wurde in meinem Fall das „starke Argument" geliefert. Als wir England im November 1885 verließen, hatten wir eine vollständige Besatzung an Bord, darunter General Sir Patrick und Lady McDougall sowie den Grafen und die Gräfin von Dalhousie. Sie hatten vor, die „Rundreise" mit dem Schiff zu machen, und die Durchquerung der Meerenge war, glaube ich, ein Ereignis, auf das sie sich alle freuten. Ich hatte nie angenehmere Passagiere. Zufällig waren Sir Patricks und meine

Lektüre sehr ähnlich, und die Unterhaltung beim Essen war keineswegs langweilig. Lord Dalhousie war in der Marine gewesen und im Herzen immer noch ein Seemann; er war auch ein großer Shakespeare-Schüler. Lady Dalhousie hatte neben allen anderen auch einige Erfahrungen auf See gesammelt, als ihr Mann Kommandant der *Britannia war. Es ist überflüssig, aber natürlich zu erwähnen* , dass sie ebenso charmant wie gutaussehend war, und wann immer sie die Harmonie des Schiffes fördern konnte, scheute sie keine Mühen, dies zu tun. Wir machten eine sehr schöne Überfahrt bis auf vier Tage an Kapstadt heran, als uns ein Propellerblatt abfiel. Wir waren gerade beim Abendessen, als es abstürzte. Ich spürte es, und als ich über den Salon blickte, fiel mir der Blick meines Chefingenieurs ins Auge, der meinen gesucht hatte. Ich sagte nichts und hoffte, es wäre unbemerkt geblieben, aber eine meiner Tischfreundinnen hatte den Blick bemerkt und fragte arglos, warum der Chefingenieur mitten beim Essen den Tisch verlassen hatte. Es hat wenig Sinn, etwas zu verbergen, denn wir mussten die Maschinen entlasten, aber selbst dann schafften wir eine gute Fahrt zum Kap.

Als wir in der Tafelbucht ankamen, vertraute ich nicht auf die Arbeit von Tauchern. Wir legten das Schiff ins Dock, löschten ein Atom Ladung, legten es dann samt Ladung ins Trockendock, ersetzten die Schaufel, luden die kleine Ladung, die wir gelöscht hatten, wieder auf, luden Kohle auf und fuhren nach etwa 32 Stunden wieder ab, was alles in allem keine schlechte Arbeit war, denn so sehr ich Kapstadt und seine Menschen auch mochte, gab es dort gewisse Interessen, die sich sehr freuten, einen „täglichen Fremden" in Not willkommen zu heißen. Wir mussten in Neuseeland eine sogenannte „particular Average" dieser Angelegenheit machen, und nur wenige Dinge verursachen bei den Empfängern mehr Ärger, aber es hätte für mich keine Entschuldigung gegeben, wenn ich ein unnötiges Risiko eingegangen wäre, das durch angemessene Ausgaben vermieden werden konnte. Die restliche Überfahrt nach Port Chalmers verlief ohne Zwischenfälle; aber in der letzten Nacht hatten einige junge Männer unter den Passagieren der ersten Klasse zu viel getrunken und schafften es, sich zu Eseln zu machen und ihren Mitpassagieren lästig zu werden. Der Lotse von Port Chalmers nahm uns bei Ebbe auf und schaffte es, uns auf einer Sandbank abzusetzen, wo wir bis zur nächsten Flut blieben. Es entstand kein Schaden, aber danach wurden beim

Londoner Zollamt viele Fragen dazu gestellt. Unsere Fahrzeit für diese Überfahrt betrug 39 Tage und 9 Stunden.

Die neue Ordnung des Fortkommens war nun in Kraft getreten und wir verbrachten unseren langen Aufenthalt im Hafen am Ende Neuseelands. Insgesamt waren wir sechs Wochen dort, aber Mitte Februar brachen wir nach Hause auf und dann musste ich die Konsequenzen tragen. Ich wusste, dass die *Doric* am Tag nach uns ablegen würde, deshalb wollte ich die Zeit, die für die Durchquerung der Meerenge erforderlich war, nur ungern verlieren, denn die *Doric* und *die Kaikoura* waren immer sehr eifersüchtig aufeinander und ich war überzeugt, dass unsere Rivalin den großen Kreis einhalten würde. Ich wusste auch, dass wir nie wieder etwas davon hören würden, wenn sie uns einmal erblickte, denn Kapitän Jennings, der mein sehr guter Freund war, ließ keine Gelegenheit aus, mir die enorme Überlegenheit der *Doric*- und White Star-Modelle im Allgemeinen zu vermitteln. Dem widersprach ich natürlich, obwohl Jennings selbst eines der besten Beispiele eines alten Seemanns war, die man finden konnte. Als wir uns dem Kap Hoorn näherten, wurden die Fragen, die ich bezüglich der Meerenge und meiner Absichten bekam, immer schärfer. Wir hatten einen schönen, günstigen Wind, und ich wollte diesen Vorteil nicht missen, aber da er mir schließlich zu einer persönlichen Angelegenheit wurde, verlagerte ich mein Ruder in Richtung der Meerenge und hatte das Glück, sie bei Tagesanbruch zu erreichen, so dass ich eine wirklich lange Tagesfahrt vor mir hatte. Es erübrigt sich zu sagen, dass meine Passagiere entzückt waren, denn die Landschaft war zwar wild, aber sehr großartig, und um die Wahrheit zu sagen, genoss ich die Reise selbst, da ich nun eine vernünftige Entschuldigung für den Zeitverlust hatte. Solange man sehen konnte, war die Navigation problemlos, aber in dieser Gegend ändert sich das Wetter sehr plötzlich, und man beobachtet es von Stunde zu Stunde genau. Wir passierten die Überreste von mehr als einem großen Dampfer, der gestrandet und verlassen war. Es gab einige Spekulationen darüber, was das Schicksal ihrer Besatzungen gewesen war, denn damals waren die Eingeborenen von Feuerland Kannibalen. Wir hatten Glück und ankerten gegen neun Uhr abends, kurz nach Einbruch der Dunkelheit, in Sandy Point. Wir brachen wieder bei Tagesanbruch auf und fuhren mit ordentlicher Flut durch die Meerenge. Da das so war, rasten wir mit der Geschwindigkeit eines Eisenbahnzugs am Land vorbei, die Strömung betrug vielleicht neun Knoten und das Wasser war eine Masse kochender Gewalt. Als wir an diesem Nachmittag am Kap Virgins vorbei waren, setzte ich mich hin, um mit großer Gelassenheit eine Runde Whist zu spielen. Eines Morgens erreichten wir Rio rechtzeitig, aber das Kohlenholen ging sehr langsam und hielt uns bis zum späten Nachmittag des nächsten Tages auf. Zu diesem Zeitpunkt war, wie ich erwartet hatte, unsere Freundin, die *Doric, aufgetaucht, und ich wusste, dass Jennings und seine Leute für alle Ewigkeit erzählen würden, wie sie die Kaikoura* eingeholt hatten .

Bei dieser Gelegenheit in Rio (es war vor der Revolution) beehrte mich der Kaiser mit der Andeutung, dass er das Schiff gern besuchen würde. Er tat dies und inspizierte es sehr genau, um anschließend zu Mittag zu essen, zur großen Erleichterung seines Personals, das den ganzen Morgen über an einer religiösen Zeremonie teilgenommen hatte und mir anvertraut hatte, dass es verzweifelt hungrig war. Seine Majestät war äußerst gnädig und die Veranstaltung war sehr angenehm. Es gab keine weiteren Zwischenfälle auf der Überfahrt, und als wir eines Morgens früh in Plymouth ankamen, gingen mehrere Freunde von Lord Dalhousie an Bord, die mir mitteilten, dass er zum Staatssekretär für Schottland ernannt worden war und dass er und die Gräfin so schnell wie möglich an Land gehen müssten. Sie waren auf dem Schiff außerordentlich beliebt gewesen, und auf der folgenden Reise erhielt jeder Offizier von ihnen ein Andenken an eine angenehme Reise. Ich persönlich schätze eine kleine handgemalte Weihnachtskarte sehr, denn Lady Dalhousie malte gern und hatte in Rio einige wunderbare Studien über Sonnenlichteffekte angefertigt.

Es gibt kaum etwas Rätselhafteres als dichten Nebel an Land, selbst an einer wohlbekannten Stelle, aber auf See verursacht er manchmal die phantastischsten Vorfälle, von denen ich jetzt einen erzählen möchte. Wir waren mit einem Kanallotsen (Posgate) unter der Leitung den Kanal hinunter nach Plymouth unterwegs, und als wir ablegten, kam dichter Nebel auf. Ich muss gestehen, dass ich unter diesen Bedingungen ziemlich an die Navigation gewöhnt war, also fuhr ich weiter, bis ich wusste, dass wir nicht mehr weit vom Wellenbrecher von Plymouth entfernt waren, als der Anker geworfen wurde. Trotzdem ist es nicht angenehm, in der Fahrrinne des Kanals vor Anker zu liegen, denn es besteht ein erhebliches Risiko, dass jemand mit Ihnen zusammenstößt, und jedes Mal, wenn der Nebel ein wenig dünner wurde, wurde scharf Ausschau gehalten, um das Licht des Wellenbrechers zu sehen. Gegen neun Uhr abends war es sehr schwach zu erkennen, aber immer noch gut genug, damit ich losfahren konnte, und kurze Zeit später nahmen wir den Lotsen von Plymouth auf, der dann das Kommando übernahm. Der Nebel war damals dichter, aber wir behielten die Richtung des Lichts bei und passierten es, wobei der Lotse sehr darauf bedacht war, das Backbordruder stärker zu benutzen, als mir angebracht erschien. Schließlich sagte ich: „Wie möchten Sie fahren, Lotse?" „Ungefähr NO ½ O, Sir", war die Antwort, worauf der Mann aus London sagte: „Aber Sie sind jetzt ONO." Der Mann aus Plymouth sagte: „Keine Sorge, Sir, bitte Backbord." Daraufhin stoppte ich die Motoren, obwohl wir sehr langsam fuhren. Kurz darauf sang der Chef vom Vorschiff: „Ein Kriegsschiff dicht vor uns" und gleich danach: „Nein, nein, das ist das Wellenbrecherfort!" Ich drehte mit voller Geschwindigkeit nach achtern, trotz der Einwände beider Lotsen, ich könnte Festmacherleinen und Bojen beschädigen, und als sie zurückfuhr, streifte sie das Fort nur knapp mit ihrem Bugspriet, das dadurch eine Schräglage bekam, die es für den Rest seines Lebens behielt. Ich fragte den Chef, ob sie auf dem Osten aufgeschlagen sei, aber er sagte wie ein guter Mann: „Nein", und tatsächlich war es der leichteste mögliche Streifschuss. Schließlich ankerten wir, ohne dass unsere neue Erfahrung darunter litt. Ich habe vergessen, was ich dem Plymouth-Piloten gesagt habe – zweifellos war es etwas sehr Höfliches –, aber es war kaum jemals möglich, Cousin Jacker wirklich ernst, denn sie wussten selbst, dass sie oft so nützlich waren wie das fünfte Rad am Wagen. Die Moral dieser Geschichte ist, wenn es überhaupt eine Moral gibt, dass, wenn jemand versucht hätte, es an einem schönen Tag so zu machen wie wir, es wahrscheinlich nicht geschafft hätte , und tatsächlich kann ich mir manchmal kaum vorstellen, wie es dazu kam. Es ist jedoch passiert, und zwar genau auf die Art und Weise, die ich beschrieben habe.

Ich muss zugeben, dass ich während meiner gesamten Seefahrtszeit erstaunlicherweise vor ernsthaften Unfällen gefeit war. Das war mein Glück. Aber manchmal gab es auch Unannehmlichkeiten . Einmal wurden wir durch eine schlimme Scharlachepidemie behindert, und einige sehr streitsüchtige Leute im Salon konnten nicht einsehen, dass ich zum Wohle aller handeln musste und dass es deshalb notwendig war, etwas Platz zu opfern, um Isolation und Krankenhausunterbringung zu gewährleisten. Um die Sache wieder in Ordnung zu bringen, hatten wir einen Unfall, der viel Ärger machte. In einem der Orlopdecks war eine große Menge Ölfässer verstaut, Leuchtmittel für die neuseeländischen Leuchttürme. Durch ein Missgeschick löste sich eines davon, und ehe man es bemerkte, trieb die ganze Ladung los – denn das Schiff rollte stark –, wurde von einer Seite auf die andere geschleudert, zerbrach schließlich und überschwemmte das Orlopdeck und den unteren Laderaum mit Öl. Es war schwierig und gefährlich, die verbliebenen Fässer zu sichern, denn es herrschte eine seltsame Dünung, und so sehr ich mich auch bemühte, ich konnte das Schiff nicht dazu bringen, ruhig zu bleiben. Die Männer arbeiteten jedoch gut, obwohl die Dämpfe ihre Augen stark beeinträchtigten. Große Mengen wurden in Eimern gepackt und über Bord geworfen, aber es blieb unvermeidlich genug übrig, um eine enorme Ladungsmenge im unteren Laderaum zu beschädigen. Das war eine meiner wenigen unangenehmen Fahrten.

Auf der anderen Seite gab es Passagen, wo die Leute alles zu einem Vergnügen machten, und einmal waren sehr heitere Zeiten bei uns, als drei junge Engländer gerade ihr College-Studium abgeschlossen hatten. Einer war Lord Burford , ein anderer hieß Conolly und der dritte war Seely , heute (1912) Unterstaatssekretär im Kriegsministerium, der schon damals durch seine tadellosen Manieren und eine für einen so jungen Menschen seltene Weltkenntnis erheblichen Einfluss ausübte. Lord Burford ist in der Zwischenzeit Nachfolger des Herzogs von St. Albans geworden. Sein Pferd sitzt so anmutig wie nie zuvor, wie ich es gesehen habe. Conolly , der sich später den Scots Greys anschloss, schläft mit seinen Kameraden, den tapfersten und besten, unter dem Torf im Transvaal. Der Grund, warum ich diese drei jungen Männer besonders erwähne, ist, dass sie das glückliche Gespür hatten, alles zu bekommen , was sie wollten und es gleichzeitig für andere zu einer Freude zu machen, es ihnen zu geben. Es stimmt, dass drei Tandems auf einmal ziemlich viel Platz in den Straßen von Wellington beanspruchten und ein wenig Aufsehen erregten, aber die Neuseeländer, mit denen die Freunde in Kontakt kamen, mochten sie, sogar so sehr, dass sie die Abfahrt eines Schnellzugs verzögerten, während sie einen Vorrat an Reiseproviant anlegten. Conolly allein unternahm die gesamte Reise mit mir und entwickelte auf der Fahrt nach Horn eine

Vorliebe dafür, bei schlechtem Wetter in die Lüfte zu steigen, um mit den Segeln zu arbeiten. Mir gefiel das Risiko nicht, das er einging, aber ich konnte mich nicht gut dagegen wehren, und glücklicherweise passierte kein Unfall.

Obwohl ich inzwischen vieles über das Kap verloren hatte, hatte ich gelegentlich das Glück, alte Freunde zu besuchen, wenn sie zu einem besonderen Anlass zusammengekommen waren. Einmal lagen einige Kriegsschiffe in der Bucht, und am Abend fand im Government House ein Ball statt, zu dem ich eingeladen war. Ich wusste, dass die Kohlenbeladung um neun Uhr abends abgeschlossen sein würde, und ich war sehr darum bemüht, alle meine Passagiere sicher an Bord zu bringen, denn es kam ein Südostwind . Das gelang jedoch problemlos, und als ich dann sah, wie die Gangway hochgezogen wurde, machte ich mich auf den Weg zum Ufer, verbrachte ein paar Stunden unter alten Freunden und genoss es nach Herzenslust. Gegen Mitternacht kehrte ich zum Schiff zurück und machte mich sofort auf den Weg. Ich nehme an, ich hatte wirklich kein Recht, mir diese drei Stunden Zeit zu nehmen, aber es war das einzige Mal, dass ich auf einer Überfahrt eine Minute verlor, und diese Ausnahme bereue ich auch jetzt nicht.

Ich glaube, es war diese Passage, bei der ich die Genugtuung hatte, einen sehr großen Wissenschaftler, Sir Julius von Haast , zu begleiten. Wir waren Freunde und ich hatte den größten Respekt vor seinen Ansichten und Errungenschaften. Er widmete mir sehr viel seiner Zeit und überzeugte mich unter anderem davon, dass unser nationales System der freien Importe eine Katastrophe bedeuten würde. Geologie war jedoch seine Stärke und sein Ruf in dieser Wissenschaft war weltweit. Leider muss ich sagen, dass er kurz nach seiner Landung in Neuseeland starb.

Gegen Ende meiner Reise bekam ich die Nachwirkungen der verschiedenen Streiks der Seeleute und den gefährlichen Geist der Unruhe und Gehorsamsverweigerung zu spüren, den sie auslösten. Die Macht des Kapitäns eines Handelsschiffs, sei es ein Kohlenschiff oder eine *Olympic* , ist eine sehr unsichere Größe, da sie nur durch die Notwendigkeit des jeweiligen Falles begrenzt wird. Mit anderen Worten: Sie können so handeln, wie Sie es für richtig halten, aber Sie werden aufgefordert, Ihr Handeln zu verteidigen, wenn Sie an Land gehen.

Man erkennt also, dass die Disziplinarbestimmungen des Merchant Shipping Act viel dem Ermessen der Justizbehörde überlassen, die einen bestimmten Fall behandelt, und es ist durchaus vorstellbar, dass einige Richter Verstöße gegen die Disziplinarbestimmungen nachsichtiger betrachten als andere. Und ich bin mir der Schwere der von mir verwendeten Worte bewusst, dass es nicht das Board of Trade war, das die Autorität des Kapitäns freiwillig beschnitten hat, sondern es war das vorsätzliche Handeln der Schiffseigner , die merkwürdigerweise mehr als jede andere Behörde zur Zerstörung der Autorität an Bord von Schiffen beigetragen haben. Solange ein Kapitän sich der Unterstützung des Eigners sicher war, würde er im Bedarfsfall auch unerschrocken handeln. In vielen Fällen jedoch zögert ein Kapitän, rechtliche Schritte einzuleiten, wenn er weiß, dass er dabei keine Unterstützung von seinen Eignern erhält. Erst kürzlich sagte mir der Kapitän eines großen Postdampfers, er würde keinen Ärger mit seiner Mannschaft haben, „denn das würde der Gesellschaft nicht gefallen". Ich behaupte, dass diese Vorgehensweise einfach Ärger vorprogrammiert, denn die Menschen von heute sind sich durchaus bewusst , dass ein kluger Anwalt aus sehr oberflächlichen Gründen einen plausiblen Fall aufbauen kann. Daraus ergibt sich die dringende Notwendigkeit einer *einheitlichen Verwaltung* des Handelsschifffahrtsgesetzes, denn so wie es derzeit gehandhabt wird, gibt es *keine* einheitliche Praxis.

Ich hatte Gelegenheit, an einem Polizeigerichtsverfahren in Wellington teilzunehmen, bei dem ein Feuerwehrmann angeklagt wurde, weil er meinen zweiten Offizier angegriffen und ihm einige Zähne ausgeschlagen hatte. Es war ein besonders schwerer Fall und verdiente die höchste Strafe, die für dieses Vergehen verhängt werden konnte, aber der Richter war ganz anderer Ansicht und verhängte nur die Hälfte der Höchststrafe. Ich war darüber ziemlich verärgert und fürchte, das ließ ich mir anmerken, denn ich sagte dem Beamten, ich würde meinen Offizieren in Zukunft raten, etwas zu ihrer eigenen Verteidigung mitzunehmen , da sie von der Polizei kaum geschützt würden. Das war ziemlich unglücklich, denn kurze Zeit später, ich glaube, es war auf der nächsten Reise, kam es zu einer Schießerei, die viel Aufsehen erregte und mich beinahe in ernsthafte Schwierigkeiten brachte. Der Sachverhalt war wie folgt. Zwei Kameraden von Segelschiffen hatten sich bei bestimmten Seeleuten ihres eigenen und anderer Schiffe die

Missgunst zugezogen. Sie waren bedroht worden und blieben daher zum gegenseitigen Schutz zusammen. Einer von ihnen steckte einen Revolver in die Tasche, als sie eines Sonntagmorgens an Land gingen. Sie wurden von Männern empfangen, die sie mit feindseliger Absicht suchten, und der Maat, der den Revolver besaß, wurde niedergeschlagen. Aus Angst vor Schlimmerem schoss er aus der Tasche auf seinen Angreifer, der mit einem Schuss durchs Herz zu Boden ging. Es ist zu beachten, dass diese Fehde zwar schon seit kurzer Zeit bestand, es jedoch keinerlei Anzeichen von polizeilicher Aufsicht oder Beobachtung gab, bis der Schaden vollendet war. Die beiden Männer wurden gemeinsam wegen vorsätzlichen Mordes vor Gericht gestellt, aber der Richter entschied, dass sie getrennt vor Gericht gestellt werden sollten. Folglich wurde zuerst der Mann, der den Schuss abgefeuert hatte, vor Gericht gestellt und zu einer langen Zuchthausstrafe verurteilt. Das war an einem Samstag. Am nächsten Tag setzte ich mich hin und schrieb einen langen Brief an die *New Zealand Times*, der am Montag veröffentlicht wurde; darin verwies ich auf meine früheren Beschwerden über die Ineffizienz der Polizei und schloss mit einem Appell um Strafmilderung. Den anderen Mann erwähnte ich nicht, der sich am Montag vor Gericht verantworten musste. Dieser Mann wurde freigesprochen, aber der Staatsanwalt war wütend über meine Einmischung in den Fall. Er und ich waren, was Whist-Spieler anging, sehr befreundet, aber als er mich am Montagnachmittag im Club traf, sagte er mir, ich hätte mich der Missachtung des Gerichts schuldig gemacht und müsste die Konsequenzen tragen. Ich glaube jedoch, dass es sich nur um einen dieser heiklen Fälle handelte, in denen eine Verurteilung schwierig gewesen wäre, denn ich hörte nichts mehr von der Sache. Der Mann, der freigesprochen wurde, kam am Dienstagmorgen zu meinem Schiff, und als ich East an der Gangway traf, sagte ich ihm, er sei gekommen, um mir dafür zu danken, dass ich ihn freibekommen hatte, worauf mein Chef antwortete: „Verschwinden Sie sofort! Der alte Mann will Sie nicht sehen, das weiß ich!" und er hatte wirklich ganz recht. So endete diese Episode; aber ich habe mir mit diesem Kampf um Prinzipien nicht viele Freunde gemacht, und bis heute hege ich eine Feindseligkeit gegenüber einer Zeitung aus Christchurch, die diesen Fall zum Anlass nahm, mich in meiner Abwesenheit, als ich keine Gelegenheit zu einer Erwiderung hatte, fälschlich und heftig anzugreifen.

Mittlerweile war ich es einigermaßen leid , so viel Zeit auf See zu verbringen. Zum einen wollte ich eine Ausbildung auf der *Excellent machen* , zum anderen war meine Frau von wiederholten Grippeanfällen so niedergedrückt, dass ich mich mehr um meine Familienangelegenheiten kümmern musste. Ich beschloss daher, für eine Reise zu Hause zu bleiben, und an einem schönen Sommernachmittag verabschiedete ich mich von dem alten Schiff, das mir so gute Dienste geleistet hatte. Als ich an der Manor Way Station stand und sah, wie die blaue Flagge durch eine rote ersetzt wurde, fühlte ich mich, als würde ich mich von einem sehr geliebten Freund verabschieden. Ich sah die Kaikoura nie *wieder* , aber es tat mir leid zu hören, dass sie durch die Abwracker ihr Schicksal ereilt hatte. Sie hätte ein besseres Ende verdient.

Es ist eine Sache, in Friedenszeiten ein Reserveoffizier der Marine zu sein und das Kommando über ein schönes Schiff zu haben, aber es ist eine ganz andere Sache, das separate Kommando aufzugeben, das der Marine untergeordnet ist, und seinen Platz in einer der etwa 1800 Einheiten einzunehmen, die die Hauptaufgaben der Marine Ihrer Majestät erfüllen. Diese Tatsache war mir schon lange vage bewusst , obwohl mir während meiner gesamten Zeit als Drill-Dienstleister immer viel Rücksicht entgegengebracht wurde.

Sobald man sich auf Whale Island gemeldet hatte, war man in der jeweiligen Klasse, der man zugeteilt wurde, nicht mehr zu erkennen, und ich dankte Gott, dass das Drillen immer eher ein Hobby von mir gewesen war und dass ich mich respektabel mit anderen Leutnants der höheren Klasse, der ich zugeteilt war, messen konnte. Tatsächlich stellte ich fest, dass die Ausbildung auf den Drillschiffen, was das eigentliche Drillen anbelangte, sehr gründlich gewesen war. Nur dass man hier mit der Handhabung der neuesten und modernsten Waffen konfrontiert wurde. In anderer Hinsicht waren die Leutnants des regulären Dienstes nicht besser ausgebildet als wir.

Der ranghöchste Stabsoffizier war ein Leutnant namens Waymouth , heute Kapitän eines Schlachtschiffs, und er war es, der uns unsere Schießprüfungen unterzog und Vorträge über Dinge hielt, die Erklärungen und Tafeldiagramme erforderten, wie Hydraulik und verwandte Dinge. Er war ein wunderbar begabter Mann und besaß die eher seltene Fähigkeit, sein Wissen an andere weiterzugeben. Ich glaube, er hatte die Schießkunst zu seinem Spezialgebiet gemacht, denn es gab keine Frage zu irgendeinem Geschütz im Dienst, auf die man nicht sofort eine Antwort hatte. Tatsächlich hatte, soweit ich das beurteilen konnte, die gesamte Besatzung der *Excellent* ein Niveau an Leistungsfähigkeit und Exzellenz erreicht, an dem man kaum etwas auszusetzen gehabt hätte. Der Erste Leutnant, Adair – heute Admiral – war ein Mann von großem Charakter.

Die Torpedoschule, HMS *Vernon*, war eine ganz andere Sache, und hier litt ich beträchtlich unter meiner Unfähigkeit, „X" zu jagen. So interessant die Vorlesungen auch waren, erforderten sie Kenntnisse in Algebra, die ich zwar in der Schule gelernt, aber völlig vergessen hatte. Wie es der Zufall wollte, musste ich den Kurs vor der Prüfung verlassen, damit meine Unzulänglichkeiten nicht entdeckt wurden. Ich hatte alle praktischen Arbeiten im Zusammenhang mit Bergbau usw. mitgemacht, aber da die Whitehead als Letztes kam, lernte ich sie damals nicht kennen. Im folgenden Jahr wurde ich für die Marinemanöver auf die HMS *Devastation* abkommandiert , worüber ich sehr erfreut war, und schiffte mich ihr ordnungsgemäß ein, als sie in der historischen Mutton Cove lag. Das Kommando über sie übernahm Captain Oxley, der mich sehr herzlich willkommen hieß, und ihr Erster Offizier war kein anderer als mein alter Bekannter aus Sansibar, P. G. Vanderbyl . Die anderen Leutnants waren alle Männer, die sich seitdem im Dienst bewährt haben, und einen, mit dem ich besonders gut auskam, namens Hall, traf ich als Inspektionskapitän von U-Booten, als ich vor ein oder zwei Jahren auf Einladung der Admiralität zu einer Inspektion kam. Mit dieser Eigenartigkeit, die Männer im Dienst haben, sah Kapitän Hall kaum einen Tag älter aus.

Der Einsatz auf der *Devastation* war eine Neuheit. Sie war eines der ersten Panzerdampfschiffe und war zu ihrer Bauzeit sehr nützlich, aber als seetüchtiges Schiff war sie kein Vergnügen. Aber auch in dieser Funktion hatte sie ihre guten Seiten, darunter ihre extreme Stabilität auf See, aber andererseits ließ die Belüftung unten zu wünschen übrig, und bei schlechtem Wetter, wenn das Schiff geschlossen war, verbrauchte jeder eine beträchtliche Menge Druckluft .

Wir verließen Plymouth am Morgen, nachdem ich dort an Bord gekommen war, um uns der Flotte in Portland anzuschließen. Wir erreichten unsere bestmögliche Geschwindigkeit, aber das Schiff ließ sich nicht gerne über eine bestimmte Geschwindigkeit hinaus treiben, denn bei Geschwindigkeiten über zehn oder elf Knoten war die Steuerung bis ins Unendliche unkontrollierbar. Ein Gieren von drei Punkten nach beiden Seiten war ein ständiges Phänomen, und mein Mitgefühl galt dem Chefingenieur, der da stand und in grimmiger Berechnung der enormen Menge an verschwendeter Energie auf das Kielwasser blickte. Zu gegebener Zeit schlossen wir uns in Portland der Roten Flotte unter dem Kommando von Admiral Fitzroy an. Verglichen mit unseren heutigen Flotten war es eine bunt gemischte Ansammlung. Die besten Schiffe bei den Manövern waren vier Schiffe der *Royal Sovereign* -Klasse, die alle der Roten Flotte zugeteilt waren, während erstklassige Kreuzer in die Schlachtlinie geschickt wurden, um genügend Anzahl für die Durchführung des Operationsplans zu haben. Aber wenn die Rote Flotte eine von allen war, war die Blaue Flotte noch schlimmer, denn mit Ausnahme einiger Panzer- und anderer Kreuzer gab es in ihr keine zwei homogenen Schiffe. Das war, man sollte bedenken, im Jahr 1894. Es wäre interessant zu hören, was ein Admiral heute sagen würde, wenn man ihm das Kommando über eine Flotte von Schlachtschiffen mit sechs verschiedenen Typen wie *Alexandra* , *Barfleur* , *Benbow* , *Inflexible* , *Colossus* und *Edinburgh* übertrüge. Es spricht für die Fähigkeiten der verantwortlichen Offiziere, dass sie aus einer so seltsamen Mischung zufriedenstellende Ergebnisse erzielen konnten, aber das war wirklich die Übergangszeit der Marine, denn seit diesem Datum werden Schiffe mit dem Ziel der Homogenität gebaut.

Es wäre nicht zielführend, die Einzelheiten dieser Manöver zu erzählen . Ich werde mich mit ein oder zwei Bemerkungen zu Vorkommnissen begnügen, die mir aufgefallen sind. Wir verließen Portland zu gegebener Zeit für einwöchige Manöver im Kanal, und Admiral Fitzroy drückte seine Zufriedenheit über die Art und Weise aus, wie sie durchgeführt wurden. Dann liefen wir Falmouth ein, um Kohlen zu laden und uns auf die Schlacht vorzubereiten, die wahrscheinlich zwischen den gegnerischen Flotten stattfinden würde. Inzwischen hatten sich Besatzung und Offiziere an das Schiff und aneinander gewöhnt. Wir hatten etwa dreißig Männer der Marinereserve an Bord, und sie fielen meiner Division zu; der große Fehler bestand darin, sie mit unzureichender Ausrüstung an Bord zu schicken. Das führte dazu, dass alle möglichen Entschuldigungen für sie erfunden wurden, und es war leicht zu erkennen, dass die Anweisung gegeben worden war, sehr sanft mit ihnen umzugehen. Das merkten sie schnell. Sie waren kein schlechter Haufen, aber es war unbefriedigend für mich, sie unter diesen Bedingungen handhaben zu müssen, und als der Kapitän seine Zufriedenheit über ihr allgemeines Erscheinungsbild ausdrückte, musste ich das ernst nehmen, wusste aber, dass er an Falstaffs Regiment gedacht haben musste. Das minderwertige Erscheinungsbild einiger Mitglieder einer Schiffsbesatzung ist keine Kleinigkeit.

Wir verließen Falmouth eines Abends, um vor Ushant zu kreuzen und auf eine Kriegserklärung zu warten. Wir kannten den Manöverplan, aber nicht die genaue Stunde des Beginns. Es wehte ein frischer Wind aus Südwest, und die *Devastation* war mit ihren Tiefdecks wie ein Felsen bei halber Flut. Tatsächlich war nur der Überbau befahrbar, und man musste mit größter Sorgfalt darauf achten, dass kein Wasser darunter eindrang; und selbst dann war noch eine ganze Menge Wasser auf dem Hauptdeck . Aber sie hatte diesen Vorteil – wenn alle Schiffe der Gesellschaft rollten, waren wir fast bewegungslos; jedenfalls hatten wir nie die Geigen auf dem Tisch in der Offiziersmesse. Die *Resolution* rollte stark, und wir mussten aus der Leine ziehen, um zu versuchen, ein Boot zu sichern, was dabei schiefging. Das Leben in dem kleinen Boot muss äußerst ermüdend gewesen sein, denn sie bewegten sich mit einer Geschwindigkeit, die der des Pendels einer Uhr ähnelte.

Als die vereinbarte Zeit gekommen war, brach unsere Flotte in den Irischen Kanal auf, und eines Tages mittags wurden alle Kreuzer mit voller Geschwindigkeit vorausgeschickt, um zu versuchen, dem Feind zu entkommen und sich mit unseren Freunden zu verbünden, die durch eine gegnerische Flotte von uns getrennt waren. Sie trennten sich von uns wie ein Schwalbenschwarm, und dann waren unsere Schlachtschiffe an der Reihe, volle Fahrt aufzunehmen, denn der Admiral hatte beschlossen, weiterzufahren, und ließ uns als langsamstes Schiff so gut wie möglich hinter ihm herfahren. Ich werde diese Fahrt nie vergessen. Die Nacht war dunkel, wir zeigten keine Lichter, und das Vordeck war eine einzige Masse aus weißem, schäumendem Wasser. Wir sahen viele Schiffe, aber es war kein Problem, uns von ihnen fernzuhalten, und ich bin mir nicht sicher, ob der Anblick im Maschinenraum nicht genauso interessant war wie jeder andere, denn es war kein Problem, die Dampfmenge aufrechtzuerhalten, und die

Maschinen wurden mit aller Kraft angetrieben, und das alles ohne die geringste Mühe oder Aufregung. Gegen neun Uhr am nächsten Morgen erblickten wir unsere Flotte, die hinter uns zurückblieb, so wie sie ihren Feind gesichtet hatten. Binnen kurzer Zeit waren wir alle mit aller Kraft in die Scheinschlacht von South Rock verwickelt. Dabei fielen zwei Dinge auf. Mittendrin fuhr ein norwegisches Kohlenschiff durch die konkurrierenden Linien, die sich von ihm fernhalten mussten. Und zweitens sah man Admiral Dales Flotte, die uns unter der Führung der *Empress of India* und der *Repulse zu Hilfe kam* . Wie in solchen Angelegenheiten üblich, beanspruchten beide Seiten den Sieg für sich. Danach trennten sich die feindlichen Flotten. Wir liefen in Belfast ein und unsere Gegner in Queenstown. Da es jedoch keine Gewissheit gab, dass die Feindseligkeiten vorbei waren, holten wir für die Nacht Torpedonetze heraus. Sie wurden jedoch nicht benötigt. Auf dem Rückweg nach Portsmouth hatten wir etwas Zeit zur Verfügung. Es war ein schöner Augustnachmittag mitten im Kanal. Alle Schiffe stellten ihre Motoren ab und drehten acht Punkte nach Steuerbord. Diejenigen Schiffe, die eine Kapelle hatten, benutzten sie auch. Die Männer wurden zum Baden über Dudelsack gehört und einige Boote wurden für Besuchszwecke benutzt. Ich hatte den Eindruck, dass unser „Zuhause auf der Tiefe" lag und dass es durch jahrhundertealte Sitten unangetastet blieb.

Zu gegebener Zeit erreichten wir Spithead, wo ich das Schiff verließ und damit praktisch meine Seekarriere beendete. Ich landete mit der festen Überzeugung, dass viel Wahrheit in dem alten Sprichwort steckte, dass „stehendes Gut schlechtes Fahrwerk ist". Ich war so lange im Kommando, dass mich eine untergeordnete Position ärgerte, obwohl ich glaube, dass diese Tatsache nie offensichtlich war. Dennoch bin ich überzeugt, dass ein Mann, um ein zufriedenstellender Reserveoffizier zu werden, seine Erfahrungen so früh wie möglich sammeln muss, und es ist erfreulich, dass dies nun anerkannt wurde .

Ich habe die Seefahrt mit tiefem Bedauern aufgegeben, und wenn meine Zeit noch einmal kommen würde, würde ich sie, selbst mit meinem derzeitigen Wissen, ohne Zögern als Beruf annehmen. Aber wenn die Briten ihr Erbe, „die Seefahrt", wertschätzen, werden sie sehen, dass britische Schiffe von britischen Männern bemannt werden, und sich einige Mühe geben, dies zu erreichen, indem sie die Jugend des Landes ermutigen, die Seefahrt als Beruf anzunehmen. Es ist das Leben eines *Mannes* auf einem gut ausgestatteten und mit Offizieren ausgestatteten Schiff; es ist auch notwendig, wie ich bei vielen Gelegenheiten betont habe, dass unsere Dampfschiffe für die langen Seewege die Mittel erhalten, sich gegen die Kanonen eines feindlichen Handelsschiffs zu schützen, das speziell für den Zweck bewaffnet wurde, unseren Handel zu untergraben.

DAS ENDE